UMA SOCIEDADE À DERIVA

CORNELIUS CASTORIADIS

UMA SOCIEDADE À DERIVA

Entrevistas e debates 1974-1997

Edição organizada por Enrique Escobar, Myrto Gondicas e Pascal Vernay

IDÉIAS & LETRAS

DIRETORES EDITORIAIS:
Carlos da Silva
Marcelo Conceição Araújo

EDITORES:
Avelino Grassi
Roberto Girola

COORDENADOR DA COLEÇÃO:
Theotonio dos Santos

TRADUÇÃO:
Cláudia Berliner

COORDENAÇÃO EDITORIAL:
Elizabeth dos Santos Reis

COPIDESQUE:
Mônica Guimarães Reis

REVISÃO:
Beatriz Camanho

DIAGRAMAÇÃO:
Alex Luis Siqueira Santos
Juliano de Sousa Cervelin

CAPA:
Marco Antônio Santos Reis

Título original: Une société à la dérive – Entretiens et débats – 1974-1997

ISBN 2-02-078853-5

Editora Idéias & Letras
Rua Pe. Claro Monteiro, 342 - Centro
12570-000 Aparecida-SP
Tel. (12) 3104-2000 - Fax (12) 3104-2036
Televendas: 0800 16 00 04
vendas@ideiaseletras.com.br
www.ideiaseletras.com.br

Dados Internacionais de Catalogação na Publicação (CIP)
(Câmara Brasileira do Livro, SP, Brasil)

Castoriadis, Cornelius, 1922-1997.
Uma sociedade à deriva: entrevistas e debates, 1974-1997 / Cornelius Castoriadis; edição organizada por Enrique Escobar, Myrto Gondicas e Pascal Vernay; [tradução Cláudia Berliner]. – Aparecida, SP: Idéias & Letras, 2006.

Título original: Une société à la dérive: entretiens et débats, 1974-1997
Bibliografia
ISBN 85-98239-74-7

1. Democracia 2. Direitos civis 3. Direitos políticos 4. Economia 5. Entrevistas 6. Política 7. Sociedade I. Escobar, Enrique. II. Gondicas, Myrto. III. Vernay, Pascal. IV. Título. V. Série.

06-5488 CDD-323.01

Índices para catálogo sistemático:

1. Indíviduo e sociedade: Direitos civis e políticos: Ciências sociais 323.01

Sumário

Apresentação

Este volume reúne entrevistas e debates de que participou, entre 1974 e 1997, Cornelius Castoriadis – pensador proteiforme que, com igual paixão, foi militante político, economista, psicanalista e filósofo. Correspondem à segunda parte de sua carreira, essencialmente dedicada à reflexão filosófica, depois da experiência da revista e do grupo *Socialismo ou Barbárie* (1948-1967). No entanto, como esta última é estudada de modo detalhado em um dos artigos (1974), pode-se dizer que é todo o seu itinerário intelectual que aqui é apresentado ao leitor.[1] Esperamos que a coletânea seja útil para aqueles que abordam o autor pela primeira vez, pois pode fornecer um fio condutor para servir de guia numa obra às vezes densa e complexa. Outros encontrarão nela um resumo claro e cômodo de posições que estão longe de ser evidentes para todos, fato de que ele mesmo tinha consciência.

No livro será possível perceber, notadamente, que duas questões, a da verdade e a da vida em sociedade, eram para ele inseparáveis em última instância e que elas se imbricaram em sua própria história. Como ele mesmo diz em um dos textos, são questões propriamente "intermináveis" – expressão que, aliás, poderia ter servido de título para essa coletânea.

Preferimos, com o risco de torcer a ordem cronológica, começar com uma entrevista de 1992 em que Castoriadis apresenta sucintamente o que entendia naquela época – encontraremos aí posições que ele manteve até o fim de seus dias – por "projeto de autonomia" individual e coletiva. Em seguida, nessa primeira parte, são retomadas duas entrevistas mais longas, também mais elaboradas, e que sem dúvida foram, como se diz, muito atentamente "relidas e corrigidas"

1 Acrescentamos no final uma cronologia, bem como uma bibliografia que certamente não é exaustiva, mas que, assim esperamos, será útil para aqueles que quiserem ir mais longe.

pelo autor.[2] A de 1974 contém a apresentação mais completa que ele chegou a dar do que foram o grupo e a revista *Socialismo ou Barbárie*. É feita com o suficiente recuo (o grupo desapareceu em 1967), mas num momento em que as questões ali debatidas ainda estão fortemente presentes – no meio, restrito, é verdade, que acompanhou ou que descobriu a revista e em seu próprio trabalho. Nela encontraremos resumidas (assim como na entrevista de 1977 da segunda parte do volume) as concepções de Castoriadis sobre as grandes questões estudadas na revista: a natureza econômica e social dos países do antigo bloco "soviético", a experiência da burocratização na sociedade e no próprio movimento operário, a ruptura com o marxismo, as chances de existir uma sociedade autônoma. Na entrevista sobre "As significações imaginárias" (1982), apresenta idéias que estiveram no centro de sua reflexão desde *A Instituição imaginária da sociedade* (1965-1975), em particular a natureza das significações que fazem com que as sociedades "se mantenham coesas", essas significações que ele chamou de "imaginárias", pois não poderiam ser reduzidas ao "real", nem a uma dimensão "racional-funcional". Essas questões também foram o principal objeto de seu ensino na École des Hautes Études en sciences sociales (1980-1995), que forneceria o material de uma obra em vários volumes intitulada *A Criação humana* – projeto que não pôde levar até o fim.[3] O debate com Richard Rorty, embora não comporte uma exposição geral das posições do autor, aborda questões suficientemente vastas para que nos tenha parecido preferível incluí-lo nessa parte. O mesmo pode ser dito da conferência de 1992 sobre as guerras na Europa, que, além do interesse intrínseco do tema, permite recordar a importância que teve na vida e na obra de Castoriadis a análise da dimensão psíquica do ser humano.

---

2 O mesmo pode ser dito de outras grandes entrevistas, em seguida publicadas em livro, e que também esclarecem o conjunto de suas posições políticas: "L'exigence révolutionnaire" (1976), em *Le Contenu du socialisme*, Paris, UGE, "10/18", 1979, pp. 323-366; "Une interrogation sans fin" (1979), em *Domaines de l'homme*, Paris, Seuil, 1986, pp. 241-260, reed. "Points Essais", 1999, pp. 299-324; aquela (1993) que serve de título para a coletânea *La Montée de l'insignifiance*, Paris, Seuil, 1996, pp. 82-102; e, no mesmo volume, "Le délabrement de l'Occident" (1991). Três exceções aqui: a resposta a Richard Rorty, a conferência de 1992 sobre as guerras na Europa e a última entrevista (1997) com Lilia Moglia, cuja forma definitiva foi dada pelos responsáveis desta edição.

3 Os seminários da EHESS estão sendo editados com esse título pelas Éditions du Seuil. Já publicados: *Sur* Le Politique *de Platon* (1999) (publicação parcial do ano 1985-1986), *Sujet e vérité dans le monde social-historique* (2002) (ano 1986-1987); e *Ce qui fait la Grèce, I. D'Homère à Héraclite* (2004) (publicação parcial do ano 1982-1983).

Sabe-se que as análises mais extensas dedicadas por Castoriadis à realidade econômica e social, seja nos textos de *S. ou B.* ou nas atualizações da reedição em "10/18",[4] concernem essencialmente ao mundo de 1945-1975, cujos dirigentes tinham (parcialmente) tirado as lições da terrível experiência do período entre as duas grandes guerras. Esse mundo, em sua parte desenvolvida, estava baseado num equilíbrio relativo entre a empresa capitalista, o Estado e as diversas burocracias políticas e sindicais – os "representantes" dos assalariados. Ao mesmo tempo em que criticava aqueles que se agarravam à idéia de que existe uma dinâmica das contradições objetivas do capitalismo descrita de modo geral em *O Capital*, ao mesmo tempo em que afirmava que mais de um século de *lutas* sociais tinham resultado na transformação do capitalismo e no surgimento de uma verdadeira *política* capitalista que leva em conta os interesses globais e, a longo prazo, do sistema, Castoriadis empenhou-se em demonstrar que esse universo continua sendo trabalhado pelas contradições e pela irracionalidade próprias da *organização burocrática*, de "uma estrutura social na qual a direção das atividades coletivas está nas mãos de um aparelho impessoal organizado hierarquicamente, que supostamente age de acordo com critérios e métodos 'racionais', economicamente privilegiado e recrutado segundo regras que na verdade ele mesmo edita e aplica".[5] Esse universo certamente não estava ao abrigo das crises, muito pelo contrário; mas essas crises não dependiam dos fatores e da dinâmica que a análise marxista acreditara descobrir. O inverso – condição e conseqüência – dessa realidade era a destruição das significações, a irresponsabilidade de massa e, sobretudo, o que ele chamou a *privatização*, a retirada da população da esfera polí-

4 Em particular: "Sur la dynamique du capitalisme", *S. ou B.*, 12 (ago.-set. de 1953) e 13 (jan.-mar, de 1954); os textos "Sur le contenu du socialisme" (1957-1958) retomado em 1979 em *Le Contenu du socialisme*; "Le mouvement révolutionnaire sous le capitalisme moderne" (1960-1961) (*Capitalisme moderne et révolution*, 2, 1979), bem como a "Introduction à l'édition anglaise..". (1974) em *Capitalisme moderne...*, 2, onde ele deu sua interpretação do episódio inflacionista (1960-1970) do pós-guerra. Mas também "Technique" (1973) (em: *Les Carrefours du labyrinthe*, Paris, Seuil, 1978); "Réflexions sur le "développement" et la "rationalité"" (1974), em *Domaines de l'homme*, Paris, Seuil, 1986; "Valeur, égalité, justice, politique..". (1975), em *Les Carrefours...* Ver também, quanto à fase posterior, as pp. 128-212 de *Devant la guerre*, Paris, Fayard, 1981; "La crise des sociétés occidentales" (1982) (em *La Montée de l'insignifiance*, 1996) e, por fim, "La "rationalité" du capitalisme" (1997), no volume póstumo *Figures du pensable*, Paris, Seuil, 1999.

5 "Le mouvement révolutionnaire sous le capitalisme moderne" (1960-1961), in *Capitalisme moderne...*, 2, p. 127.

tica: a população "se dedica a seus assuntos, enquanto os assuntos da sociedade parecem-lhe escapar a sua ação".[6] Mas essa evolução – essa ausência de forças capazes de se opor às tendências destrutivas do sistema – nada mais podia, no longo prazo, do que abrir as portas para um capitalismo entregue a seus demônios: e foi justamente isso o que foi ocorrendo, de modo cada vez mais nítido, depois de 1980. Cada vez mais absorvido por seu trabalho filosófico, Castoriadis não apresentou nenhuma análise de conjunto[7] dessa sociedade posterior a 1980 e da "contra-ofensiva" das camadas dirigentes, dessa fase caracterizada pela redução crescente e voluntária – e sem dúvida finalmente suicida para o sistema – da presença dos atores estatais. Daí o interesse das indicações presentes nos textos reunidos na segunda parte.

São entrevistas mais curtas, textos encomendados, poder-se-ia dizer, mas que, como tais, deveriam bastar para acabar com a lenda de um Castoriadis que teria, a partir de certo momento, ficado indiferente à vida política. Ele retoma incansavelmente a questão da democracia: seu caráter inacabado, seu passado e seu futuro no mundo ocidental. Exprime-se com seu vigor habitual, sem enveredar por muitos matizes (não esqueçamos que são textos de intervenção e não de análise), em termos simples até, mas que não são de forma alguma simplificadores. Uma afirmação brutal em Castoriadis em geral corresponde a um fato brutal, cujos traços, com freqüência, o tempo apenas acentuou. O leitor que tiver alguma dúvida a esse respeito poderá verificar as datas das entrevistas, o diagnóstico formulado na época e o que aconteceu depois.

Dois exemplos bastarão. O que é dito sobre retirada dos cidadãos dos assuntos públicos podia parecer pessimista nos anos 70 ou 80. Hoje, em grandes países "democráticos" e até naqueles em que a democracia dita representativa parecia estar mais enraizada, os governantes às vezes "representam" apenas um eleitor de cada cinco; e a *maioria* dos membros do corpo eleitoral muitas vezes se recusa, de fato, a participar da vida do sistema. É verdade que desde 1995, e sobretudo

6 *Ibid.*, p. 48.

7 Embora só tenha abandonado nos derradeiros anos, sabendo que o tempo lhe faltaria, os esforços para elaborar uma análise do "sistema mundial de dominação" e publicar o volume sobre a *Dinâmica do capitalismo* previsto na reedição de seus artigos na coleção "10/18". Contudo, em "La 'rationalité' du capitalisme" (1997) pode-se encontrar indicações sobre qual teria sido a orientação desse trabalho.

desde 1999, a passividade nos países desenvolvidos não é mais total. Formam-se movimentos, cujos aspectos positivos Castoriadis sem dúvida teria saudado. Mas também ninguém duvida que sua avaliação teria sido a de que a condição indispensável para seu sucesso, ainda que parcial, é que eles saibam tirar todas as lições do século findado e, em particular, da experiência totalitária. Pois, afinal, o ressecamento do Mar de Aral, que foi provavelmente a maior catástrofe ecológica do século, ou os milhões de mortos de fome que foram o preço do fracasso do "Grande Salto para a frente" na China, não foram produto do reinado absoluto das relações "mercantis". Nada será feito, nada será obtido se não se compreender claramente que a impostura "liberal" não é a única forma de impostura, que o impasse "liberal" não é o único impasse a temer para a humanidade de amanhã.

Castoriadis se perguntava também qual poderia ser o futuro de uma sociedade cujo único freio é o medo da sanção penal. Hoje, depois do caso Enron e de tantos outros, quando se vê desaparecer como que por encanto o equivalente do PIB anual de mais de um Estado medianamente desenvolvido, seria preciso estar muito cego para crer que estes são apenas aspectos moralmente desagradáveis da vida social, que existem desde que o mundo existe e que não têm qualquer relação com a própria estrutura de nossa sociedade; ou para objetar que nos países não desenvolvidos a corrupção está por toda a parte e desde sempre; isso é algo indiscutível, mas mostra bem o que está em jogo entre nós. Nada, dizia Castoriadis,[8] "no discurso 'liberal' ou nos 'valores' da época explica por que – exceto a ameaça do Código Penal – um juiz não deveria vender suas sentenças ou um presidente utilizar seu cargo para encher os bolsos. Mas o próprio Código Penal precisa de juízes *íntegros* para funcionar". Estava escrito faz uns quinze anos. Dá vontade de dizer que ele ainda não tinha visto nada (contudo, os bilhões de dólares que desapareceram durante o escândalo dos "Savings and Loans" nos Estados Unidos, ou o rombo do Crédit Lyonnais, não foram assuntos de pouca monta). Hoje ninguém duvida: chegamos lá.

Durante mais de trinta anos, Castoriadis insistiu no problema político essencial: a existência de uma "democracia" sem "democratas", que tende a destruir

8 <Ver neste volume, p. 186.>

continuamente o tipo humano que poderia permitir sua sobrevivência, ainda que em sua forma imperfeita. Concluiu daí o que hoje quase todo o mundo é forçado a admitir: que estamos diante de uma "sociedade à deriva". É verdade que, dessa constatação, todos se esforçam para não tirar estritamente nenhuma conseqüência. Quando o problema se manifesta sob formas particularmente agudas, fala-se gravemente de terremoto e afirma-se que nada mais será como antes; depois, passado o primeiro susto, apressam-se em esquecer. (Quem achar que tudo isso é caricatural, examine os jornais dos últimos cinco anos.) Nossa sociedade saturada de informações é também uma sociedade amnésica – e nos casos em que ela possa não o ser, despendem-se os maiores esforços, como se pôde ver recentemente na França, para que fiquem concentrados em boas mãos os meios de sufocar qualquer função crítica e eventualmente apagar qualquer memória. Todos os que se preocupam com a coisa pública deveriam no entanto conceder a esses problemas a atenção necessária, pois, mais cedo ou mais tarde, seus efeitos serão sentidos de tal modo que será difícil furtar-se a eles. A invocação *ad nauseam* do "socialismo" e da "ditadura do proletariado" não impediu que um dia ficasse escancarado aos olhos de todos o que essas palavras escondiam: nos mais diversos graus, terror, opressão, desigualdade e ineficácia econômica. A repetição mecânica dos termos "Estado de direito" e "economia de mercado" não pode substituir indefinidamente a consideração, não do que essas palavras possam querer dizer, mas das realidades históricas concretas que por enquanto encobrem: acumulação sem fim (em todos os sentidos da palavra), destruição do meio ambiente, retirada da população da esfera pública, decomposição dos mecanismos de direção de nossas sociedades. Quanto a isso, as posições de Castoriadis – o projeto de autonomia – sem dúvida merecem ser *realmente* levadas em conta; o que até agora, até onde sabemos, não foi feito.

Não hesitamos em corrigir aqui e ali lapsos ou erros evidentes nos textos publicados, nem em introduzir modificações estilísticas menores. Também realizamos cortes (indicados) destinados a evitar repetições, inevitáveis quando ocorreram, mas que poderiam ser cansativas num texto que pode ser lido de uma tirada só; mantivemos, conforme o caso, uma versão mais sucinta ou outra mais desenvolvida de uma mesma idéia. Contudo, é claro que aqueles que estão familiarizados com a obra reencontrarão aqui muitas formulações, pois Castoriadis, como outras boas cabeças do passado, considerava que uma coisa correta pode ser dita duas, três e até cem vezes. Nem é preciso dizer que ele não se preocupava nem um pouco com essas repetições ou retomadas quase literais: não teria querido perder nenhum minuto tentando evitá-las. Mas, além do fato de que esta coletânea não está destinada prioritariamente aos leitores que têm um conhecimento profundo da obra, a lembrança de coisas que vão na contramão do que se lê ou ouve diariamente pode ser um exercício salutar, mesmo para eles. Que essa obra possa, de qualquer forma, dar a alguns a vontade de ir (ou de voltar) a textos onde as posições do autor são apresentadas de modo mais extenso.

Por fim, perguntamo-nos se era preciso, já que tudo se esquece, introduzir notas – fosse apenas para lembrar, por exemplo, a nossos leitores mais jovens o que foi a rimbaldiana "União da esquerda", que queria "mudar a vida". Depois de muito refletir, preferimos apresentar uma cronologia que permita situar as diversas entrevistas em seu contexto histórico. Com algumas exceções, devidamente assinaladas no texto, os diversos títulos foram escolhidos pelos responsáveis por esta edição. Suas notas de rodapé (basicamente, citações ou remissões a outros textos do autor) foram postas entre colchetes angulares [< >].

E.E., M.G. e P.V.

ITINERÁRIO

O PROJETO DE AUTONOMIA NÃO É UMA UTOPIA[1]

Por que você não gosta do termo "utopia"?

Não é que eu não goste do termo, é que aprecio a significação exata e original das palavras. A utopia é algo que não ocorreu e que não pode ocorrer. O que denomino o projeto revolucionário, o projeto de autonomia individual e coletiva (sendo os dois indissociáveis), não é uma utopia, mas um projeto sócio-histórico que pode ser realizado, em que não há nada que comprove que é impossível. Sua realização depende apenas da atividade lúcida dos indivíduos e dos povos, de sua compreensão, de sua vontade, de sua imaginação.

O termo utopia voltou a estar na moda nos últimos tempos, um pouco sob a influência de Ernst Bloch, marxista que bem ou mal se acomodou ao regime da RDA e que nunca fez a crítica do stalinismo e dos regimes burocráticos totalitários: encontrava nesse termo uma espécie de acobertamento, uma palavra que lhe permitia diferenciar-se do "socialismo realmente existente". O termo foi retomado mais recentemente por Habermas, porque, depois do fracasso total do marxismo e do marxismo-leninismo, parece legitimar uma vaga crítica ao regime atual pela evocação de uma transformação socialista utópica, com um perfume "pré-marxista". Na verdade é o contrário, ninguém consegue entender (a não ser que seja filósofo neokantiano) como se pode criticar o que existe a partir do que *não pode* existir. O termo utopia é mistificador.

---

1 <Entrevista feita em 28 de dezembro de 1992 com Jocelyn Wolff e Benjamin Quénelle, publicada na revista *Propos* (Estrasburgo), nº 10, março de 1993, pp. 34-40.>

Que é o projeto de autonomia individual e coletiva?

É o projeto de uma sociedade onde todos os cidadãos têm a mesma possibilidade efetiva de participar da legislação, do governo, da jurisdição e por fim da instituição da sociedade. Esse estado de coisas pressupõe mudanças radicais nas instituições atuais. É nesse sentido que pode ser chamado de projeto revolucionário, subentendendo-se que revolução não significa massacres, rios de sangue, o extermínio dos chouans ou a tomada do palácio de Inverno. É claro que esse estado de coisas está muito longe do sistema atual, cujo funcionamento é essencialmente não democrático. Nossos regimes são equivocadamente chamados democráticos, quando na verdade são *oligarquias liberais.*

Como esses regimes funcionam?

Esses regimes são liberais: não recorrem essencialmente à coerção, mas a uma espécie de semi-adesão indolente da população. Esta acabou finalmente sendo penetrada pelo imaginário capitalista: a finalidade da vida humana seria a expansão ilimitada da produção e do consumo, o suposto bem-estar material etc. Em conseqüência disso, a população fica totalmente *privatizada.* O slogan metrô-trabalho-cama [*métro-boulot-dodo*] de 1968 transformou-se em carro-trabalho-Tv. A população não participa da vida política: votar uma vez a cada cinco ou sete anos em alguém que não se conhece, sobre problemas que não se conhece e que o sistema faz de tudo para impedir que você conheça não é participar. Mas para que haja uma mudança, para que haja realmente autogoverno, é decerto preciso mudar as instituições para que as pessoas possam participar da direção dos assuntos comuns; mas também e sobretudo é preciso que mude a atitude dos indivíduos com relação às instituições e à coisa pública, a *res publica,* o que os gregos chamavam *ta koina* (os assuntos comuns). Pois, hoje, dominação de uma oligarquia e passividade e privatização do povo são apenas os dois lados de uma mesma moeda.

Abramos um parêntese um pouco teórico. Em termos abstratos, existem sempre três esferas na vida social considerada do ponto de vista político. Uma *esfera privada,* a da vida estritamente pessoal das pessoas; uma *esfera pública,* onde são tomadas as decisões que se aplicam obrigatoriamente a todos e são publicamente sancionadas; e uma esfera que podemos chamar *público-privada*, aberta a todos, mas onde o poder político, mesmo que seja exercido pela coletividade, não deve intervir: a esfera onde as pessoas discutem, publicam e compram livros, vão ao teatro etc. No linguajar contemporâneo, a esfera privada e a esfera público-privada foram misturadas, sobretudo depois de Hannah Arendt, e essa confusão reaparece o tempo todo nos intelectuais que falam de "sociedade civil". Mas a oposição sociedade civil/Estado (que data do fim do século XVIII) não é suficiente, não nos permite pensar uma sociedade democrática. Para isso, temos de utilizar essa articulação em três esferas. Para retomar os termos gregos antigos, temos de distinguir entre a *oikos* (a casa, a esfera privada), a *ekklesia* (a assembléia do povo, a esfera pública) e a *ágora* (o "mercado" e o lugar de encontro, a esfera público-privada). No totalitarismo, as três esferas se confundem totalmente. Na oligarquia liberal, há ao mesmo tempo dominação mais ou menos nítida da esfera pública por uma parte da esfera público-privada (o "mercado", a economia) e supressão do caráter efetivamente público da esfera pública (caráter privado e secreto do Estado contemporâneo). A democracia é a articulação correta das três esferas e o devir realmente público da esfera pública. Isso exige a participação de todos na direção dos assuntos comuns, o que por sua vez exige instituições que permitam às pessoas participar e as incite a fazê-lo. Isso por sua vez é impossível sem igualdade política *efetiva*. É esse o verdadeiro sentido da igualdade: uma sociedade não pode tornar as pessoas iguais no sentido de tornar todo o mundo capaz de correr cem metros em dez segundos ou de tocar admiravelmente bem a *Appassionata* [de Beethoven]. Mas pode torná-las iguais quanto a sua participação efetiva em todo poder instituído existente na sociedade.

É isso o projeto de autonomia, cuja realização implica evidentemente problemas consideráveis. Ninguém pode solucioná-los sozinho e de antemão; somente a sociedade, caso se ponha em movimento, poderá resolvê-los. Por exemplo, é claro que uma sociedade democrática é incompatível com a enorme concentração de poder econômico que existe hoje. Também é claro que ela é incompatível com uma pseudoplanificação burocrática. Há também a questão da liberdade no trabalho. Os cidadãos não podem ser escravos no trabalho cinco ou seis dias por semana e livres nos domingos políticos. Há portanto um objetivo de autogoverno na esfera do trabalho: é o que chamo, há mais de 40 anos, a gestão da produção pelos produtores; é claro que isso também coloca problemas, por exemplo, a participação dos técnicos e dos especialistas. Implica também um mercado que seja um *verdadeiro mercado*, não, como hoje, um mercado dominado pelos monopólios e oligopólios – ou pelas intervenções do Estado. Todas essas transformações pressupõem – e vêm junto com – uma transformação antropológica dos indivíduos contemporâneos.

Ou seja, da cultura dos indivíduos?

Pode-se, se você quiser, chamar isso de cultura. Trata-se da estreita e profunda relação existente entre a estrutura dos indivíduos e a do sistema. Hoje, os indivíduos são conformes ao sistema e o sistema, aos indivíduos. Para que a sociedade mude, é preciso uma mudança radical nos interesses e nas atitudes dos seres humanos. A paixão pelos objetos de consumo tem de ser substituída pela paixão pelos assuntos comuns.

Como pode ser criada essa paixão pelos assuntos políticos? Como estimulá-la?

Não sei. Mas sei que ela existiu na história. Houve momentos, e até épocas, em que os indivíduos se interessaram apaixonadamente pelos assuntos comuns. Iam para a rua, exigiam coisas, impuseram algumas delas. Se hoje vivemos num regime liberal, não é porque esse regime foi outorgado pelas classes dominantes. Os elementos liberais nas instituições contemporâneas são os sedimentos de séculos de lutas populares no Ocidente, lutas que começam com os combates empreendidos desde o século X pelas comunas para obter um relativo autogoverno. Embora hoje constatemos uma atonia, até mesmo uma atrofia das lutas, ninguém pode afirmar que esse é o estado definitivo da sociedade. De qualquer modo, não há e jamais haverá estado definitivo da sociedade. A tinta dos textos de Fukuyama mal tinha secado e sua idiotice foi ruidosamente demonstrada pela história.

Se o estado de apatia, de despolitização, de privatização atual se perpetuasse, certamente assistiríamos a grandes crises. Voltaria então à tona, com uma acuidade insuspeitável hoje, o problema do meio ambiente, para o qual nada se faz; o problema do chamado terceiro mundo, na verdade três quartos da humanidade; o problema da decomposição das próprias sociedades ricas. Pois a retirada das pessoas da esfera política, o desaparecimento do conflito político e social permite que a oligarquia econômica, política e midiática fuja a qualquer controle. E isso já vem produzindo regimes de irracionalidade levada ao extremo e de corrupção estrutural.

O projeto de autonomia fundado na participação dos indivíduos nos assuntos da coletividade não encontra um obstáculo nos efeitos letárgicos da televisão e da mídia?

A televisão atual é um meio de embrutecimento coletivo. E, na França, ainda não vimos nada. Aqui se corta um filme duas ou três vezes para inserir publicidade, ao passo que nos Estados Unidos ou na Austrália, por exemplo, os cortes publicitários duplicam ou triplicam a duração do filme. Isso, aliás, não é uma maldição "americana". É o molde capitalista, a publicidade, cujos patrocinadores dominam a mídia. No *Le Monde*, Frappat e Schneidermann* falam disso toda semana: os programas mais ou menos interessantes passam a uma da manhã. Se quisessem pôr a televisão, o rádio e as outras mídias modernas a serviço da democracia, isso exigiria enormes mudanças, não só no conteúdo dos programas, mas na própria estrutura das mídias. Estas, tal como são hoje, encarnam uma sociedade de dominação em sua estrutura tanto material como social: um pólo emissor, um número infinito de receptores anônimos, isolados e passivos. O papel da mídia está totalmente conforme ao *espírito do sistema* e contribui de modo poderoso para o embrutecimento geral. Basta, aliás, lembrar como foi "coberta" a guerra do Golfo.

Você acredita que o sistema que critica é um sistema moderno? Vivemos numa era pós-moderna ou você rejeita essa noção?

Já critiquei em *Le Monde morcelé* o termo "pós-moderno". A modernidade durou aproximadamente dois séculos, de 1750 a 1950. Depois disso, entramos no que chamo a *época do conformismo generalizado*. A modernidade era o questionamento permanente do

* Respectivamente, antigos diretor de redação e cronista do jornal francês *Le Monde*. [N. da T.]

que estava estabelecido, tanto em filosofia como em política e em arte. Esse fenômeno praticamente desapareceu mais ou menos depois de 1950. Data arbitrária e esquemática, é verdade, mas é por volta dessa data que o imenso sopro criador que animou o Ocidente durante dois séculos começou a perder força até quase desaparecer por completo.

Você acha que a idéia de progresso não existe mais?

A *idéia* de progresso continua decerto existindo – embora esteja cada vez mais desgastada. É uma significação imaginária que perdurou enquanto perdurou, que perdurará enquanto perdurar. Mas, como *idéia*, é falaciosa. Não se pode falar de progresso na história da humanidade exceto num domínio, o domínio do *conjuntista-identitário* (aquilo que chamo de *ensídico*), digamos: do lógico-instrumental. Há um progresso, por exemplo, na bomba H relativamente ao sílex, porque aquela pode matar bem mais e melhor que este último. Mas, nas coisas fundamentais, não se pode falar de progresso. Não há nem progresso nem retrocesso entre o Partenon e Notre-Dame de Paris, entre Platão e Kant, entre Bach e Wagner, entre Altamira e Picasso. Mas *há* rupturas: na Grécia antiga, entre os séculos VIII e V, com a criação da democracia e da filosofia; ou na Europa Ocidental, começando nos séculos X-XI, acompanhada de uma gigantesca quantidade de novas criações e que culmina no período moderno.

Ainda assim, existe na noção de progresso a idéia segundo a qual a geração seguinte terá uma sorte melhor do que a geração anterior. Não foi inclusive isso que suscitou a adesão do proletariado durante a industrialização?

Melhor segundo que critério? Foi o capitalismo que fundou toda a vida social na idéia de que a "melhora" econômica era a única coisa que importava – ou a coisa que, uma vez realizada, traria o resto por tabela. E Marx e o marxismo seguiram-no por essa via. Durante muito tempo, o proletariado, ao mesmo tempo em que lutava contra sua exploração, não tinha por único objetivo a "melhora" de seu nível de vida; mas, evidentemente, no longo prazo, esse imaginário essencialmente capitalista, e compartilhado pelo marxismo, também penetrou a classe operária. É verdade que sob o capitalismo houve uma expansão econômica fantástica (que, *a posteriori*, teria sido inimaginável até mesmo para Marx). Mas, como vemos hoje, foi comprada à custa de destruições irremediáveis infligidas à biosfera. Além disso, uma de suas condições foi a luta dos operários pelo aumento da remuneração de seu trabalho e pela redução de sua jornada. Foi assim que se criaram os mercados internos constantemente ampliados sem os quais o capitalismo teria afundado em crises de superprodução; foi assim também que se reabsorveu o desemprego potencial provocado pelo aumento da produtividade. O desemprego atual deve-se ao fato de que o aumento acelerado da produtividade do trabalho desde 1940 veio acompanhado de uma redução muito pequena da jornada de trabalho – ao contrário do que aconteceu de 1840 a 1940, em que a jornada semanal foi reduzida de 72 para 40 horas. Essa obsessão pelo aumento da produção e do consumo está praticamente ausente das outras fases da história. Como mostrou Marshall Sahlins, entre outros (em *Age de pierre, âge d'abondance*), a jornada de trabalho nas sociedades paleolíticas era de 2 a 3 horas por dia; e nem podemos chamar aquilo de trabalho no sentido contemporâneo: a caça, por exemplo, é também uma festa coletiva. O resto do tempo, as pessoas brincavam, papeavam, faziam amor. O que chamamos "progresso econômico" foi obtido pela transformação dos humanos em máquinas de produzir e de consumir.

É possível ter prazer trabalhando?

Certamente, com a condição de que esse trabalho tenha um sentido para aquele que o realiza; e isso depende tanto dos objetos produzidos como da organização da produção e do papel do trabalhador nela.

Há na França três milhões de desempregados. Como explicar que o sistema social não arrebente?

Boa pergunta. Primeiro, não há certeza de que o *statu quo* dure indefinidamente. Depois, o peso do desemprego ainda é limitado, em parte pela existência de uma rede social de proteção que não é de desprezar. O mais importante é que esse desemprego afeta de modo desigual as diferentes camadas e setores da população. A miséria recai principalmente sobre certas categorias – locais, étnicas etc. –, cuja força de protesto é reduzida e cuja marginalização costuma resultar em transgressão e desvios de conduta, sem que sua reação ganhe uma forma coletiva. Falamos mais acima da principal condição do aumento do desemprego: a manutenção de uma jornada de trabalho constante apesar da alta da produtividade. Há uma outra: o abandono das políticas keynesianas de manutenção da demanda global – o que determinou em grande medida os "trinta gloriosos" do pós-guerra – em proveito de um neoliberalismo débil: Thatcher, Reagan, Friedman, os Chicago Boys etc. Assistimos a coisas absolutamente inacreditáveis. Por exemplo, na Suíça, começa-se agora a observar certo aumento do desemprego; em resposta a isso, o governo federal reduz os gastos públicos! É exatamente a política Hoover nos Estados Unidos no começo da Grande Depressão de 1929-1933, a política Laval na França (aconselhada por Jacques Rueff) em 1932-1933. Respondem à deflação com mais deflação. A realidade da decomposição mental das camadas dirigentes vai além do que a teoria podia prever com alguma racionalidade.

Você acha que os ecologistas ou os partidos alternativos podem encarnar essa renovação de que a sociedade tanto precisaria?

A corrente ecológica é decerto positiva como tal, mas os partidos ecologistas existentes são totalmente míopes do ponto de vista político. Não vêem a ligação indissolúvel entre os problemas ecológicos e os problemas gerais da sociedade e tendem a se tornar um lobby ambientalista.

Para terminar, poderia dar sua opinião sobre o "direito de ingerência", você que sublinha a importância do reconhecimento da alteridade do outro no nível individual em seu projeto de autonomia?

É um problema muito complexo. Você conhece a famosa frase de Robespierre: "Os povos não gostam dos missionários armados". Ninguém pode contestar que a situação é terrível em muitos países do terceiro mundo, onde as tentativas de implantação, seja do "socialismo" seja do capitalismo liberal, fracassaram. Na Somália e na Etiópia, volta dos enfrentamentos tribais sem limites; na Índia, massacres recíprocos entre hindus e muçulmanos; no Sudão, tentativa do governo islâmico de impor à força a lei islâmica às populações cristãs e animistas do Sul; no Afeganistão, caos sangrento; em algumas repúblicas da ex-URSS, volta ao poder dos comunistas depois do massacre dos opositores; impiedosas guerras étnicas no Cáucaso ou, sobretudo, na ex-Iugoslávia etc. Ninguém pode ficar indiferente diante dessas monstruosidades. Pensamos, e com razão, que algumas significações criadas em e por nossas sociedades e por nossa história – respeito da vida e da integridade física, direitos do homem, separação do político e do religioso etc. – têm, de direito, uma validade universal. Mas é um fato tragicamente evidente que essas significações são rejeitadas por sociedades – ou Estados –, que talvez correspondam aos quatro quintos da população mundial, e que as ilusões liberais e marxistas da difusão universal "espontânea" desses valores caíram por terra. Pode-se, deve-se, impô-las à força? Quem as imporá e como? E quem tem o direito moral de impô-las? A hipocrisia dos governos ocidentais a esse respeito é flagrante. Os Estados Unidos intervieram militarmente no Panamá ou contra o Iraque, porque tinham interesses específicos em jogo – pouco importa sua natureza –, mas opuseram-se a qualquer intervenção no Haiti. O caso da ex-Iugoslávia é horrível e está muito perto de nós; faz mais de um ano que só se fala nisso. E nesse caso ainda se fala e se manda "ajuda humanitária". Mas se uma crise comparável estourasse entre a Rússia e a Ucrânia, falar-se-ia de ingerência? No momento em que estamos conversando, no Sudão, a guerra do governo islamita do Norte para impor a *sharia* às populações não muçulmanas do Sul continua. É em boa parte financiada pelo Irã (que também financia os integristas egípcios e magrebinos). Por que nos desinteressamos das atrocidades cometidas pelo governo sudanês? Porque o islã é grande demais, porque há o barril de pólvora do Oriente Médio e o petróleo. Os direitos do homem são sistemática e cinicamente violados pela China, pelo Vietnã, pela Indonésia (extermínio de boa parte da população do Timor), pela Birmânia. Vamos nos "ingerir" ali? Que direito é esse que pune alguns ladrõezinhos e deixa em paz os grandes gângsteres? Acho que o "direito de ingerência" é um slogan tipicamente kouchneriano.[2]

No bom ou no mau sentido do termo?

No sentido kouchneriano do termo.

2 O Dr. Bernard Kouchner e Mario Bettati foram os criadores do conceito de *direito de ingerência.* Bettati é um jurista italiano, Kouchner um médico francês que se colocou em 1971 à frente de uma Organização Não-Governamental (ONG) chamada *Médicos Sem Fronteiras,* e mais tarde, em 1981, criou a ONG *Médicos do Mundo.* Os esforços do Dr. Kouchner levaram à admissão, por parte do Conselho de Segurança da ONU, de um direito-dever de ingerência nos Estados, por razões humanitárias (Resolução 688/1991). [N. da T.]

POR QUE NÃO SOU MAIS MARXISTA[1]

1. História de Socialismo ou Barbárie

Socialismo ou Barbárie surgiu de uma tendência que se constituiu, no verão de 1946, dentro do Partido Comunista Internacionalista (PCI), o partido trotskista francês. Eu tinha desenvolvido uma crítica da concepção trotskista do stalinismo no fim de 1944-começo de 1945, a partir de minha experiência do golpe de Estado stalinista de dezembro de 1944-janeiro de 1945 na Grécia. Para Trotski e os trotskistas, os partidos stalinistas nos países capitalistas tinham se alinhado definitivamente do lado da ordem burguesa (ao menos desde a época das Frentes Populares e da guerra civil espanhola); para o trotskismo, esses partidos já não representavam mais que uma reedição do reformismo e aplicava-se a eles o essencial da análise e da crítica leninista do reformismo clássico. Nessa ótica, se alguma vez os stalinistas participassem de um governo, só poderiam fazê-lo à maneira e com os objetivos dos partidos reformistas: salvar o regime burguês durante uma fase difícil de sua existência. Mas era evidente que na Grécia, em 1944, não se tratava de forma alguma disso, mas sim de uma tentativa do PC de tomar o poder e instaurar sua ditadura (ditadura que já exercia, na última fase da ocupação, sobre a quase totalidade do país). A insurreição de

---

1 <Entrevista realizada em 26 de janeiro de 1974 pela equipe da APL (Agence de presse Libération) de Basse-Normandie (Caen) e totalmente revisada por Castoriadis, publicada como suplemento do "Bulletin hebdomadaire" da Agência. Uma edição mimeografada foi difundida em 1975 pela livraria Deux-Mondes (Paris). Uma parte da equipe da APL publicou posteriormente em Caen o *Anti-Mythes* e deu a palavra a outros antigos membros de *S. ou B.*: Henri Simon (n° 6, dez. de 1974), Claude Lefort (n° 14, nov. de 1975), Daniel Mothé (n° 18, set. de 1976). Jean-François Lyotard deu sua versão dessa história em "Pierre Souyri: le marxisme qui n'a pas fini" (Esprit, n° 6, jan. de 1982, pp. 11-31), publicado também como prefácio de: Pierre Souyri, *Révolution et Contre-révolution en Chine*, Paris, Bourgois, 1982.>

Atenas de dezembro de 1944 fracassou, mas sabemos o que aconteceu no mesmo período na Iugoslávia, e depois, com o passar dos meses, nos outros países do Leste Europeu.

Essa experiência já demonstrava o absurdo da "tática" trotskista, que consistia em apoiar o PC e em "empurrá-lo" para tomar o poder ("Governo PC-PS-CGT" era a palavra de ordem trotskista e, a não ser que me engane, continua sendo). Essa tática se apoiava em duas idéias, ambas igualmente ilusórias: 1) que o PC no poder seria tão frágil quanto fora, por exemplo, Kerenski; 2) que a contradição entre os motivos de adesão ou de sustentação dadas ao PC pelas massas (que supostamente queriam uma mudança revolucionária de regime) e a política real do PC (que supostamente queria conservar a ordem burguesa) ficaria evidente com a subida do PC ao poder. Acontece que o PC instalado no poder é tudo menos frágil (ainda que fosse, não estaríamos lá para discuti-lo, uma vez que o primeiro ato do PC no poder é sempre o extermínio dos revolucionários em que consegue pôr a mão). E a "contradição" entre a política do PC e a vontade de transformação das massas não fica evidente pelo simples motivo de que o PC *transforma* efetivamente o regime, expropriando a burguesia tradicional, "planificando" a economia etc., e que certo tempo passa antes que as massas vejam claramente que apenas mudaram de exploradores.

Mas tudo isso também levava a reabrir a "questão russa" e a recusar a concepção de Trotski segundo a qual a burocracia russa não passava de uma camada parasitária e transitória, que só se mantinha no poder em função de um equilíbrio instável, em escala mundial, entre o capitalismo internacional por um lado e a revolução por outro. Vinha daí o prognóstico de Trotski de que a guerra provocaria a queda da burocracia russa e só poderia terminar, ou com a revolução internacional, ou com uma vitória do capitalismo (que, a seu ver, implicava uma restauração do capitalismo na própria Rússia). Esse prognóstico, totalmente desmentido pelo desfecho da guerra, não era o de um jornalista: nele se condensam efetivamente todos os aspectos da concepção de Trotski, tanto sobre a questão da burocracia como sobre a época contemporânea.

O fato de que a burocracia tenha saído da guerra, não enfraquecida, mas imensamente fortalecida, de que tenha estendido seu poder sobre todo o Leste Europeu e que regimes totalmente idênticos ao regime russo estivessem se estabelecendo sob a égide dos PC, levava inelutavelmente a vê-la não como uma "camada parasitária" e sim como uma classe dominante e exploradora – o que, aliás, uma nova análise do regime russo permitia confirmar no plano econômico e sociológico.

Quando cheguei à França (no final de 1945), o PCI estava preparando o II congresso da "IV Internacional", que tinha como principal item da pauta a questão da URSS e do stalinismo. Participei das discussões preparatórias, nelas desenvolvendo as idéias resumidas acima; foi durante uma dessas discussões que conheci Claude Lefort, que por sua vez sentia um desconforto crescente ante a linha oficial do PCI. Constatamos rapidamente que nossas opiniões eram parecidas e constituímos com alguns camaradas uma tendência dentro do PCI; os primeiros documentos dessa tendência foram difundidos a partir de agosto de 1946. Em 1947, quando o PCI alcançara o máximo de sua influência depois da guerra (cerca de 700 militantes na França), nossa tendência agrupava algumas dezenas de camaradas. Mas depois de 1947, o PCI entrou em uma de suas fases periódicas de decomposição. Por um lado, sua ala direita o abandonava para aderir ao *Rassemblemente démocratique révolutionaire* [Reunião Democrática Revolucionária] (RDR) de Rousset e Sartre; por outro lado, os militantes que permaneciam eram visivelmente cada vez menos capazes de questionar a ideologia do partido e de evoluir (quando conseguiam perceber o absurdo dessa ideologia, simplesmente abandonavam toda atividade política). Ao mesmo tempo, tanto os acontecimentos – greves de 1947 na França, evolução dos países do Leste Europeu, começo da guerra fria – como o desenvolvimento de nosso trabalho teórico nos faziam ver a enorme distância que separava os discursos trotskistas do que era pertinente na luta de classes, na história mundial contemporânea e na própria teoria revolucionária. Uma vez que se levasse até o fim a análise e a crítica da experiência da revolução russa, tornava-se necessária uma reconsideração fundamental da pergunta: "que é o socialismo?", e essa reconsideração só podia partir da idéia da ação autônoma do proletariado como idéia teórica e prática central da revolução e chegar à definição do socialismo como gestão operária da produção e como gestão coletiva de todas as atividades sociais por todos aqueles que delas participam. Tudo isso estava separado por uma distância imensa da concepção trotskista da "nacionalização" e da "planificação", como objetivos centrais da revolução, e do poder integral do partido como instrumento da realização deles.

No verão de 1948, estávamos decididos a sair do PCI e discutíamos a data e as modalidades dessa saída quando ocorreu, como que por acaso, um desses acontecimentos que decidem uma situação: a ruptura entre Tito e o Cominform. Os trotskistas puseram-se a gritar numa só voz: viva Tito, viva a revolução iugoslava, e a escrever ao PC iugoslavo para lhe propor a Frente Única (*sic*). Vale lembrar que, ainda na véspera, eles escreviam que a Iugoslávia (como, aliás, todos os países satélites da Rússia) continuava sendo um país "essencialmente capitalista"; e isso porque o PC não tinha nacionalizado tudo desde o primeiro dia e porque conservara no governo alguns ministros fantoches que não pertenciam formalmente ao PC (eram, geralmente, apenas espias) e representavam formações fabricadas pelos stalinistas e completamente controladas por eles (como talvez um dia os "radicais de esquerda populares progressistas democráticos" serão na França...) O absurdo desses raciocínios é tamanho que não se sabe por onde começar. Que importância podia ter o fato de que alguns por centos da produção ainda não terem sido nacionalizados quando o essencial da economia já o fora e essa porcentagem, ademais, diminuía regularmente, mês a mês? E como discutir com pessoas que pensavam que, se tudo estivesse nacionalizado, teríamos o essencial do socialismo? Só conseguiam ver os países do Leste em função deste dilema: é socialismo (identificado com a nacionalização etc.) ou é capitalismo (identificado com a propriedade privada tradicional)? Mas a questão não podia ser colocada nesses termos. Tratava-se de perceber que a assimilação estrutural daqueles países ao regime russo avançava a cada dia, os PC solidamente implantados no poder instalavam por toda parte seus homens, criavam um novo aparelho de gestão da produção e da sociedade em torno do qual se cristalizava rapidamente uma nova camada dominante e exploradora, e que esse processo não só não era incompatível com a "nacionalização" e a "planificação", como encontrava nelas sua forma perfeitamente adequada. E que podia significar a Frente Única entre um partido stalinista no poder, dispondo de um exército e do orçamento de um Estado, e algumas dezenas de trotskistas em Paris? Esse era o lado cômico da coisa. Mas o conjunto de todas elas foi para nós o ponto final no que se refere ao trotskismo. Ao sair do PCI, constituímo-nos em grupo independente e publicamos o primeiro número de *Socialismo ou Barbárie* em março de 1949.

Não quero fazer a história do grupo Socialismo ou Barbárie, da sua constituição até o final. Para fazê-lo corretamente, seria preciso realizar um "estudo de caso", estudando-o detalhadamente e examinando profundamente todos os aspectos – que a concepção tradicional descarta – da vida de uma pequena organização revolucionária durante 18 anos, de sua vida cotidiana efetiva e não só "ideológica", das pessoas que a compuseram etc. Seria longo demais e existem tarefas mais urgentes. Tentarei apenas descrever alguns de seus aspectos – lembrando que estive profunda e constantemente implicado nele, que não sou neutro e que certamente nunca o serei.

Pode-se "periodizar" a história do grupo definindo uma primeira fase que vai de 1949 a 1953. Lembremos o contexto social, político e internacional. Em 1949, a guerra fria está se desenvolvendo; em junho de 1950 estoura a guerra da Coréia. As pessoas estão geladas de medo, vivem a situação como se a Terceira Guerra Mundial fosse iminente. Depois das grandes greves de 1947, há muito poucas lutas na França; a greve dos mineiros de 1948, último grande conflito no começo do pós-guerra, está sob controle total e totalitário dos stalinistas. Durante esse período, o público imediato do grupo e da revista é formado pelo que subsiste dos grupas ultra-esquerdistas da moda antiga: bordiguistas, comunistas dos conselhos, alguns anarquistas e alguns rebentos dos "esquerdistas" alemães dos anos 20. Esses grupos, ademais, se rompem ou desaparecem bem rapidamente (o mais importante deles, o grupo bordiguista, adere em sua grande maioria a S. ou B. em 1950). Quanto à vida do grupo, está marcada por duas longas discussões ocorridas, num pequeno intervalo, sobre a "questão da organização", a segunda das quais resultou numa cisão (que foi de curta duração) com Claude Lefort e alguns outros camaradas. A partir de 1950, o grupo sofre um isolamento crescente; por volta do fim de 1952, está reduzido a uma dezena de camaradas e os números da revista são pouco freqüentes e finos.

Depois a cena muda, estranho poder da história. Um fato atrás do outro, a guerra da Coréia termina, Stalin morre, os operários de Berlim Oriental se revoltam, todo o setor público na França entra em greve. A vida do grupo ganha novo alento, certo número de pessoas adere a ele, o conteúdo da revista se enriquece e sua publicação torna-se mais freqüente. Daniel Mothé, que entrou no grupo em 1952, faz um trabalho sistemático na Renault; junto com um grupo de operários da fábrica, publicam *Tribune ouvrière*, em algumas centenas de exemplares espalhados pela fábrica. Henri Simon, por seu lado, desempenha um papel importante no movimento dos empregados de uma grande companhia de seguros, que constituem um "conselho" e rompem com os sindicatos. Outros contatos operários foram estabelecidos aqui e acolá, aparecem alguns correspondentes no interior. O XX Congresso do PC russo, Poznan, depois, evidentemente, a revolução húngara e o movimento polonês estimulam consideravelmente a vida do grupo, por representarem uma confirmação maciça de nossa orientação, e aumentam sensivelmente (tudo é relativo) tanto a circulação da revista como a participação nas reuniões públicas que realizamos em Paris. Dali em diante, foram vendidos no mínimo 700 exemplares da revista a cada vez (até 1.000 de alguns números) e cerca de uma centena de pessoas de fora do grupo assiste a nossas reuniões públicas. Você viveu o período posterior a maio de 68, em que houve certa massificação do público esquerdista; é preciso ter em conta que durante nossa travessia do deserto, realizávamos reuniões "públicas" na Mutualité com umas vinte pessoas de fora do grupo.

A guerra da Argélia começa em novembro de 1954; o governo Mollet (começo de 1956) procede a uma mobilização parcial para enviar tropas para a Argélia. Os soldados convocados se manifestam, param os trens que os conduzem, a desordem econômica se amplia, movimentos reivindicativos irrompem freqüentemente. No outono de 1957, a agitação nas fábricas é grande, a situação está visivelmente instável e aberta. É nesse momento que publicamos o texto "Como lutar?",[2] texto para o qual contribuíram muito as discussões feitas, a partir de um primeiro projeto que eu redigira, com os camaradas do grupo e outros de diferentes empresas não pertencentes ao grupo, mas que vinham a reuniões para discutir. Contudo, nenhum movimento importante se desenvolve durante o inverno de 1957-1958 e depois, subitamente, chega o 13 de maio e a subida de De Gaulle ao poder.

Na véspera de 13 de maio, o grupo compreendia cerca de trinta membros (que pagavam regularmente uma taxa e participavam regularmente das reuniões e das tarefas decididas em comum). Os acontecimentos levam várias dezenas de simpatizantes a se aproximarem de nós, para se organizar e agir conosco. Isso coloca novamente para o grupo a "questão da organização", e dessa vez em termos práticos. Com efeito, ficava claro que nosso modo de funcionamento quando éramos umas trinta pessoas e quem quisesse podia se exprimir na reunião semanal

2 Cf, *L'Expérience du mouvement ouvrier*, 2, Paris, UGE, "10/18", 1974.

do grupo que não podia continuar igual se nos tornássemos uns cem. Uma reunião geral de cem pessoas torna-se quase que inevitavelmente uma assembléia geral onde alguns falam e os outros escutam. Além disso, uma reunião como essa não pode decidir nada no que se refere a tarefas práticas da natureza das que um grupo tem. Portanto, era preciso "dividir"; mas quando se divide também se precisa reunificar. Como, de que formas?

O conflito sobre a questão da organização, incubado desde sempre, mas que não tinha reaparecido explicitamente desde as discussões de 1950-1951, ressurge nesse momento. A discussão acaba durando pouco tempo e termina em setembro de 1958 com uma cisão: uma parte dos camaradas, cujos porta-vozes eram Claude Lefort e Henri Simon, sai de S. ou B. e formam um grupo, *Informations et liaisons ouvrières* (em seguida, *Informations et correspondance ouvrières*). Suas posições são formuladas no texto de Claude Lefort, "Organização e partido", publicado no n° 26 de *Socialismo ou Barbárie*.[3] Quanto à maioria, ela se reagrupou em torno do texto "Proletariado e organização", publicado nos n°s 28 e 29.[4] Nesse texto, tentei ir além da crítica "exterior" do tipo de organização tradicional e de sua atividade. Não era só que o bolchevismo se erigia em "direção" e que o partido estava submetido a um regime burocrático autoritário. Ao fazer isso, adotava o modelo capitalista da organização no sentido mais geral e introduzia-o no seio do movimento operário (tal como tinha feito, com outras variantes, a social-democracia). A organização estava dividida em dirigentes e executores; e, globalmente, apresentava-se como um dirigente diante desse executor da revolução que era o proletariado. O *tipo de trabalho* dos militantes era o de executores. E, último aspecto, mas o mais importante, a concepção da teoria revolucionária subjacente ao modelo organizacional e ao tipo de atividade implicada e o conteúdo dessa teoria tinham permanecido essencialmente capitalistas – e isso desde o próprio Marx.

A essa análise e a essa crítica correspondia um esforço para definir de outro modo a nova organização revolucionária. Era preciso repudiar o modelo capitalista em todos os terrenos e em todas as suas implicações; isso só podia ser feito, para começar, inspirando-se nas criações da classe operária dos últimos cento e cinqüenta

3 Retomado agora no livro de Lefort, *Éléments pour une critique de la bureaucratie*, Genebra, Droz, 1971 <; reed. parcial, Paris, Gallimard, "Tel">.

4 Reproduzido no segundo volume de *L'Expérience du mouvement ouvrier*.

anos. Nem era preciso dizer, mas isso também era dito, que a organização revolucionária não podia ser uma "direção" da classe operária, mas um instrumento – um dos instrumentos – da luta revolucionária. E que só podia se inspirar nas formas de organização que o proletariado tinham criado e em seu "espírito". Portanto, tinha de reger sua estrutura e seu funcionamento interno pelos princípios subjacentes à organização dos sovietes ou dos conselhos operários (assembléias gerais soberanas e tão freqüentes quanto possível, comitês de delegados eleitos e constantemente revogáveis por seus mandantes em todos os casos em que a decisão por assembléia geral não fosse possível). Mas, para além das mudanças do tipo de organização, era o conjunto da concepção tradicional que estava profundamente em questão.

A política

Comecemos por um ponto que desempenhou um papel muito importante na cisão de 1958, embora não tenha sido explicitado como tal. No meu entender, as concepções de Lefort e de Simon redundavam, sem que isso fosse dito, em recusar ou em rejeitar a dimensão política da organização. Se por "política" entendermos o que o PCF ou os trotskistas entendem, evidentemente estaríamos todos de acordo. Mas, evidentemente, não é disso que se trata.

A questão da política é a questão da sociedade global; e uma das tarefas da organização é manter constantemente essa questão em aberto diante do proletariado. Não vejo como se pode pensar e se situar como revolucionário eludindo-a. Proclamamo-nos partidários da gestão operária (ou da autogestão, como se diz agora); o que isso quer dizer, o que isso implica? Suponhamos que os operários estabelecessem seu poder em cada fábrica tomada separadamente; resta o fato de que todas as fábricas são direta e estreitamente interdependentes, que a integração de suas atividades tem de se dar de uma maneira ou outra; e que, se não for feita de maneira revolucionária, será feita de qualquer jeito, inevitavelmente, e então de maneira burocrática, isto é, por especialistas do universal, que dirão, para começar: "Vocês administram seu cantinho, está muito bem; a gente cuida da coordenação geral". Evidentemente, se isso ocorresse, a "gestão" local perderia rapidamente qualquer significação, pois a questão da integração das diversas "unidades sociais" em todos os níveis (empresas, localidades, tipos de atividade etc.) não pode ser resolvida sozinha e miraculosamente; além disso, ela não é um aspecto exterior e secundário, cujas repercussões sobre cada unidade possam ficar circunscritas e limitadas em importância: é absurdo pensar em fábricas socialistas ou simplesmente autogeridas no contexto de uma "coordenação" burocrática da economia e da sociedade.

Por outro lado, como, de uma maneira ou outra, as pessoas sempre têm consciência dessa questão, todas as tentativas particulares ficam travadas e inibidas pelo fato de elas duvidarem de suas capacidades ou da possibilidade objetiva de enfrentar essa questão global da sociedade, da organização social como tal. Independentemente de qualquer outra consideração, é claro que os trabalhadores não podem chegar até a "tomada de poder" na fábrica se não considerarem desde já, de algum modo – ainda que obscuro, semiconsciente, ambíguo –, a questão do poder na escala da sociedade. Não falo apenas do ponto de vista da "relação de forças"; não quero dizer – truísmo, mais uma vez ilustrado pelo caso Lip – que o poder dos operários na fábrica pode ser eliminado, brutal ou disfarçadamente, pela burguesia, se continuar sendo "poder na fábrica"; quero dizer que, para lá de certo ponto, as pessoas que lutam necessariamente se perguntam: o que haverá depois, na escala da sociedade? Se essa pergunta não for explicitada, da melhor maneira possível, esse fator irá frear radicalmente o movimento num momento ou noutro. É uma tarefa da organização revolucionária ajudar os trabalhadores a elucidar e a explicitar essa pergunta e mostrar que não há nenhuma *fatalidade* do dilema: fim do movimento ou "poder" central separado das massas, portanto burocracia, portanto retorno no curto prazo a uma variante do estado de coisas anterior. É uma tarefa da organização mostrar que uma organização socialista da sociedade global, para além da fábrica como tal, é possível.

Há, contudo, um aspecto ainda mais importante dessa questão: recusar implícita ou explicitamente a dimensão política da existência e da atividade da organização – a partir do princípio de que a organização só deve exprimir o que preocupa os operários *hic et nunc*, e que os operários *agora* não se situam por si mesmos nesse terreno –, nada mais é que repetir as premissas da posição leninista do *Que fazer?*, ainda que por outro lado a critiquem severamente. Pois, desse modo, nega-se que haja uma passagem ou uma relação interna entre a situação e as lutas "imediatas" da classe operária e a questão da sociedade global. Ora, essa passagem e essa relação existem e são de uma importância capital. Consistem no fato de que determinada luta em determinada fábrica, determinada atividade de uma determinada categoria, tal tema de preocupações "cotidianas" podem conter e geralmente contêm potencialmente muito mais do que aparece num lance de olhos superficial: contêm, em germe, a contestação implícita mas global, por suas implicações e suas conseqüências, da ordem estabelecida como um todo. Trata-se, portanto, em primeiro lugar, de extrair essa significação, de explicitar o que, em todas essas lutas, atividades etc. "particulares", contém em potência essa contestação do sistema estabelecido e que quase sempre fica obscuro para os próprios participantes. Pois essa significação, esses germes, são reprimidos por toda a estrutura social contemporânea, pela ideologia reinante, pelo trabalho incansável das organizações tradicionais e, é claro, pela interiorização psíquica dessa estrutura por parte dos indivíduos: a auto-repressão das significações novas que eles criam sem se darem totalmente conta.

Por exemplo, é uma boa piada dizer que a organização deveria difundir descrições e relatos das lutas exemplares e esquivar-se das seguintes perguntas: em que e por que essas lutas são exemplares e quem decide sobre isso? Ora, lutas só são exemplares em função dessa significação potencial, que extrapola seu teor imediato e manifesto, não só porque o que ali ocorreu também vale em outros casos "numericamente", mas porque essas implicações vão muito além do que parece estar em questão em seus desdobramentos. Um comitê de greve eleito e revogável não é exemplar apenas porque todos os comitês de greve deveriam ser eleitos e revogáveis; ele o é porque, por sua constituição e pelas relações que mantém com ele, a massa de grevistas *rompe* os princípios da filosofia política que existem faz vinte e cinco séculos e cria um outro. Mas isso, sem dúvida, somos nós quem o dizemos, e só podemos dizê-lo a partir de nossa concepção geral. Contudo, temos não só de assumir abertamente a responsabilidade por essa concepção, como, ademais, parece-me desonesto e manipulador não explicitá-la.

Se essa concepção for verídica, veremos que ela também abala a distinção tradicional entre o "imediato" e o "político". Além disso, porém, abre uma via que permite ultrapassar as visões tradicionais sobre a teoria revolucionária e seu modo de elaboração. A necessidade dessa elaboração é evidente; também é claro que a organização revolucionária não pode e não deve ser um CNRS [Centre national de la recherche scientifique] ou uma Academia da revolução. A atividade teórica é comandada por uma decisão prévia a respeito da pergunta: *o que é importante?* A essa pergunta só podemos responder dando um lugar central ao que germina na população e ao que a preocupa (embora, repetimos, esteja reprimido). A ultrapassagem da concepção tradicional da teoria, tanto como conteúdo quanto como modo de atividade, exige, por um lado, uma mudança de seus eixos de preocupação, dos temas centrais da atividade teórica; mas também, isso vem necessariamente junto, uma mudança de método e de tipo de elaboração. Para não continuar sendo uma ocupação solitária de uma categoria separada de especialistas, com tudo o que isso inevitavelmente implica, a teoria revolucionária só pode ser elaborada num meio onde se misturem e cooperem aqueles que podemos chamar de porta-vozes da população e aqueles que tendem a dar ao que os primeiros têm a dizer uma expressão geral. E fica claro que um circuito análogo de cooperação e de troca deve ser instaurado entre a organização como tal e seu meio ambiente e, por fim, o meio social em geral.

Publicamos a partir do começo de 1959 um jornal mensal mimeografado, *Pouvoir ouvrier* [Poder operário]. Metade dele era dedicada a uma seção intitulada "A palavra para os trabalhadores", onde publicávamos tudo o que era enviado ao jornal. Mas realmente dar a palavra aos trabalhadores é uma tarefa enorme; não basta "dá-la" a eles, também é preciso que a *tomem*. Não tem muita serventia reunir pessoas e dizer-lhes: "Vocês estão livres para falar e dizer o que lhes passar pela cabeça, aqui não tem nenhum tabu, nenhuma autoridade, nada que seja considerado *a priori* trivial ou sem importância" para que as pessoas falem. Menos ainda basta intitular uma seção "A palavra para os trabalhadores" para que os trabalhadores escrevam nela. As pessoas não se exprimem; todo o trabalho da sociedade instituída sempre visou persuadi-las de que o que têm a dizer não é importante, mas que o importante é o que sabem e dizem Giscard, Marchais ou Mendès France, os especialistas em economia e política (no caso geral, pseudo-especialistas de pseudociências). Esse trabalho alcançou seu objetivo e as pessoas pensam: "O que me preocupa não tem muita importância, são umas bobagenzinhas pessoais; dos grandes assuntos da sociedade não posso falar porque não sei nada". Temos de destruir os efeitos desse trabalho, inverter os sinais de valor, espalhar a idéia evidente de que todos os discursos que enchem diariamente os jornais, o rádio, a televisão, têm uma importância quase nula e que as preocupações das pessoas são o *único* assunto importante do ponto de vista social.

Sobre a experiência de ILO e de ICO

Depois da cisão, Lefort e Simon fundaram um grupo e publicaram um jornal mimeografado, *ILO* (*Informations et liaisons ouvrières*). Pouco tempo depois, Lefort se separou dos outros, Simon continuou, e o título do grupo e do jornal passou a ser *ICO* (*Informations et correspondance ouvrières*). Entre os fundadores de *ILO*, havia uma concepção da atividade revolucionária mais que restrita e, a meu ver, profundamente contraditória: a única tarefa real a que o grupo devia se propor era recolher e redifundir informações. O fundamento dessa atitude era certa interpretação da idéia de autonomia do proletariado, considerada como devendo implicar a recusa a intervir e contribuir com o que quer que fosse de "alheio" à experiência própria do proletariado. Para mim, essa posição fica prisioneira de uma problemática cujo outro resultado é a burocracia: nós temos nossas idéias e as impomos às pessoas – ou então (simples negação do enunciado precedente no *mesmo* terreno): temos nossas idéias, mas não as dizemos, porque dizê-las seria impô-las às pessoas (e adulterar sua evolução "autônoma"). Na verdade, evolução autônoma das pessoas é algo que não quer dizer nada. A evolução das pessoas não é "autônoma" em termos absolutos, ela se dá no meio de uma luta e de uma dialética social onde estão presentes constantemente os capitalistas, os stalinistas etc. O único resultado a que chegaríamos seria, portanto, o de que a única voz ausente do concerto seria a dos revolucionários. Uma coisa é condenar a concepção do partido como "direção"; outra recusar suas próprias responsabilidades e dizer: "Nosso único ponto de vista consiste em pôr nosso jornal à disposição de quem quiser falar".

É desnecessário lembrar que estou expondo minha percepção das coisas; de qualquer modo, os textos estão aí, quem quiser pode lê-los. Acho que minhas críticas daquela época foram confirmadas pela seqüência dos acontecimentos. Gostaria de ilustrá-lo mais particularmente com relação a um problema que é importante e sempre atual.

Uma das implicações das posições dos fundadores do ILO era que não se devia dizer de maneira clara e firme que existem membros da organização e pessoas que não o são – a começar porque não se sabe *a partir de que* se diria isso. É verdade que a querela em torno da questão dos membros da organização tem ressonâncias históricas um tanto sinistras: a cisão entre bolcheviques e mencheviques no segundo congresso do POSDR se deu em cima do artigo 1 dos estatutos: quem é membro? Os bolcheviques queriam traçar uma fronteira bem demarcada e aceitar como membros apenas aqueles que trabalhavam sob a *direção* de uma instância da organização; os mencheviques queriam considerar membros aqueles que estavam de acordo com o programa do partido e contribuíam fazendo qualquer trabalho para o partido. Os termos nos quais a questão se colocou na época, o modo como a discussão se desenrolou, estão evidentemente ultrapassados. Mas a questão em si subsiste, é inevitável. Suponhamos que se queira suprimi-la. Há um grupo que se formou com base em afinidades de idéias, vai levando seu ramerrame, os participantes, dez ou quinze, se conhecem de longa data, se reúnem, até gostam do cheiro um do outro, estão isolados, com alguns contatos externos, não há problema. Um belo dia – depois de maio de 68, digamos – baixam em sua reunião uns cem caras, pouco importa, aliás, quem eles são, e eles perguntam: "É aberto? A gente pode vir?" Respondem-lhes: "Podem, claro". Então, aquele que supostamente é o encarregado de lembrar a pauta da reunião diz: "Decidimos discutir hoje os temas A, B e C". Grito na sala: "Que história é essa? Quem é esse burocrata babaca? As pautas são uma invenção da burocracia". "Mas temos de decidir o índice do próximo número do jornal". "Por que um jornal precisa de um índice? Precisamos de um antijornal, com um anti-índice". Ou então: "A questão do índice já está resolvida: publicaremos o programa comum da esquerda, que precisa ser difundido". Para os dez ou quinze participantes iniciais restará sair de mansinho, acusados pelos outros – com razão – de enganar o mundo ao dizer que seu grupo era "aberto", e ir se reunir em outro lugar, numa sala "fechada".

Não se pode eliminar, com a ajuda de receitas menores e negativas, os problemas envolvidos nisso. Se revolucionários querem trabalhar juntos, isso significa que enquanto subsistir um mínimo de acordo entre eles, eles assumem juntos, coletivamente, certo número de tarefas. Só eles podem decidir que tarefas são essas, como serão realizadas e por quem. Com efeito, é essencial romper a oposição absoluta entre militantes da organização e um pântano informe de simpatizantes bons para doutrinar, para conseguir dinheiro, para comprar o jornal ou para fornecer endereços para a correspondência. É preciso romper com essa concepção do meio da organização e do "simpatizante", romper nos atos, organizar reuniões freqüentes em que todo o mundo está em pé de igualdade, inventar atividades que possam efetivamente ser comuns. Mas não se pode evitar que aqueles que se comprometeram a assumir de maneira contínua as tarefas que a coletividade determina, os militantes, também sejam aqueles que assumam as decisões quanto a sua orientação e sua atividade.

Pretender suprimir a clivagem entre os militantes, os membros da organização e os outros, recusando-se a dizer quem é membro do grupo e quem não é, é esquivar-se, apenas em pensamento, das dificuldades reais que surgem do fato de haver pessoas para quem o trabalho numa coletividade fundada num projeto revolucionário é muito importante (é uma tarefa que, para eles, só terminará quando morrerem), mas de também existirem pessoas que, em certa etapa de sua vida, interessam-se, querem participar parcialmente, mas não fazem dessa atividade um eixo de sua vida (o que não as desvaloriza aos nossos olhos). A coexistência dessas duas categorias de indivíduos é um fato que é preciso encarar. Mas encarar não é dizer que o primeiro tipo de indivíduos não existe porque não deve existir. Isso só resulta em hipocrisia e em manipulações de outro tipo: esses indivíduos, aqueles que são militantes, seja qual for o nome com que se disfarcem, continuam lá, fazem as coisas ainda que silenciosamente, e portanto têm um poder, mas esse poder é oculto porque, formalmente, não são nada mais que qualquer outra pessoa. Têm um poder de fato, mascarado pela eliminação da questão do poder como questão explícita: situação nefasta, não só porque oculta o poder deles, mas porque oculta, o que é infinitamente mais grave, *a questão do poder*.

Para terminar de falar da cisão de 1958, um último ponto: parece-me que, do lado de Claude Lefort, ela foi sobredeterminada – estou interpretando, isso não foi escrito na época – por uma concepção que já estava se formando nele e que ele só exprimiu, mais ou menos, posteriormente. Posso resumi-la aproximadamente do seguinte modo: não se pode visar uma revolução radical; existem decerto lutas que abalam a ordem estabelecida, movimentos que prefiguram uma nova forma de sociedade, estamos do lado deles e tentamos agir no mesmo sentido; mas a idéia de que possa haver uma transformação radical da sociedade, uma superação da alienação social, é um absurdo filosófico. Não acompanhei de perto a evolução do ILO-ICO, mas acho que a ruptura ocorrida em seguida entre Lefort e Simon foi condicionada por essa concepção.

A interpretação do gaullismo

Entre 1958 e 1961, o grupo S. ou B. cresce numericamente de modo bastante satisfatório; duas ou três células funcionam em Paris e várias são criadas no interior com estudantes e alguns operários. No final de 1960, somos quase uma centena, o que não é pouco para a época; as reuniões públicas continuam e o grupo tem uma influência sobre algumas camadas não negligenciáveis de estudantes em Paris e sobre trabalhadores da Renault, graças ao trabalho realizado lá por Mothé. Essa evolução está ligada à luta contra a guerra da Argélia e à atitude ignominiosa das organizações tradicionais até o fim dessa guerra.

No grupo, não houve divergências a respeito da interpretação do gaullismo que estava se instalando. Ninguém nunca viu o gaullismo como fascismo. O gaullismo logo foi interpretado como a passagem para o capitalismo moderno, com as especificidades decorrentes da história da burguesia e da sociedade francesas, como a tentativa de liquidar todo um conjunto de características "atrasadas" do regime precedente, o império colonial é claro, mas também o caos econômico e financeiro e até o caos político da república burguesa. O texto que escrevi na época dava essa interpretação, mas insistia também na incapacidade da burguesia francesa, com ou sem de Gaulle, de se dar um funcionamento político "normal" e "regular". Hoje – janeiro de 1974 – pode-se dizer que em certo sentido esse problema político também foi "resolvido", já que Pompidou está aí. Mas pode-se também dizer que não foi resolvido já que, precisamente, Pompidou está aí. Por outro lado, a tomada do poder por de Gaulle se dera à revelia da população; mais que isso até, em novembro de 1958, de Gaulle e sua Constituição tinham sido plebiscitados. Não podíamos passar por cima da significação desse fato.

Uma nova cisão

Colocava-se portanto a questão da interpretação da atitude da população com relação à política; essa interpretação precisava levar em conta a evolução de conjunto de todos os países capitalistas modernos, uma vez que se constatava por toda parte essa mesma atitude. Outros fios, notadamente nossa crítica da concepção tradicional do socialismo, também conduziam para a exigência de uma revisão radical.

Tentei amarrar esses diferentes fios no texto "O movimento revolucionário sob o capitalismo moderno", uma primeira versão do qual circulou dentro do grupo a partir de 1959 e imediatamente causou uma clivagem, pois serviu de indutor para a cristalização, por oposição, de tudo o que, no grupo, recusava um trabalho crítico radical. Já tinha havido textos (como "Sobre a dinâmica do capitalismo", 1953-1954) que implicavam a rejeição das posições clássicas sobre a pauperização, as crises, o crescimento do exército industrial de reserva, em suma, de tudo o que é tido e efetivamente é a teoria econômica de Marx, bem como da concepção clássica do imperialismo; e também textos ("Sobre o conteúdo do socialismo", 1955-1958) que rejeitavam uma outra idéia central do marxismo segundo a qual era possível conceber a revolução simplesmente como recebendo a técnica capitalista e pondo-a a serviço do socialismo; ou ainda (*cf.* acima) a concepção tradicional do papel e do conteúdo da teoria, que participa da atitude especulativa elaborada no Ocidente nos últimos vinte e cinco séculos. As conseqüências de tudo isso confluíam, convergiam e, finalmente, houve, como diria o camarada Mao, uma transformação da quantidade em qualidade. Não era mais essa ou aquela posição particular, mas o marxismo como um todo que era questionado. E, naturalmente, isso provocou imediatamente um recuo horrorizado de Maille, Lyotard, Souyri,[5] e berros: "Castoriadis abandona o marxismo", "Castoriadis se torna existencialista".

A briga que começou assim durou três anos. Por muito tempo, aqueles que se autodenominaram caracteristicamente a "antitendência" só nos opuseram argumentos polêmicos que se contradiziam entre si ("não há elevação do nível de vida dos operários"; "há elevação, mas ela não tem significação, ou não a significação que vocês dizem que tem" etc.). Foi apenas durante os três meses que precederam a cisão que eles finalmente produziram três textos, tentando defender uma variante incoerente de neopaleomarxismo, que, lamento, seus autores não publicaram.

Essa briga, evidentemente, interferiu rapidamente em todas as atividades do grupo, bloqueando-as de modo bastante sério. Ao mesmo tempo, ocorreu uma espécie de polarização no tocante às tarefas: a "antitendência" assumiu cada vez mais a redação do *Pouvoir ouvrier*, e os camaradas que estavam de acordo com a linha do "Movimento revolucionário sob o capitalismo moderno" redigiam mais

5 <Maille: Albert Masó, que também usava no grupo o pseudônimo Véga; Pierre Souyri assinava P. Brune.>

a revista. Os primeiros tentavam fazer do *PO* uma espécie de jornal de agitação sobre temas tradicionais – o que denunciamos dizendo que faziam um trotskismo correto. Criticavam os sindicatos dizendo que era preciso ir mais longe, fazer isso ou aquilo numa determinada greve; não conseguiam evitar escrever um editorial cada vez que o governo fazia ou dizia algo – o que, a nosso ver, era uma aberração, pois equivalia a se colocar no mesmo terreno que o inimigo. Opunham zombarias, trivialidades e uma obstrução permanente a nossas proposições, que visavam a transformar radicalmente os eixos de nossa propaganda e de nosso trabalho para nos ocupar a fundo dos problemas da juventude e dos estudantes (tudo isso está registrado em textos de 1960, muitos anos antes de Berkeley), ou da mulher e da família, da pedagogia e da crítica da pretensa educação, da crítica da própria existência da educação; ou da importância de lutas outras além das do proletariado industrial e das greves reivindicativas. A distância, teórica e prática, entre uns e outros aumentava cada vez mais. A cisão se deu em julho de 1963. Num acordo amigável, a "antitendência" ficou com o *PO* e nós com *S. ou B.*

A suspensão da publicação de S. ou B. e das atividades do grupo

Depois da cisão, ainda publicamos seis números da revista (35 a 40), o último dos quais data de 1965; e o grupo ainda funcionou até a primavera de 1966. Nesse período, o público externo da revista talvez tenha sido o maior que tivemos (cerca de 1.000 exemplares vendidos por número, reuniões públicas reunindo até 200 pessoas). Por outro lado, porém, não havia quase nenhum *feedback*, nada em volta. Os leitores da revista nunca ou quase nunca escreviam, as pessoas vinham às reuniões e voltavam para casa (apesar de nossas tentativas de romper com a estrutura professoral da reunião tradicional). As idéias circulavam, sem dúvida, mas o público se comportava como consumidores passivos de idéias. Por outro lado, colocava-se com uma insistência cada vez maior um problema relativo ao recrutamento do grupo; chegavam companheiros muito jovens, muito alertas, muito astuciosos e que, ao mesmo tempo, não conseguiam funcionar com os antigos (ou o contrário, dá na mesma). Minha interpretação é a de que esses companheiros, evidentemente vindos, como todo o mundo, por motivações pessoais, traduziam-nas constantemente por seu comportamento no grupo; no entanto, dada a situação, o grupo não fornecia o terreno no qual essas motivações de partida podiam se transformar em algo diferente; em certo sentido, o grupo tornava-se um substituto da família e induzia uma ambivalência tão forte quanto aquela. Isso acarretava, por sua vez, reações por parte dos "antigos", e o funcionamento do grupo, minado pelos atritos que disso resultavam, tornava-se cada vez menos coletivo e menos coerente.

Enfim, o próprio caráter que a revista tendia a tomar colocava um grave problema. Meus últimos textos questionavam o conjunto da concepção marxista, tentavam voltar aos fundamentos da concepção da sociedade e da história e, por isso, adquiriam um estilo cada vez mais "abstrato" e "filosófico". Esse trabalho continuava sendo solitário, não só no tocante a sua redação, mas porque o grupo não sentia a necessidade de discuti-lo. Outros textos eram publicados na revista (os de Mothé ou de Chatel,[6] por exemplo), mas a unidade do todo continuava obscura. A revista tornara-se a atividade essencial do grupo – e, ao mesmo tempo, não representava mais um trabalho verdadeiramente coletivo. Mantê-la e manter o grupo, naquelas condições, contra tudo e contra todos, não tinha muito sentido. Foi a partir dessas constatações que propus suspender a revista.[7] Um camarada repetia durante aquele período: "Se a semente não morrer...". Com efeito, cresceu depois...

Por que não ter tentado reconstituir o grupo em seguida? Por que, por enquanto, há uma enorme dificuldade em manter uma atividade revolucionária sem se apoiar num *corpus* teórico ou que pretenda sê-lo, sem dizer: "Cale-se, a resposta está em Marx ou em Mao", e tentando enfrentar honestamente os problemas reais. A experiência de todos os grupos posteriores a maio de 68 mostra que é impossível evitar as questões: quem somos? Como funcionamos? Quem é nós e quem não é nós? Será que há um "nós"? E, sobretudo: O que é "nós"? Essa é uma pergunta muito importante: esse "nós" pode ser mistificador e alienante; por outro lado, numa organização em geral não se diz "nós", diz-se "o partido", "o grupo" etc. Mas, em todos os casos, esse "partido", esse "grupo" – ou esse "nós" – eram definidos, ao menos idealmente, por referência implícita ou explícita a uma teoria acabada e definida. Contudo, o que estou dizendo é que essa concepção da teoria é uma fantasia mistificadora. As pes-

6 <Chatel: pseudônimo no grupo de Sébastien de Diesbach.>

7 Cf. a Introdução a *La Société bureaucratique*, 10/18, 1973 <reed. Paris, Christian Bourgois, 1990>.

soas devem se juntar porque compartilham um projeto – o projeto revolucionário. Dirão que desse modo a dificuldade é apenas deslocada. Digo mais: assim ela é consideravelmente agravada. Pois um projeto comporta a dimensão de uma elucidação perpétua, nunca acabada, aberta, e implica uma *atitude* subjetiva totalmente diferente com relação à teorização. Em suma: rejeitar categoricamente a idéia de que possa haver uma teoria acabada (ou indefinidamente aperfeiçoável) e que haja soberania do teórico; e portanto não aceitar dizer qualquer coisa (o que hoje é praticado quase que universalmente por aqueles que acreditam ter rompido com os quadros tradicionais, mas que apenas são ainda mais prisioneiros deles de um outro jeito; hoje, o "discurso dominante" de certo meio "contestatário", essa horrível salgalhada que é o freudo-nietzscheo-marxismo, é rigorosamente *qualquer coisa*). Ora, essa é uma atitude difícil de sustentar – não digo que seja impossível. Mas, a menos que um número suficiente de pessoas que compartilham dela se junte, não vejo como se poderia constituir algo que tenha alguma possibilidade de viver e se desenvolver.

2. A ruptura com o marxismo

O que, a seu ver, torna necessária a ruptura com o marxismo? Como ela se liga à análise que você faz da situação do movimento operário?

Essa questão pode ser discutida em dois planos: o teor teórico do marxismo e o modo como ele coloca o problema da teoria, e o destino histórico do marxismo. No plano teórico, há uma metafísica marxista, uma teoria da história e uma teoria econômica, todas três intimamente ligadas. As três são insustentáveis. Como os marxistas consideram a teoria econômica a pedra angular do edifício, comecemos por esta última.

O que é a teoria econômica em Marx? O que ela pode dizer, até onde pode ir, ela tem limites? É sabido que, contrariando o espírito de certas frases do jovem Marx, a elaboração sistemática da teoria feita por ele na maturidade visa a constituir uma teoria soberana, sem qualquer limite, que define as leis da economia capitalista e mostra que o funcionamento dela leva inevitavelmente a seu fim e a uma nova sociedade. Mas tal teoria é, por princípio, impossível. Ou seja, tudo o que está dito em *O Capital*, a elaboração teórica que ali é feita, só é possível mediante a eliminação de dois fatores decisivos no funcionamento e na evolução da economia capitalista: a evolução da técnica e a luta de classes. E isso não é algo aleatório; é uma necessidade interna desse tipo de teorização. Pois é nesses dois fatores que se traduz, por excelência, no campo da economia, a criatividade da história que faz com que não se possam estabelecer "leis" da evolução econômica exceto num sentido sempre parcial e transitório.

A eliminação da luta de classes é absolutamente flagrante. Marx afirma que a força de trabalho é uma mercadoria e a trata como tal na teoria (a partir da idéia de que ela *é* assim na realidade do capitalismo). Ora, sabe-se que no sistema marxista uma mercadoria tem um valor de troca definido e, se for "meio de produção", também um valor de uso definido. Mas a força de trabalho não tem nem valor de uso definido, nem valor de troca definido. Ela não tem valor de troca definido: o capitalista que compra uma tonelada de carvão sabe, em função do estado atual da técnica, quantas calorias pode extrair dela; mas quando compra uma hora de trabalho, não sabe qual é o rendimento que poderá extrair dela. Marx, porém, parte constantemente do postulado de que, assim como o capitalista extrairá da tonelada de carvão o máximo de calorias que a técnica da época lhe permite extrair (e, efetivamente, o carvão é passivo), ele também pode extrair do operário o máximo de rendimento permitido pelo estado da técnica (tipo e velocidade das máquinas etc.) –, pois o operário só pode ser passivo. Mas isso é falso. Marx não fala praticamente nunca da luta aguerrida em torno da produtividade que se desenrola cotidianamente na indústria; fala apenas incidentalmente da resistência dos operários à produtividade em dois lugares do primeiro volume do *Capital*, e, as duas vezes, apresenta-a como inevitavelmente fadada à derrota, o que quer dizer que o operário é um puro objeto passivo do capital na produção, que não há *luta* de classes na produção, mas dominação integral e incontestada, já que incontestável, de uma classe sobre a outra.

Mas a história da indústria moderna não é somente a história das grandes batalhas campais sindicais; é também e sobretudo a história que se desenrola oito horas por dia, sessenta minutos por hora, sessenta segundos por minuto na produção e a propósito da produção; em cada um desses segundos, cada gesto do operário tem duas faces, uma que se conforma às normas de produção impostas, a outra que as combate. O rendimento efetivo é o resultado da luta que se desenrola nesse terreno. Portanto, não há valor de uso definido da força de trabalho que possa ser apreendido independentemente dessa luta e de seus efeitos. Ora, é fácil ver que, ao mesmo tempo, essa luta codetermina de modo decisivo o valor de troca da força de trabalho. Não só porque codetermina a produtividade do trabalho (e, assim, o valor unitário das mercadorias que entram no consumo operário), mas sobretudo porque só ela fixa o nível efetivo do salário. O salário não é "*x* francos a hora". Isso não quer dizer nada, pois o capitalista não compra na verdade "uma hora"; ele se apresenta como se comprasse "uma hora", mas na verdade compra rendimento efetivo, rendimento efetivo que é precisamente indeterminado, que ele vai tentar determinar introduzindo novas máquinas, cronometristas etc., e que os operários tentarão determinar de outro modo, enganando os cronometristas, trapaceando com as cotas, organizando-se entre si etc. O salário na verdade é uma taxa de câmbio: tantos francos contra o rendimento realizado durante uma hora – e o segundo termo é indeterminado. Tantos francos por operários completamente submetidos aos cronometristas e tantos francos por operários que resistem a eles com sucesso não é de jeito nenhum a mesma coisa.

E como pensa Marx a determinação do valor de troca da força de trabalho? Se ela *é* mercadoria, vale, como qualquer outra mercadoria, o "trabalho" que contém, ou seja, o trabalho incorporado aos "custos de produção e de reprodução da força de trabalho", materialmente representados pela quantidade de mercadorias que um operário (ou uma família operária) consome para viver e reproduzir uma nova geração operária. Se chamarmos essa quantidade de "nível de vida" da classe operária, o valor de troca da força de trabalho será uma função simples de dois fatores, e de apenas dois: esse "nível de vida" e o valor unitário de cada uma das mercadorias que o compõem (com efeito, o simples produto multiplicativo ponderado de um pelo outro). Mas esse valor unitário de cada mercadoria é apenas o inverso, a grosso modo, da produtividade do trabalho: mais esta aumenta, menos tempo de trabalho é incorporado a cada mercadoria produzida, e menor é o valor unitário dela. Portanto, *se* o nível de vida da classe operária permanece constante, o aumento da produtividade do trabalho, incansavelmente perseguida e realizada pelo capitalismo, significa *ipso facto* uma redução do valor das mercadorias que compõem o nível de vida operário, portanto uma redução da "parte paga" da jornada de trabalho, *portanto* um aumento da taxa de exploração, supondo-se que a jornada de trabalho permaneça constante.

Mas, será que podemos postular que o nível de vida operário permanece constante? Marx não tem muito a dizer a esse respeito; afirma que a cada vez ele é "determinado por fatores históricos e morais" e continua postulando implicitamente que é preciso supô-lo constante. Mas isso é logicamente arbitrário e realmente falso. Para facilitar a exposição e como primeira aproximação, pode-se levantar a hipótese de que o nível de vida operário permanece constante caso se trate de falar da situação da economia durante um período muito curto. Mas não se pode fazê-lo de jeito nenhum para um período de um ou dois séculos – e é disso que trata a teoria marxista da economia capitalista. É evidente que houve uma modificação considerável (uma elevação) do nível de vida real da classe operária em cento e cinqüenta anos. Essa elevação foi o resultado das lutas operárias, das lutas, como já dissemos, tanto informais, implícitas, no nível da produção, como das grandes ou pequenas lutas reivindicativas declaradas. Marx faz abstração dessa luta e, como tudo o que se segue no *Capital* repousa necessariamente nessa "análise" da determinação do valor de troca da força de trabalho como mercadoria, todo o edifício está construído sobre areia, toda a teoria está determinada por esse "esquecimento" da luta de classes. Também é preciso reler o fim de *Salário, preço e lucro* para se convencer de que, mesmo quando Marx admite uma influência da luta operária sobre o nível dos salários, essa influência continua sendo para ele conjuntural e "cíclica" e não poderia alterar a distribuição fundamental do produto no longo prazo, tal como está regulada pela lei do valor.

Aliás, há mais. A partir de certo momento, os próprios capitalistas entenderam que a elevação regular do nível de vida operário era uma necessidade inerente ao funcionamento do sistema. Pois, sem uma ampliação contínua do mercado de bens de consumo, não pode haver expansão capitalista – em todo caso, não o tipo de expansão que conhecemos. Evidentemente, em algumas situações (Alemanha nazista, URSS durante muito tempo, períodos de guerra etc.), o sistema orienta a produção principalmente para a fabricação de armamentos ou para uma acumulação acelerada e o nível de vida real da classe operária estagnará em função disso ou até declinará. Mas a evolução "normal" do sistema no longo prazo é impossível sem uma expansão contínua do mercado de bens de consumo; e esse mercado, em sua maior parte, está constituído pela demanda solvente, ou seja, pelos rendimentos dos operários e dos assalariados em geral. De tal forma que se, hoje, por comodidade da exposição e como primeira aproximação, quisermos levantar uma hipótese, seremos obrigados a levantar a hipótese de uma estabilidade do *ritmo de aumento* da renda real dos operários durante o curto prazo que se estuda. Pode-se, é claro, imaginar no papel uma hiper-teoria que tentaria quantificar a intensidade da luta de classes e sua relação com o nível dos salários e inseri-la num esquema "mais geral" (houve, aliás, por parte dos economistas acadêmicos, tentativas desse tipo, em que, como que aleatoriamente, é a taxa de sindicalização que é tomada como variável representativa da "pressão dos salários"). Não entrarei nessa discussão; considero essa orientação fundamentalmente absurda.

Tudo isso mostra que a idéia de uma "lei do aumento da taxa de exploração" é um mito. E, de forma mais geral, é um mito qualquer idéia de uma "lei" que determinaria a evolução da distribuição do produto social entre capitalistas e trabalhadores fazendo abstração da luta de classes. No mesmo sentido, a suposta "lei" do aumento da composição orgânica do capital repousa sobre uma falácia. Pelo fato de que, em termos de *volume*, e até, mais rigorosamente, em termos *físicos*, se constata um aumento da massa do capital constante (da *quantidade* de máquinas, matérias-primas etc.) em proporção ao "capital variável" (isto é, na verdade, ao número de operários e de horas trabalhadas), conclui-se que o capital constante, em termos de valor, aumenta em proporção ao capital variável, também em termos de *valor*. Isso é aquilo que em lógica se chama um *non sequitur*. A evolução da massa física do capital constante ainda não diz nada sobre a evolução da massa de seu valor; pois esta é igual à massa física multiplicada pelo valor unitário, e este último *diminui* com o aumento da produtividade do trabalho (portanto, não há motivos para supor que aumente menos rápido no setor que produz meios de produção do que no conjunto da economia). Não é porque a quantidade de máquinas, matérias-primas etc. aumenta relativamente ao número de operários que o valor do capital constante aumenta relativamente ao do capital variável. Ao mesmo tempo, Marx supunha que, considerando um número de operários constante, o valor do capital variável diminuía com o tempo em função do aumento da taxa de exploração; e vimos que esta não existe. Portanto, não se pode dizer nada *a priori* sobre a evolução da composição orgânica.

Quanto à "queda tendencial da taxa de lucro", é o próprio exemplo do não-problema. Um dia alguém talvez tenha de escrever um ensaio psicanalítico sobre os motivos da fascinação exercida sobre Marx e sobre os marxistas, e antes deles sobre a economia política clássica, pela idéia de uma queda secular da taxa de lucro.[8] A fórmula do lucro em Marx é: $pl/c + v$ (razão entre a mais-valia total e a soma do capital constante e do capital variável). *Pl* é função do número de operários empregados, já que a mais-valia só se extrai do trabalho vivo. A "lei do aumento da composição orgânica do capital" diz que c aumenta mais rapidamente que v. Portanto, como pl só depende de v e este aumenta menos rápido que c, o numerador da fração deveria, com o tempo, diminuir relativamente ao denominador. Eis o raciocínio, cujos elos são todos incorretos. Já vimos que não é necessariamente verdadeiro (e na verdade não é verdadeiro) que a composição orgânica aumenta. Por outro lado, Marx afirma que a taxa de exploração (a razão pl/v) aumenta com o tempo; como saber se esse aumento não basta para compensar um eventual aumento da composição orgânica, ou mesmo para supercompensá-lo, e nesse caso teríamos não uma tendência à queda, mas uma tendência à alta da taxa de lucro? Enfim, a própria fórmula carece de sentido no que concerne a esse "problema": $pl/c + v$ não é uma taxa de lucro sobre o capital, mas uma taxa de lucro sobre o número de negócios (o capital só está representado na fórmula por c, que é a sua fração produtivamente consumida por período, geralmente uma pequena parte do capital empenhado na produção).

Por outro lado, qual o interesse ou a pertinência disso? Admitamos que a taxa de lucro tenda a diminuir; e daí? Caso se tratasse da taxa de lucro *sobre o capital*, poderíamos concluir, mantido tudo igual (postulado nada trivial), que o ritmo da acumulação capitalista tende a diminuir; e daí? (Notemos que, na realidade, o que se observou até agora foi antes o contrário. Faz dois séculos que a produção capitalista aumenta, digamos, 4% ao ano em média; em que nos conforta ou em que afeta nossas perspectivas políticas pensar que por volta de 2175 seu ritmo de aumento anual será de apenas 2%? E não se trata nem mesmo da taxa de lucro sobre o capital, mas da taxa de lucro sobre o número de negócios, que, como tal, não tem relação direta com o ritmo da acumulação.)

Enfim, se supusermos que essa "queda tendencial" existe, por que ela deixaria de existir numa sociedade socialista? As razões pelas quais, segundo Marx, há queda tendencial da taxa de lucro na sociedade capitalista são razões técnicas, que não têm nada a ver com a estrutura social do capitalis-

8 <Cf. "La baisse du taux de profit" (1965), in *Capitalisme moderne....* 2, pp. 205-222.>

mo; consistem no fato de que há sempre mais máquinas, matérias-primas etc. para um número dado de operários. Como não afirmamos que na sociedade socialista se tentará ter um desenvolvimento técnico ao inverso (em todo caso, Marx e os marxistas nunca o diriam), esse fator sempre existirá; será até mesmo agravado, porque o outro fator que pode contrabalançá-lo no regime capitalista, o aumento da taxa de exploração, não deveria mais existir na sociedade socialista. Então, será que na sociedade socialista haverá queda da taxa de sobreproduto (uma vez que não podemos mais falar de lucro)? E quais serão as conseqüências disso?

Tratemos agora do que chamei a eliminação em Marx do fator tecnológico. É certo que Marx viu com bastante profundidade a reviravolta constantemente repetida que a evolução técnica introduz na sociedade e na economia capitalistas, e forneceu a esse respeito análises sócio-históricas exemplares e incomparáveis. Mas quando ele se propõe a construir seu sistema econômico, é como se esquecesse tudo isso. O postulado implícito, sem o que tudo o que foi dito em *o Capital* não teria sentido, é que há progresso técnico (sem o que não haveria aumento da produtividade do trabalho), mas que esse progresso técnico está representado por uma variável contínua. Há uma *f(t)* crescente, uma função crescente e contínua do tempo, que determina o rendimento da hora de trabalho, e isso é tudo. Caso se queira ir mais adiante, levar em conta tudo o que Marx vê quando fala histórica e concretamente do progresso técnico, deixa de haver algo que possa ser chamado o valor do capital e possa ser tratado na teoria econômica tal como Marx o trata: ou seja, algo *mensurável* correspondente ao amontoado de prédios, máquinas, minas etc.

A concepção de Marx pressupõe, com efeito, que se possa *medir* o valor do capital, representar por meio de um *número* esse *ajuntamento* heteróclito de objetos, juntar cabras e repolhos, e é para isso que serve a teoria do valor-trabalho. Cada máquina, por exemplo, tem um valor pelo fato de que incorpora trabalho passado, que pode ser contado (em horas etc.). Se não houver nenhum progresso técnico, o que quer dizer que se produz e reproduz indefinidamente o mesmo tipo de máquina pelos mesmos métodos, deixa de haver qualquer problema: o trabalho (direto e indireto) gasto efetivamente para a fabricação da máquina, seu custo "histórico", mede sem ambigüidade o valor dela. Se houver progresso técnico, quer dizer *ipso facto* que os métodos de fabricação mudam;

as máquinas produzidas outrora e ainda em funcionamento hoje têm um custo "histórico" diferente (geralmente superior) do das máquinas produzidas hoje, por métodos mais eficazes. No entanto, seria estranho dizer que por isso elas têm "mais valor" (abstração feita do desgaste etc.). A lógica (e a prática real da economia capitalista) leva a dizer que o valor desse tipo de máquina deverá ser determinado (como, aliás, o de qualquer produto) não por seu "custo histórico" efetivo, mas por seu custo presente necessário (em outras palavras, seu custo de reprodutibilidade).

Se o progresso técnico for contínuo no sentido matemático do termo, isto é, se ele se der por adições infinitesimais, é possível mostrar, também mediante outras condições razoavelmente restritivas, que se pode evitar um cálculo do "valor" da máquina em função de seus custos de produção. Mas se o progresso técnico se der, como ocorre na realidade, aos saltos, essa possibilidade já não existe. Teremos, não mais uma "obsolescência" (envelhecimento técnico) infinitesimal de cada máquina que faz seu valor tender insensivelmente para zero; mas simultaneamente máquinas novas em folha, outras que, apesar de ultrapassadas, continuam servindo mas não são mais reproduzidas (e portanto não se pode mais calcular, de modo significativo, seu custo de reprodutibilidade), e outras, por fim, que de repente caem do ser para o não-ser, pois, ainda na véspera muito boas, sofrem os efeitos da invenção de uma outra máquina que as torna positiva e totalmente não rentáveis, ou então porque o produto final que elas serviam para produzir foi subitamente substituído por outro, de fabricação totalmente diferente. Nessas condições, já não se pode estabelecer uma medida do capital que tenha sentido através do tempo; já não se pode dizer o que *c* representa nas fórmulas e nas supostas leis de desenvolvimento do capitalismo, exceto num sentido absolutamente "instantâneo".

Isso não significa colocar em questão todo o discurso sobre a economia?

Com certeza.

Portanto, restaria para a ciência econômica apenas uma tarefa descritiva?

Certamente não só isso. Mesmo em sociologia, é possível fazer bem mais que mera descrição. Em economia, existem conexões, repetições, regularidades "locais" e parciais, tendências gerais; há uma inteligibilidade dos fenômenos, com a condição, é claro, de nunca esquecer que, para entender algo, é preciso reinserir o econômico no sócio-histórico. Mas o que não existe é uma economia política construída com base no modelo de uma ciência físico-matemática. E é esse modelo que Marx tem em mente quando compõe *O Capital*. Ora, tal modelo pressupõe invariâncias e conservações. As "leis" da física são relações invariantes onde aparecem parâmetros constantes (as "constantes universais"); há uma relação, sempre a mesma, ligando pressão, volume e temperatura de um gás, e uma constante dos gases perfeitos. E, em todas as modificações de um sistema físico, há sempre "algo" que *se conserva*: a massa-energia, a carga elétrica etc. Contudo, o que é que "se conserva" em economia? E onde podemos encontrar nela relações funcionais invariantes? Sempre que se tenta estabelecer esse tipo de relações (a economia acadêmica empenha-se nisso há décadas inutilmente), constata-se mais cedo ou mais tarde que sua forma muda, que seus parâmetros mudam, que o próprio tipo de dependência com relação às condições "iniciais" ou "exógenas" sob as quais se afirmava que elas valiam, muda. Mais uma vez, a economia está cheia de encadeamentos "localmente regulares", que não são ininteligíveis; no entanto, não é possível integrá-los num sistema exaustivo e permanente de relações invariantes e menos ainda formalizá-los.

Você acabou de mostrar por que a teoria econômica marxista não se sustenta. Por que a teoria da história de Marx não se sustenta?

O que acabamos de dizer sobre a economia já mostra que não se pode considerar que a sociedade capitalista obedeça ao esquema teórico do materialismo histórico (tal como é formulado, por exemplo, no prefácio à *Contribuição à crítica da economia política*). Pode-se menos ainda entender a história da humanidade anterior à era burguesa a partir desse esquema. Como, por exemplo, entender as chamadas sociedades arcaicas desse modo? Essas sociedades exibem com freqüência, sobre a "base" do mesmo estado das forças produtivas e do mesmo tipo de relações de produção, uma variedade incrível de formas de organização e de vidas sociais. Diante disso, uma das respostas marxistas consiste em dizer: não estamos nem aí para essa variedade que é só aparente, as formas de organização e de vida não passam de um molho, a substância é em todos os casos a mesma; uns podem ser totemistas e os outros não, uns podem viver num sistema matriarcal e os outros num sistema patriarcal, o essencial é que todos vivem da colheita ou da caça. Mas isso significa eliminar a história e a sociedade, decidir de antemão que a única realidade é a das "forças produtivas" e todo o resto mero epifenômeno (o que, aliás, faz com que a sua simples existência e suas variações tornem-se totalmente ininteligíveis; por que, raios, esses selvagens não se contentam em caçar e se põem a imaginar coisas? E por que começam a imaginar coisas *diferentes*, se todos não fazem mais que caçar?). Também significa julgar a história do conjunto da humanidade com a mentalidade mais crua e mais bruta que um patrão capitalista alguma vez pôde ter: Quem é Fulano? – Ele ganha tanto por mês. O que é essa tribo? – São caçadores em tal nível de desenvolvimento técnico. Assim, toda a história da humanidade é vista como uma série de tentativas cada vez menos imperfeitas de atingir essa perfeição final, a fábrica capitalista. E, desde que ainda não a atingiram, esses pobres selvagens perdem seu tempo inventando "absurdos" (Engels escreve isso com todas as letras). Finalmente, tudo isso remete à filosofia "racionalista-materialista" do marxismo, que não passa de uma variante de uma metafísica que já tem vinte e cinco séculos e que praticamente carece de significação.

Mas também é preciso falar do destino histórico do marxismo. É estranho ver pessoas que se dizem marxistas ou querem "defender Marx" ignorarem ferrenhamente essa questão. Será que eu poderia discutir o cristianismo e dizer: "Não estou nem aí para a Inquisição; o papa é um acidente de percurso; a participação da Igreja Católica na guerra civil espanhola do lado de Franco é coisa dos padres das paróquias. Tudo isso é secundário diante da essência do cristianismo, que se manifesta nas seguintes frases do Evangelho". O cristianismo é uma realidade social e histórica instituída faz dois mil anos; essa realidade, embora seja decerto infinitamente complexa e ambígua, tem assim mesmo uma significação que não posso ignorar em nenhum momento: o cristianismo foi e continua sendo a religião do poder, que ensina às pessoas que é preciso dar a César o que é de César etc. Não posso fazer de outro modo quando se trata do marxismo. É certo que aqui não há dois mil anos, há apenas cento e vinte, cujos sessenta últimos, contudo, são historicamente muito pesados. A *realidade* do marxismo é sobretudo, num grau esmagador e que predomina sobre todo o resto, a de que ele é a ideologia reivindicada pelos regimes de exploração e de opressão totalitária que exercem seu poder sobre um bilhão de homens e mulheres. E é também a de que ele é a ideologia de partidos burocráticos de outros países, que sabidamente visam instalar regimes idênticos aos precedentes e cuja prática cotidiana é uma seqüência de infâmias. Não dura faz dois mil anos, mas pesa dois bilhões de toneladas.

Quando dizem: "Brejnev evidentemente não é marxista e sim um mistificador que utiliza Marx; o verdadeiro pensamento de Marx não tem nada a ver com tudo isso", já não é mais do marxismo que se trata, mas do "verdadeiro pensamento de Marx". Mas o "verdadeiro pensamento de Marx" – expressão misteriosa, por outro lado – tem o mesmo estatuto que o verdadeiro pensamento de Freud, o verdadeiro pensamento de Hegel, o verdadeiro pensamento de Kant etc. É uma grande obra; ela é ambígua; é também contraditória; tem diversos estratos; é preciso trabalho, um imenso trabalho, para poder tirar proveito dela – isto é, para encontrar nela sobretudo perguntas. Mas os fiéis continuam acreditando que há uma verdade clara e total, e que ela está materialmente localizada nos escritos de Marx. Dito isso, é claro que Marx é muito importante. Não poderíamos manter essa conversa por um segundo se não tivéssemos passado por seu pensamento e se não vivêssemos em um mundo que foi influenciado por ele.

O proletariado continua sendo, como diz Marx, o detentor do projeto revolucionário?

O que chamamos projeto revolucionário foi produzido nas e pelas lutas dos operários, e isso antes de Marx (entre 1790 e 1840 na Inglaterra e na França). Todas as idéias pertinentes foram formadas e formuladas durante aquele período: o fato da exploração e de suas condições, o projeto de uma transformação radical da sociedade, o de um governo dos produtores e para os produtores, a supressão do trabalho assalariado... A história do proletariado é um fato fundamental e uma fonte inesgotável. Não se conhece outra classe explorada que tenha se constituído por si só e a tal ponto em pólo ativo da sociedade, que tenha gerado um projeto de tamanha transformação radical, que tenha agido com tamanha audácia, tamanho heroísmo, que tenha conseguido essa coisa extraordinária que é ter, enquanto classe explorada, codeterminado num grau decisivo a evolução do sistema social. Tudo o que aconteceu no mundo ocidental nos últimos cento e cinqüenta anos é, em grande parte, resultado das lutas operárias. São elas que impuseram os aumentos de salário, as reduções da jornada de trabalho, o acesso aos direitos políticos, a "verdadeira" república burguesa; foram também elas que induziram certo tipo de evolução tecnológica.

Atualmente, contudo, somos obrigados a constatar que nas sociedades capitalistas modernas o proletariado diminui sem parar em termos de porcentagem da população e passou a ser minoritário nos países mais "desenvolvidos". Nos Estados Unidos, os operários manuais mal representam um quarto da população ocupada; e a tendência é a mesma nos outros países de capitalismo moderno. Sobretudo, porém, faz mais de vinte e cinco anos que ele já não se coloca, como no passado, como classe que visa a transformação radical da sociedade. Portanto, não podemos mais manter o proletariado no papel que Marx lhe atribuía partindo da idéia de que o processo de acumulação capitalista iria transformar todo o mundo em proletários industriais (afora um punhado de capitalistas e talvez alguns supervisores). Não é isso o que está acontecendo. Dizer que todo o mundo, ou quase todo o mundo, tornou-se assalariado não quer dizer que todo o mundo se tornou proletário com o conteúdo que se dava a esse termo. Ser assalariado é a condição praticamente geral na sociedade capitalista moderna; não é mais uma situação de "classe". Há, evidentemente, diferenciações muito importantes de vários pontos de vista no interior dos "assalariados". Mas não fornecem critérios para uma divisão em classes. Por exemplo, o critério "econômico" estrito, o nível de renda (de salário), não pode ser realmente utilizado. Se o utilizássemos de modo conseqüente e em escala mundial, seria preciso dizer que o assalariado menos bem pago de um país capitalista desenvolvido é também um explorador dos dois terços da humanidade que vivem em países não desenvolvidos. A outra linha divisória no interior dos assalariados, aquela entre dirigentes e executores, tende a se tornar cada vez menos pertinente, pois as categorias de dirigentes puros e de executores puros são cada vez menos significativas em termos numéricos; a pirâmide burocrática se incha, por assim dizer, pelo meio, pois há uma proliferação de tarefas produtivas das quais não se pode dizer que seus agentes estejam reduzidos ao papel de simples executores.

O único critério de diferenciação no interior da massa de assalariados que continua sendo pertinente para nós é a atitude deles com relação ao sistema estabelecido. Isso quer dizer que devemos abandonar os "critérios objetivos", sejam eles quais forem. Com exceção de uma pequena minoria no topo, o conjunto da população está igualmente aberto – ou fechado – para uma perspectiva revolucionária. Pode acontecer que, conjunturalmente, determinada camada ou categoria desempenhe um papel mais importante; mas já não se pode sustentar a idéia de que o proletariado é "o" depositário do projeto revolucionário. Essa idéia tornou-se uma espécie de fórmula mágica que permite, por um lado, ao PC se dizer *o* partido que fala "em nome" dos trabalhadores, e, por outro, aos grupelhos de esquerda e de extrema esquerda mistificarem-se a si mesmo repetindo "somos dez, mas somos o partido potencial do proletariado", ou "*somos* de direito esse proletariado que ainda não conhece a si mesmo". Também é claro que não é possível se proclamar marxista e tentar, ao mesmo tempo, encontrar um substituto do proletariado na pessoa dos camponeses do terceiro mundo.

O privilégio político do proletariado no marxismo era homólogo ao privilégio teórico e filosófico atribuído à esfera da produção. Vimos que ele não se sustenta mais. E, simetricamente, não se pode desconsiderar a importância histórica da evolução das lutas dos jovens, nem de tudo o que acontece com a parte feminina da população (afinal, a produção tem como condição a reprodução da espécie...). Isso nos remete à vacilação das relações entre os sexos, da estrutura familiar tradicional, à crise de todas as estruturas autoritárias. Essas manifestações têm de ter tanta importância para nós quanto quaisquer outras.

Um último ponto sobre a relação entre essa idéia do proletariado e a teoria marxista. Um tipo muito freqüente de discurso que encontramos até hoje é este raciocínio circular: o proletariado tem um papel histórico privilegiado, como demonstra a obra de Marx (que é verdadeira); a obra de Marx tem um estatuto (de verdade) à parte, porque é a expressão consciente do movimento do proletariado (que é uma classe historicamente privilegiada). Não o dizem desse jeito, mas bastam dez minutos de interrogatório socrático para levar quase todos os marxistas a esses enunciados. Da mesma forma: a prova da verdade das Sagradas Escrituras é a Revelação; e a prova de que houve revelação é que as Sagradas Escrituras o dizem. É o sistema autoconfirmativo. Com efeito, é verdade que a obra de Marx, pelo seu espírito e por sua própria intenção, se sustenta e cai junto com esta asserção: o proletariado é e se manifesta como a classe revolucionária que está prestes a mudar o mundo. Se não for esse o caso – como de fato não é –, a obra de Marx volta a ser o que em realidade sempre foi, uma tentativa (difícil, obscura e profundamente ambígua) de pensar a sociedade e a história na perspectiva de sua transformação revolucionária – e temos de repensar tudo a partir de nossa própria situação, que certamente inclui como componentes ao mesmo tempo o próprio Marx e a história do proletariado.

3. O projeto revolucionário hoje

O que você disse um pouco antes, a respeito dos jovens, das mulheres etc., era como um começo de desenvolvimento da formulação: "a problemática revolucionária deve ser estendida, hoje, ao conjunto das esferas da atividade social e, em primeiro lugar, à vida cotidiana".

Certamente. O cotidiano é também a vida cotidiana do operário, por exemplo. É, portanto, oito horas, ou mais, por dia de trabalho na fábrica, com as condições de trabalho que todo o mundo conhece, a luta implícita, informal, incessante na produção; a luta contra os cronometristas contém em germe a tendência dos operários a determinarem eles mesmos seu ritmo de trabalho, o que tem uma importância fundamental. Mas o cotidiano é também a casa à noite, o bairro, toda a vida das pessoas em todos os seus aspectos ignorados, negligenciados, considerados secundários por aqueles que estão obcecados exclusivamente com as greves, os eventos "políticos" ou as crises "internacionais".

Desembocamos então na problemática de Marcuse com relação à luta dos jovens?

É difícil definir o pensamento de Marcuse a esse respeito. Às vezes, ele se exprime como se achasse que não pode mais haver revolução, apenas lutas revolucionárias condenadas a serem sempre minoritárias; como se dissesse: "Viva os estudantes, viva os presos que se revoltam, mas sabemos que o mundo não essencialmente pode mudar. Ainda bem que as pessoas brigam em algum lugar, é a prova de que o ser humano não se deixa submeter e embrutecer completamente!" De minha parte, rejeito categoricamente essa atitude e a filosofia que lhe corresponde. Tem-se às vezes a impressão de que ele nega o papel revolucionário do proletariado, mais exatamente, que nega qualquer possibilidade de atitude revolucionária dos operários e reserva essas possibilidades para outras categorias (jovens etc.). Isso é Marx ao contrário: há o privilégio negativo do proletariado, e continua havendo o privilégio positivo de alguém determinado. De minha parte digo que é desse universo de pensamento que é preciso sair.

Que se pode dizer sobre a atividade revolucionária hoje?

Para começar, é preciso romper com a concepção imperialista segundo a qual a atividade revolucionária é feita exclusivamente pelos militantes revolucionários. Não se pode falar de uma atividade revolucionária, de um tipo de atividade revolucionária. Na sociedade contemporânea, há necessariamente uma pluralidade de atividades potencialmente revolucionárias. A atividade dos militantes que se organizam numa organização revolucionária é apenas um dos vetores de um combate multiforme, que se desenrola em várias esferas, potencialmente em todas (e se isso não fosse assim, a atividade dos revolucionários seria intrinsecamente absurda). Como tal, a atividade dos militantes revolucionários não tem nenhum privilégio; é um componente de um movimento histórico que a ultrapassa – que deve ultrapassá-la – infinitamente.

Mas pode-se ainda falar de um projeto revolucionário?

Isso é outra coisa e talvez devamos esclarecer o que entendemos aqui por projeto. Não estamos falando de um "programa", de um conjunto de medidas concretas que as massas no poder, na França ou na Venezuela, fariam bem em adotar. O projeto revolucionário é meta histórica de uma sociedade que tenha superado a alienação; por alienação entendo um fato sócio-histórico (a heteronomia instituída), não um dado metafísico. Em outras palavras, é a meta de uma sociedade autônoma, que não está *sujeita* a seu passado ou a suas próprias criações. Digo efetivamente: sujeita. É claro que se está sempre determinado por seu passado e por seus próprios atos; mas tudo depende do que se entenda por "determinado" e até onde vai essa determinação. Essa determinação não é a mesma para um psicótico e para um "normal" ou neurótico; tampouco é a mesma para as sociedades "tradicionais" (arcaicas ou "asiáticas"), para as cidades gregas, para os Estados Unidos ou para a França do fim do século XVIII.

Que é uma sociedade autônoma? Num primeiro momento, dei ao conceito de autonomia estendido à sociedade o sentido de "gestão coletiva". Sou levado agora a lhe dar um conteúdo mais radical, que não é mais simplesmente a gestão coletiva (a autogestão) mas a *auto-instituição permanente e explícita da sociedade*; ou seja, um estado em que a coletividade sabe que suas instituições são sua criação própria e se tornou capaz de vê-las como tais, retomá-las e transformá-las. Se se aceitar essa idéia, ela define uma unidade do projeto revolucionário.

Parece que você definiu a reflexão global como sendo simultaneamente indispensável e impossível. Podemos também nos perguntar se a sua análise não atribui às lutas um efeito regulador. Parece que a auto-instituição de que você fala é um projeto global, uma espécie de petição de princípio segundo a qual essa globalidade é viável, e que as lutas desembocam numa espécie de racionalidade.

Não digo que as lutas cotidianas desemboquem, como tais, na globalidade. Contudo, quando analisamos uma determinada luta – os operários contra os cronometristas, os estudantes com relação aos currículos –, constatamos que ela contesta, num momento preciso e num ponto preciso, o sistema capitalista, o qual, sejam quais forem suas contradições e suas falhas, tem efetivamente uma "globalidade" que se traduz, aqui como educação opressiva, ali como cronometragem etc. Quando alguém se recusa a continuar sendo um objeto passivo do sistema de educação ou da direção da fábrica, ou de seu marido depois de ter sido o de seu pai, há de fato, quer o saiba ou não, um "avesso positivo" dessa recusa, um *outro* princípio que está em contradição frontal com o princípio fundamental do capitalismo. Minha interpretação dessas lutas me leva a ver nelas uma unidade, ou ao menos uma homologia, de sua significação. Se eu estiver enganado, de fato não se poderia mais falar de projeto revolucionário no período atual e teríamos de voltar para posições como as que há pouco foram imputadas a Marcuse. Mas se não estiver enganado, essas significações homólogas remetem-nos necessariamente, pelo próprio fato de que sua homologia se afirma através dos diversos setores e atividades da sociedade, à questão da globalidade social e a sua realidade. É evidente que quando se fala da globalidade da sociedade, fala-se de um problema que só está ao alcance do conjunto da sociedade como sociedade atuante. E é isso que cria essa impressão de um enorme hiato. Acho que a capacidade imaginativa e criativa da sociedade lhe permitirá resolver problemas que hoje podem parecer insolúveis para nós e outros de cuja formulação nem suspeitamos ainda. Se tal capacidade não existir, de fato não serve para nada se preocupar com esse ou aquele aspecto da organização de uma sociedade socialista em sua primeira fase, e falar a respeito. Esse discurso só tem sentido se visar a esclarecer o máximo possível o maior número possível de questões, a limpar o terreno, a mostrar que certas dificuldades são imaginárias, que, para tais outras, tais tipos de soluções são desde já concebíveis etc. Mas tudo isso sempre pressupõe que nos refiramos à *atividade determinante das pessoas* como capaz de fazer frente às questões que se colocarem – e como a única capaz de fazê-lo.

Tomemos um exemplo. Faz muito tempo que vejo a escola não como uma instituição que precisa ser reformada e aperfeiçoada, mas como uma prisão que tem de ser destruída. Como "avesso positivo" dessa negação, podemos pensar na reabsorção da função da educação das jovens gerações pela vida na sociedade. (Sou profundamente hostil à mitologia do "bom selvagem" que renasceu nos últimos tempos. Isso não me impede de constatar que, desse ponto de vista, as sociedades arcaicas nos fazem ver a possibilidade realizada de uma "educação", isto é, de uma absorção da cultura pelo indivíduo à medida que ele vai crescendo, que não implica a instituição de um setor de atividade separado e especializado para esse fim.) Mas não se trata de propor uma nova utopia, pois essa utopia será sempre vazia no seu ponto central: a reabsorção da função educativa pela vida social só tem sentido se as pessoas como um todo forem capazes de viver seus filhos e os filhos dos outros, portanto, *as* crianças, de um jeito diferente do que o fazem hoje. Isso implica transformações profundas tanto da organização e da natureza do próprio trabalho como do hábitat, do psiquismo das pessoas etc. – em suma, quase nada! Ou seja, isso remete imediatamente à globalidade da sociedade – e à atividade e ao próprio ser da coletividade como capaz de se responsabilizar por ela. Será a sociedade capaz de produzir uma resposta coerente para essas perguntas? Não podemos demonstrar de antemão, mediante uma reflexão teórica, se será ou não, e menos ainda que essa resposta teria o sentido que tentamos pré-esboçar. É claro que tal "demonstração" seria uma contradição nos termos.

Mas o que sabemos *é que todas as sociedades na história foram capazes de dar respostas coerentes ao problema de sua globalidade como tal e às particularidades sempre específicas dessa globalidade*. Essa coerência, diga-se de passagem, deixa, ou melhor, deveria deixar estupefatos e sem palavras todos os sociólogos, psicanalistas, economistas etc. (digo deveria, porque na verdade eles nem se preocupam com isso). Pois ela vai muitíssimo além de qualquer capacidade analítica concebível. O psiquismo dos indivíduos, o regime econômico, a organização social, o modo de fabricação dos objetos, o espírito da língua etc. – tudo isso *está interligado*, é impossível um existir sem o outro e a sociedade existir sem qualquer um deles. É a sociedade que exige isso, é a sociedade que se institui como sociedade global. Imenso enigma – e fato cegante: não existe sociedade fracassada, nunca existiu. Existem monstros biológicos, existem fracassos psíquicos, não existem sociedades fracassadas. Os chineses, os atenienses, os franceses, inúmeras coletividades na história sempre foram capazes de instituir, sem sabê-lo, uma vida social coerente. Dizer que a sociedade pós-revolucionária seria a única a não sê-lo só pode estar apoiado na idéia de que há um absurdo radical ou uma impossibilidade na meta de uma sociedade autônoma. Porém, até que essa idéia tenha sido "demonstrada" (e digo que tal "demonstração" é, por princípio, impossível), continuarei afirmando que ela apenas exprime uma decisão prático-político-filosófica daquele que a enuncia.

Que é possível fazer atualmente? E quais são as tarefas dos revolucionários, mais particularmente como intelectuais?

A primeira tarefa é tentar se organizar como militantes revolucionários. Enquanto um revolucionário permanecer isolado, a pergunta que você fez não tem muito mistério nem interesse. Indivíduos isolados têm de tentar fazer o que podem ali onde se encontram, mas nenhuma resposta geral é possível. A pergunta que importa é: como superar os problemas que se colocam para uma coletividade de revolucionários e se opõem a sua sobrevivência e a seu desenvolvimento? Quanto ao resto, nada podemos fazer: os operários lutarão ou não lutarão, o movimento das mulheres se espalhará ou não se espalhará, os estudantes secundaristas continuarão ou retornarão ao lar. Mas aquilo pelo que devemos nos sentir responsáveis é que *há na França, por baixo, centenas de pessoas que pensam mais ou menos na direção traçada pelo âmbito de nossa discussão, pela problemática que nos importa* (pouco importa se as respostas delas variam) – âmbito e problemática que outros recusam. No entanto, cada um deles sente ou sabe que as pragas que dizimaram as pequenas organizações revolucionárias não desapareceram, e não estão mais perto hoje que ontem de acreditar que poderiam dar uma resposta para os problemas que ressurgiriam se uma organização fosse novamente reconstituída.

Não há outro meio de saber se conseguimos nadar senão entrar na água. É claro que a gente pode se afogar, mas também é possível escolher, para começar, um lugar que dê pé. É preciso primeiro tentar saber se é possível haver um embrião de organização na direção a que aludi agora há pouco (se existem as pessoas que dela participariam), depois tentar definir certo número de pontos de concordância necessários e suficientes para que uma atividade coletiva comece. A partir de um referencial comum de problemas e de idéias pode começar a colocação em prática do princípio de que a organização se autodetermina constantemente, com tudo o que isso implica. As pessoas têm de estar dispostas a assumir uma atividade coletiva permanente de fôlego e de caráter minimamente geral. As pessoas também têm de estar prontas para examinar as relações que se estabelecem entre elas e, de modo mais geral, os problemas internos à organização, ligados àqueles que surgem com relação ao exterior; em outras palavras, elas têm de ter entendido e aceito que um grupo é composto de indivíduos de carne e osso e não de consciências políticas puras. Para esses problemas, pode-se dar belas soluções no papel que não servem para nada na prática. Pois o que determina o comportamento efetivo das pessoas na organização, bem mais que suas "idéias", é sua vida, sua personalidade, suas preocupações, sua experiência, as relações que estabelecem com outros na organização etc. Tudo isso influi ainda mais porque o campo de atividade de uma organização revolucionária não tem as exigências "objetivas" que outros tipos de atividade coletiva têm. Quando se trata de trabalho produtivo, por exemplo, seja ele alienado ou não, existe uma exigência "objetiva" que tende a minimizar os efeitos dos fatores mencionados acima. O mesmo não ocorre quando se trata de uma coletividade que, em certo sentido, paira no ar, e que tem de extrair de si mesma o essencial do que pensa, do que quer fazer e como quer e deve fazê-lo.

Agora, se a sua pergunta significa: suponhamos que essa organização existe, quais devem ser suas tarefas, responderei evidentemente que cabe a ela defini-las e que elas dependem em grande medida de fatores conjunturais. De minha parte, considero que haja tarefas imensas a cumprir no plano da elucidação da problemática revolucionária, da denúncia do falso e das mistificações, da difusão de idéias justas e justificáveis e de informações pertinentes, significativas e corretas; bem como da propagação de uma nova atitude no que tange às idéias e à teoria. Pois é preciso ao mesmo tempo quebrar o tipo de relação que as pessoas mantêm atualmente com as idéias e a teoria, tipo de relação sempre essencialmente religioso, e mostrar que nem por isso estamos autorizados a dizer qualquer coisa. Evidentemente, considero igualmente essencial que a organização participe das lutas ali onde elas se desenrolam e torne-se seu instrumento, com a condição de que essa participação não seja fabricada ou caia de pára-quedas. Estabelecer uma nova relação entre os revolucionários, no sentido que queremos dar a essa palavra, e o meio social começa pela convicção de que a organização tem tanto a aprender das pessoas da rua como estas a aprender dela. Mas isso também não quer dizer nada se não for concretizado, e abre-se aqui mais um enorme campo de invenção para a atividade dos revolucionários.

AS SIGNIFICAÇÕES IMAGINÁRIAS[1]

Duas das questões que orientam sua reflexão são: o que faz com que os homens permaneçam juntos para constituir sociedades? e o que faz com que as sociedades evoluam, com que surjam novas formas?

Não se trata apenas de que os homens "permanecem" em sociedade. Os homens só podem existir na sociedade e pela sociedade. O que no homem, naquilo que costumamos chamar o indivíduo humano, não é social é, por um lado, o substrato biológico, o homem animal; por outro, infinitamente mais importante, e que nos diferencia radicalmente do simples ser vivo, a psique, esse núcleo obscuro, insondável, essencialmente *a*-social. Núcleo que é fonte de um fluxo perpétuo de representações que não obedecem à lógica comum, sede de desejos ilimitados e irrealizáveis – e, por esses dois motivos, incapaz de viver por si só e como tal. Esse núcleo tem de voltar à razão, nem que seja à força, pela imposição violenta de tudo o que pensamos habitualmente como "pertencente a nós": uma linguagem, uma lógica bem ou mal organizada, jeitos de fazer, jeitos até de se movimentar, normas, valores etc. Imposição violenta não em termos físicos: violenta porque viola, e tem de violar, as tendências imanentes, próprias da psique. Por que nós, europeus, não conseguimos dançar certas danças como os africanos dançam? Isso não é "racial": é social. Costuma-se dizer "cultural": isso quer dizer *social*.

---

1 <Entrevista com Michel Tréguer, que foi ao ar por France-Culture no dia 30/01/1982 e foi publicada em *Création et désordre. Recherches et pensées contemporaines*, Paris, éditions L'Originel, 1987, pp. 65-99. Esse volume retoma entrevistas realizadas durante o colóquio internacional "Désordre et ordre" ocorrido em Stanford, de 14 a 16 de setembro de 1981; a conferência de Castoriadis, "L'imaginaire: la création dans le domaine social-historique", foi publicada em francês em *Domaines de l'homme*, Paris, Seuil, 1986, pp. 219-237, reed. "Points Essais", pp. 272-295. Esse colóquio foi precedido de outro sobre temas semelhantes, em Cerisy, cujos textos foram publicados sob o título *L'Auto-organisation. De la physique au politique*, sob a direção de Paul Dumouchel e Jean-Pierre Dupuy, Paris, Seuil, 1983.>

Você quer dizer que é essa volta à razão da psique que está em jogo no fato de que os homens constituem comunidades sociais?

Sim. Acho que o que chamamos a espécie humana é um monstruoso acidente da evolução biológica. Essa evolução – a criação de novas espécies – resultou "em certo momento", como se diz, na criação de um ser inapto para a vida. Somos o único ser vivo que não sabe o que lhe serve e o que não lhe serve de alimento, o que é venenoso. Um cão doente vai buscar ervas que lhe façam bem, nós colhemos e comemos cogumelos venenosos. Um cão não tropeça – um homem tropeça e fratura ossos. Um ser humano se suicida, mata seus congêneres – por prazer ou gratuitamente. Esse ser, essa espécie radicalmente inapta para a vida teria sem dúvida desaparecido se não tivesse conseguido, não sabemos como, criar uma forma nova, uma forma inaudita na escala dos seres, que é a sociedade: a sociedade como instituição, encarnando significações e capaz de criar espécimes singulares da espécie *Homo sapiens* de modo tal que possam viver, e viver, bem ou mal, juntos.

Há portanto a pergunta que eu fazia: o que mantém junta uma sociedade? Mas não se deve entendê-la no sentido de um "contrato social" ou de uma "reunião" de "indivíduos" preexistentes a ela. A visão mítica e irreal de seres humanos tal como os descreve Rousseau, que teriam vivido sozinhos e livres na floresta, cada um muito longe dos outros e que são levados a "inventar" a linguagem e a vida em comum é completamente insustentável. Esses seres simplesmente não teriam sobrevivido nem um instante sequer. O sentido de minha pergunta é antes o seguinte: como é que em meio a essa extraordinária multidão de instituições particulares, de instrumentos, de jeitos de fazer, de particularidades da linguagem, de significações expressas por essa linguagem assim como por todos os atos dos humanos socializados, como é que em meio a tudo isso se molda, de maneira coerente, essa fantástica unidade dos diferentes mundos sociais – quer se trate do mundo social francês contemporâneo ou do mundo dos romanos ou dos gregos antigos, dos assírios, dos aranda ou de qualquer outra tribo? Quando digo instituição, tomo a palavra no sentido mais profundo e mais amplo, ou seja, o conjunto das ferramentas, da linguagem, dos métodos de fazer, das normas e dos valores etc.

Tudo o que é coerente na sociedade?

Tudo o que, com ou sem sanção formal, impõe jeitos de agir e de pensar. De pensar – temos de sublinhar isso. As pessoas acham que têm um "pensamento pessoal"; na verdade, mesmo no pensador mais original há apenas uma ínfima parte do que ele diz que não vem da sociedade, do que ele aprendeu, do que o rodeia, das opiniões, dos modismos ou de uma elaboração trivial de tudo isso, isto é, das conclusões que se podem tirar disso ou das pressuposições que é possível descobrir aí. Se quisermos quantificar, metaforicamente falando, o núcleo realmente novo num Platão, num Aristóteles, num Kant, num Hegel, num Marx ou num Freud representa talvez 1% do que disseram ou escreveram.

Há portanto essa extraordinária reunião de instituições que faz com que falemos uma língua e não outra, que haja automóveis, que eles nos sejam familiares e que possamos aprender a dirigi-los etc. Por que há automóveis? Para que eles existam, é preciso haver fábricas; para isso, é preciso haver capital e operários – e assim por diante. O que mantém tudo isso junto? Como é que tudo isso possui uma unidade? Unidade que, notemos de passagem, continua sendo unidade mesmo em condições de crise ou de revolução, mesmo quando duas classes travam uma luta de vida ou morte por uma sociedade. Para travar uma luta de vida ou morte com alguém, é preciso haver um terreno comum – ainda que seja apenas o solo. No caso das classes, ou de grupos sociais, não se trata do solo concreto, mas é preciso haver problemas que sejam de certo modo comuns, e esses problemas só existem num mundo comum construído pela instituição. Qual é, portanto, a origem dessa unidade? Não é possível responder efetivamente a essa pergunta; mas podemos aprofundá-la, constatando que essa própria unidade decorre da coesão interna de um tecido de sentido, ou de significações que penetram toda a vida da sociedade, dirigem-na e a orientam: o que chamo as significações imaginárias sociais. São elas que estão encarnadas nas instituições particulares e as animam; utilizo, é claro, os termos "encarnar" e "animar" metaforicamente, porque as significações imaginárias sociais não são espíritos, djins. Tomemos precisamente como exemplo os espíritos: para os povos que neles crêem, é uma significação imaginária social – tal como o são os deuses, ou Deus com D maiúsculo, ou a *polis* dos gregos antigos, ou o cidadão, ou a nação. Ninguém nunca conseguiu pôr uma nação debaixo do microscópio;

é algo que existe tão-somente como uma significação imaginária que mantêm juntos, por exemplo, todos os franceses, que pensam: somos franceses. E, para além do fato de dizerem-no explicitamente para si mesmos, há o fato de que participam até certo ponto do mesmo modo de viver, vivem sob as mesmas instituições particulares etc. Também o Estado, ou o partido – ou a mercadoria, o capital, o dinheiro, a taxa de lucro –, ou o tabu, a virtude, o pecado, são significações imaginárias sociais. Também homem, mulher, criança, quando os tomamos não como categorias biológicas, mas como seres sociais, são instituições sociais. E, a cada vez, em seu conteúdo concreto, elas são específicas de cada sociedade e formadas com relação ao conjunto de suas significações imaginárias sociais. Para tomar um exemplo banal: o componente machista em certas culturas não cai do céu, tampouco é determinado pela geografia ou pelo clima, e tampouco pelo estado das forças produtivas; é certa posição imaginária social do ser-homem e do ser-mulher (que são, é claro, complementares). Também no que se refere à "criança" – cuja enorme evolução histórica hoje conhecemos, por exemplo com os trabalhos de Ariès. Uma criança polinésia, uma criança americana, uma criança francesa hoje são seres totalmente diferentes, e não é o código genético que é responsável por essas diferenças.

Por que chamar essas significações de "imaginárias"? Por que não são nem racionais (não podem ser "construídas logicamente") nem reais (não podem ser derivadas das coisas); não correspondem a "idéias racionais", e tampouco a objetos naturais. E porque procedem do que todos nós consideramos como estando relacionado com a criação, isto é, a imaginação, que aqui evidentemente não é a imaginação individual, mas o que chamo o imaginário social. É também por esse motivo que as chamo sociais: criações do imaginário social, não são nada se não forem compartilhadas, compartidas, por esse coletivo anônimo, impessoal, que a sociedade também é a cada vez. E o que a sociedade é, ninguém o formulou mais fortemente e mais claramente do que Balzac quando, no começo de *A menina dos olhos de ouro*, ele diz, falando de Paris: sempre lhe convindes, nunca lhe faltais. A sociedade é isso. Você pode ser um gênio ou um medíocre, um herói ou um criminoso: você sempre lhe convém, nunca lhe faz falta. Alguns segundos após a morte do mais importante dos homens, a vida da sociedade recomeça, imperturbável. Como dizia Clemenceau, os cemitérios estão cheios de homens insubstituíveis.

E ao mesmo tempo, cada homem, cada indivíduo é quase a sociedade inteira, visto que reflete todo esse tecido de significações imaginárias.

Com certeza, ele a incorpora. Ele é, como costumo dizer empregando uma metáfora matemática, uma parte total da sociedade. Ou seja, se pudéssemos analisar plenamente desse ponto de vista você, eu, um polinésio etc., poderíamos de certo modo reconstituir a sociedade à qual cada um de nós pertence: ele a carrega, por assim dizer, consigo.

Isso, creio eu, coincide com certos modos que os biólogos ou os neurofisiologistas atuais têm de considerar o cérebro como holograma – isto é, uma estrutura onde uma pequena parte evoca o todo e o todo se acha em cada parte.

Sim, tem algo disso; pode-se ver o indivíduo como um microcosmo social. Será que podemos estabelecer uma correspondência entre essa organização da sociedade e a organização biológica? Podemos, há uma correspondência e ela é muito importante, é o fechamento: em ambos os casos, há fechamento organizacional, um fechamento informacional, um fechamento cognitivo. O ser vivo, o organismo biológico evidentemente não é fechado no sentido energético ou material, está constantemente trocando com seu meio. Mas, num outro sentido, é fechado sobre si mesmo: tudo o que "aparece" só existe para o organismo se for retomado, refabricado, reelaborado a seu modo. Podemos ver o organismo como uma entidade submetida a perturbações. Uma classe dentre essas perturbações não é "captada" pelo organismo – não é interessante para ele. As que são captadas são transformadas pelo organismo em informações. O ponto essencial é que fora do organismo *não há* "informação" a granel esperando para ser colhida; se algumas perturbações se tornam informações é porque a fronteira do organismo é transformadora, ela não "reflete", ela não sofre passivamente influências, é ativa e transforma esses "movimentos" do meio em informações, em algo que, pode-se dizer com um leve abuso de linguagem, tem um sentido para o organismo.

Quer dizer que uma mensagem só adquire significação para o organismo passando pelas forcas caudinas, entrando em seus moldes?

Exatamente. Exemplo trivial: as ondas de rádio não existem para os animais terrestres, e não existiam para o homem até o momento em que ele fabricou uma prótese específica para captá-las. Nesse mesmo sentido, criamos a cor. Dirão: mas não a criamos a partir do nada. É verdade, há algo *out there*, como se diz em inglês, "lá", "lá fora": radiações, ondas eletromagnéticas. Mas essas ondas não "têm" cor: o estímulo torna-se cor pela ação criativa do organismo – que, aliás, não pode ser realmente localizada. Não podemos ver sem o olho, é verdade; mas na visão, é a totalidade do sistema nervoso que coopera. E, ao menos no caso do ser humano, não é só a totalidade do sistema nervoso num sentido "eletromecânico", é todo seu psiquismo e todo seu pensamento. Quando vemos, pensamos, mesmo se não pensamos nisso. É por isso que podemos ver errado: ver errado, no sentido material do termo – porque o pensamento intervém. Ao passo que, em geral, nosso pensamento não perturba outras funções, como a digestão por exemplo. Onde está a analogia com a sociedade? A sociedade, como cada espécie viva, cada ser vivo, estabelece seu próprio mundo, no qual também está evidentemente incluída uma representação dela mesma. É portanto a organização própria da sociedade, isto é, suas instituições e as significações imaginárias que essas instituições carregam, que propõe e define a cada vez o que para a sociedade é considerado informação, o que é simples ruído e o que não é coisa alguma, ou qual é o peso, a pertinência e o valor de uma determinada informação, ou quais são – se quisermos continuar utilizando a linguagem cibernética – os programas de elaboração de uma informação e de resposta a esta. Em suma, é a instituição da sociedade que determina a cada vez o que para essa sociedade é real e o que não é. Exemplo que mencionei no colóquio: em Salem, a feitiçaria era real três século atrás, já não é real hoje. Ou então a surpreendente frase de Karl Marx: "O Apolo de Delfos era na Grécia uma força tão real quanto qualquer outra".

Portanto, para começar, poderíamos dizer que cada sociedade contém um sistema de interpretação do mundo – mas isso seria insuficiente: cada sociedade *é* um sistema de interpretação do mundo. Mais rigorosamente ainda, cada sociedade é constituição, na verdade criação, do mundo que vale para ela, de seu próprio mundo. E sua identidade nada mais é que esse sistema de interpretação, ou melhor, de atribuição de sentido. É por isso que se você atacar esse sistema de interpretação, de atribuição de sentido, atacará mais mortalmente do que se atacar sua existência física, e, em geral, ela irá se defender de modo muito mais selvagem.

Evidentemente, há também diferenças radicais e muito instrutivas entre o fechamento de uma sociedade e o do ser vivo. Para o ser vivo, sua organização do mundo tem uma base física, material, que supomos conhecer hoje mais ou menos bem: é sua herança genética, tem a ver com seus genes, com o DNA. Mas, na sociedade, observamos que a transmissão de traços que se conservam se dá sem nenhuma base genética. Nem o francês como língua, nem as leis em vigor na França são transmitidas de geração em geração em função do DNA específico dos franceses. Outra diferença, a meu ver muito importante, é que não há, para a sociedade, o que chamaríamos em teoria informação do ruído. Tudo o que aparece deve significar alguma coisa. Há, para a sociedade, um imperialismo da significação que, por assim dizer, não tem exceção. Ou então, é preciso que o dispositivo social decida explicitamente que tal coisa não tem significação. Além disso, há no ser vivo uma redundância considerável dos processos que fabricam informação: a fabricação ou a criação da informação por e para o ser vivo nunca é "econômica", há uma superprodução considerável (que, aliás, também tem, como tal, uma funcionalidade: a redundância é uma garantia contra os erros e os maus funcionamentos). Mas, na sociedade, a coisa é completamente diferente: a fabricação e a elaboração da informação vão muito longe, muito além de qualquer caracterização funcional possível, e parecem se estender virtualmente sem qualquer limite.

Não me demorarei no fato de que não se pode atribuir uma finalidade qualquer à sociedade, afora a conservação de sua própria instituição, que, como vimos, é a cada vez correlativa de significações imaginárias *arbitrárias* do ponto de vista "racional" ou "real". Abordarei agora um último traço diferencial importante, relacionado com o que se chama em epistemologia a questão do meta-observador. Quando falamos do ser vivo, quem fala? Evidentemente não é o próprio ser vivo – nem seu "meio". É uma terceira instância, o meta-observador, que vê – ou tenta ver – ao mesmo tempo o que acontece (ou o que existe) *para* o ser vivo, do ponto de vista do ser vivo, e "a que isso corresponde" no meio desse ser, para além da fronteira do organismo; esse meta-observador tenta, portanto, estabelecer uma correlação entre essas duas séries, quando, estritamente falando, ele mesmo não está incluído nem em uma nem em outra. E isso é assim independentemente do fato de que, como dissemos agora há pouco, não haja "determinação" pela experiência do que *existe* para o ser vivo, já que este, a partir das perturbações exteriores, cria um mundo para si. O que não impede que – idealmente, ao menos – a cada elemento desse mundo do ser vivo, o meta-observador possa indicar uma correlação com um elemento "exterior": à sensação da cor, por exemplo, fará corresponder vibrações eletromagnéticas de tal ou qual comprimento de onda. No caso da sociedade, porém, não podemos falar de meta-observador: os observadores da sociedade não podem "extrair-se dela", eles pertencem à sociedade. A sociedade, ou, se preferirem, certas sociedades, produzem seus próprios meta-observadores, e os produzem a seu modo. É por isso que fazemos sempre essa tentativa, ao mesmo tempo inevitável e impossível, de estar em nossa sociedade e de sair dela para nos indagar, por exemplo: que acontece com a realidade *fora* de nossa instituição do mundo? Como veria o mundo um homem que não pertencesse a nossa sociedade – *ou a nenhuma outra*? Pergunta ao mesmo tempo inevitável e insolúvel. E, por outro lado, desde que esse trabalho de meta-observador possa ser feito, constatamos que em toda sociedade há entes que existem maciçamente para ela sem que possuam algum correlato exterior: uma sociedade cria numa escala gigantesca entidades que são as mais importantes para ela e para as quais não faz qualquer sentido buscar um correlato físico. Exemplo: os espíritos, os deuses, Deus, as normas, as leis, o pecado, as virtudes, os direitos do homem etc.

Chego agora a um ponto totalmente central a meu ver: as duas dimensões da instituição de cada sociedade. Sendo sucinto: não existe sociedade sem aritmética; e não existe sociedade sem mitos. Parênteses: na sociedade contemporânea, a aritmética tornou-se ela mesma um mito, uma vez que essa sociedade vive em grande parte na pura ficção de que tudo é calculável e que só conta o que pode ser contado. Mas há algo mais e muito mais importante. Não há mito sem aritmética; todo mito é obrigado a recorrer aos mesmos esquemas que estão na base da aritmética, e até, explicitamente, aos números: Deus é Um em Três pessoas; existem doze deuses; Buda tem mil e um rostos etc. Inversamente, não há aritmética sem mito porque, na base da aritmética, há sempre uma representação imaginária do que são os números, do que é o universo da quantidade etc.

Aritmética e mito são ilustrações claras das duas dimensões em que se desdobra a instituição da sociedade: o que chamo a dimensão conjuntista-identitária, por um lado, e a dimensão propriamente imaginária, por outro. Na dimensão conjuntista-identitária, a instituição da sociedade opera (age e pensa) de acordo com os mesmos esquemas que estão ativos na teoria lógico-matemática dos conjuntos: elementos, classes, propriedades, relações, tudo isso formulado como bem distinto e bem definido. O esquema operador fundamental aqui é o esquema da determinidade: nesse terreno, a existência é a determinidade; para que algo exista, tem de estar bem definido ou determinado. Em contraposição, na dimensão imaginária, a existência é a significação. As significações podem ser situadas, mas não são plenamente determinadas. Estão indefinidamente ligadas umas às outras mediante um modo de relação que é a remissão. A significação "padre" me remete à significação "religião", que me remete a Deus, que me remete a não sei o quê, mas em todo caso certamente também ao mundo enquanto criação sua – portanto também, por exemplo, ao pecado. As significações não são bem distintas e bem definidas, não estão ligadas entre si por condições necessárias e suficientes, e não podem ser reconstruídas de maneira "analítica". É inútil tentar descobrir "átomos de significação" a partir dos quais se poderia, recombinando-os, elaborando-os etc., reconstituir o mundo de significações de nossa sociedade ou de uma sociedade primitiva: esses edifícios de significação não são reconstruíveis por meio de operações lógicas. É também por isso que organização e ordem sociais não são redutíveis às noções matemáticas, físicas ou biológicas de ordem ou de organização. O que importa, porém, não é essa negação e sim a afirmação positiva: o sócio-histórico cria um novo tipo de ordem, trata-se de uma criação ontológica.

Chegamos assim à segunda questão, a da emergência do novo no campo social. Você evidentemente reconhece que, apesar do princípio de fechamento que implica a especificidade absoluta de cada cultura, pode existir uma comunicação entre elas, que nos permite, por exemplo, falar de nossos vizinhos ou de nossos predecessores. Mas não lhe parece que possamos encontrar um princípio de explicação para a evolução das coisas sociais. Você acabou de dizer, cada estado novo de uma sociedade é uma criação ontológica.

Essa é uma questão muito complexa, e temos de proceder ordenadamente. Em primeiro lugar, toda tentativa de derivar as formas da sociedade a partir das condições física ou de características permanentes do ser humano, por exemplo, do desejo, quer se trate do desejo freudiano ou de outras versões do desejo...

... o desejo mimético, por exemplo?

... por exemplo, sim, essas tentativas são estéreis e até destituídas de sentido. Quando se fala de um desejo permanente no ser humano, pouco importa como o definam, e se quer fazer dele uma "explicação" da sociedade e da história, cai-se no que é, cientificamente falando, uma monstruosidade: uma causa constante produzindo efeitos variáveis. O desejo certamente estava presente na Austrália Central ou na Polinésia, assim como o está em Paris ou na Califórnia. Por que, então, a Ile-de-France ou a Califórnia não são habitadas hoje por sociedades primitivas?

É claro que as diferentes criações históricas nunca ocorrem sobre uma tábula rasa – voltarei a isso num instante. Antes, algumas palavras sobre um comentário de René Thom, que, em resumo, diz que criticar o determinismo equivale a se instituir advogado da preguiça. Parece-me evidente que, se há alguma atitude fundamentalmente preguiçosa, ela é a do determinismo; pois qual o programa e o anseio que sustenta todo o trabalho do determinista? Encontremos a única equação do universo (estabeleçamos uma teoria da primeiríssima unificação), e depois disso poderemos por fim dormir felizes e tranqüilos para todo o sempre. Se isso não traduz uma preguiça metafísica incoercível, não sei o que seria a preguiça. Ao contrário, na minha ótica, há sempre uma busca muito importante nas condições da criação sócio-histórica que remetem ao conjuntista-identitário (portanto, a certo determinismo) e que são, em parte, mas sempre de maneira fragmentária e lacunar, determináveis, busca que na verdade nunca pode se esgotar; pois essas condições estão sempre mergulhadas em outra coisa, que altera totalmente seu modo de operar. O que haveria de aparentemente mais simples, claro e transparente que um utensílio, em qualquer sociedade? Contudo: essa simplicidade, a aparente "utilidade" nua do utensílio, é uma concepção ocidental muito recente. Para um selvagem ou um homem de uma sociedade tradicional, um utensílio é algo com uma carga fantástica: pensemos em Siegfried e sua espada, Ulisses e seu arco.

E, mais uma vez, a partir das significações e das representações imaginárias vinculadas a um utensílio, ao modo de fazer uso dele, a sua forma etc., poderíamos reconstituir todo o imaginário social...

Com certeza. Retomemos, por exemplo, a história da fabricação por Hefesto (Vulcano) das novas armas de Aquiles na *Ilíada*. Se você puxar por essa ponta, pelas armas de Aquiles, todo o mundo da *Ilíada* vem junto. Outro exemplo, numa outra ordem de idéias: a economia contemporânea. Poder-se-ia pensar que nesse terreno, terreno do quantificável e do calculável por excelência, seria fácil estabelecer relações deterministas que ligassem os fenômenos entre si. Ora, sabe-se que as coisas estão longe de ser assim, que os economistas nunca conseguiram constituir a "ciência rigorosa" que queriam constituir e que eles se enganam regularmente em suas previsões. Se amanhã o preço da gasolina dobrasse, é quase certo que seu consumo baixaria, mas em quanto? E se o salário real dos operários diminuísse sensivelmente porque os preços aumentam muito mais rápido que os salários, que aconteceria? Haveria greves, outra coisa, ou nada? A economia política não consegue responder a essa pergunta, que remete diretamente à atividade dos homens na sociedade. Mas, se não consegue responder a isso, tudo o que diz sobre a determinação dos níveis salariais torna-se secundário e quase ridículo. Todas essas belas equações mostram o que são: um edifício formal e vazio.

Acho que Kenneth Arrow, o Prêmio Nobel de Economia, disse algo mais ou menos parecido; ele é muito discreto sobre as possibilidades de previsão dos economistas.

Sim, Arrow tem os pés no chão e formulou claramente a constatação ao dizer: não entendemos, porque tudo isso está mergulhado em condições sociais e políticas. Mas também, está mergulhado em bem mais – no magma das significações imaginárias sociais. Para voltar ao problema geral: cada vez que refletimos sobre a criação de uma nova forma de sociedade, ou simplesmente sobre uma alteração importante na nossa sociedade, temos evidentemente de nos perguntar: o que, no antigo, preparava de um modo ou outro o novo ou a ele estava ligado? Uma vez mais, porém, e preciso relembrar o princípio de fechamento.

Isso significa, concretamente, que o antigo entra no novo com a significação que o novo lhe confere – e não poderia entrar de outro jeito. Basta lembrar, por exemplo, como os elementos e as idéias, sejam gregos antigos, sejam cristãos, foram durante séculos constantemente redescobertos, remodelados, reinterpretados no mundo ocidental para que se adaptassem ao que se costuma chamar, tolamente, as "necessidades" do presente, isto é, na verdade, aos esquemas imaginários do presente. Antigamente, havia simplesmente disciplinas que se ocupavam da Antiguidade clássica, como a história e a filologia; atualmente, vem se desenvolvendo uma nova disciplina, muito importante, que com freqüência é chamada historiografia, e que é uma investigação sobre a história da história e da filologia e sua interpretação. Em outras palavras, os estudiosos se perguntam como e por que se atribuíam aos gregos antigos tais idéias no século XVII, tais outras no século XVIII (ver, por exemplo, a representação que se tinha da democracia antiga na época da Revolução Francesa), tais outras ainda no século XIX, e depois hoje em dia. Temos a cada vez de entender o novo para entender a visão do antigo que esse novo fabricava para si (e, reciprocamente, aliás: entender a visão da Inglaterra vitoriana sobre, por exemplo, a Grécia clássica traz esclarecimentos sobretudo sobre a Inglaterra vitoriana).

Volto à questão da passagem de uma forma de sociedade para outra. É fácil constatar a pobreza e a vacuidade de tudo o que foi proposto como esquema realmente "explicativo". Por exemplo, e já que falamos da ajuda que os esquemas biológicos poderiam dar para a inteligibilidade da história, é claro que é impossível aplicar, ainda que vagamente, um esquema neodarwinista à evolução das sociedades. Que vemos na Europa Ocidental, entre o fim da Idade Média e os tempos modernos? Não um grande número de formas de sociedades que começariam a aparecer e que se mostrariam todas, exceto uma, inaptas para sobreviver e dariam lugar a essa única apta. Vemos nascer uma nova forma de sociedade – a sociedade que finalmente se tornará a sociedade capitalista – sem nenhuma "variação aleatória" nem "seleção" operando sobre os produtos dessas variações aleatórias.

Nesse mesmo sentido, os novos princípios que foram discutidos neste colóquio, a ordem a partir do ruído ou a organização a partir do ruído, que são sem dúvida importantes para a biologia, e talvez até para a física e a cosmologia, tal como Prigogine insinuou, não me parecem poder elucidar a emergência de formas sociais novas. É preciso, decerto, ser muito prudente nesse caso, pois trata-se de modos de pensamento, de idéias, de modos de lidar com as coisas, que são muito recentes e cujas potencialidades ainda não foram exploradas em sua totalidade, longe disso. Talvez possam fornecer muito mais do que percebemos atualmente; em todo caso, é o que esperamos. Ainda assim, acho que há razões de princípio que impediriam ir muito longe com essas idéias na direção de uma "explicação" ou até de uma maior inteligibilidade da emergência de novas formas sociais. Em primeiro lugar, como já disse, não se pode de fato falar de ruído numa sociedade; creio que nem mesmo se possa aplicar aqui o termo desordem, evidentemente no sentido que esse termo tem em teoria da informação e nessas novas concepções. O que sempre aparece como desordem numa sociedade é desordem do ponto de vista de sua própria instituição, mas não "desordem" no sentido dessas novas teorias. É algo que tem sua ordem – e que é negativamente valorizado do ponto de vista da instituição existente. Quando, sob a Revolução, as multidões famintas marcham sobre Versailles; ou quando, hoje, 10.000 jovens motociclistas se reúnem na praça da Bastilha e depois partem para cruzar Paris em todos os sentidos fazendo muito barulho – pois bem, precisamente, isso não é ruído, não é desordem. São coisas ordenadas em si mesmas – e negativas do ponto de vista da ordem existente. Assim também, nos séculos XI, XII e XIII, quando a primeira burguesia, a protoburguesia emerge e forma as primeiras cidades livres – as Villefranche, as Freiburg ou Fribourg etc. –, cidades que escapam em parte à dominação da ordem existente, notadamente senhorial ou feudal, esse fenômeno tampouco pode ser tratado como ruído ou desordem – a não ser do ponto de vista da sociedade feudal. Mas, para que adquira a consistência e extensão que podem fazer dele uma desordem para a sociedade feudal, tem de ser ordem em e para si mesmo: e, com efeito, o que observamos é uma nova ordem, novas significações imaginárias sociais. A burguesia só é burguesia visto que, nas primeiras cidades que funda, já cria uma outra organização, diferente da organização feudal. Apesar de tudo, não se deve confundir essa burguesia, tão desacreditada e da qual não é minha intenção fazer a apologia, com o capitalismo. A protoburguesia foi a primeira camada social a reconstituir na Europa Ocidental uma comuna política, uma coletividade política. Pela primeira vez desde o fim das cidades antigas. Essa coletividade política é radicalmente diferente do Império, da realeza ou do papado, ou da ordem feudal; essa significação imaginária – a coletividade como sujeito político – tem de ser recriada e é por ser criada (recriada) que a burguesia pode existir como burguesia.

A diferença radical entre o mundo biológico e o mundo sócio-histórico é que neste último emerge a autonomia. Pode-se, como Varela, falar de "autonomia" do ser vivo – mas é isso precisamente o que chamamos, junto com Varela também, o "fechamento": o ser vivo tem suas próprias leis e nada pode aparecer em seu mundo que não seja, de uma maneira ou outra, conforme a essas leis do ponto de vista cognitivo. O fechamento implica portanto que o funcionamento desse ser vivo, desse sujeito, desse si-mesmo, sua correspondência com o que pode haver "fora", são governados por regras, princípios, leis, dados de uma vez por todas. Assim como a estrutura de um coelho ou de uma bactéria, tudo isso está dado de uma vez por todas para a espécie considerada; isso muda, é certo, mas de um modo que apenas podemos conceber como aleatório. Mas esse fenômeno que acabamos de descrever e suas características essenciais definem precisamente o que chamávamos, em todo caso o que eu chamo, heteronomia no campo sócio-histórico. Esse é, por exemplo, tipicamente o caso das sociedades primitivas, ou mesmo das sociedades religiosas tradicionais, onde princípios, regras, leis, significações, são tidos como dados de uma vez por todas, como intangíveis, não questionados e não questionáveis. Esse caráter não questionável está garantido por representações instituídas, que fazem elas mesmas parte da instituição da sociedade: todas as representações que asseguram que essa instituição tem uma fonte extra-social, fonte que é para ela origem, fundamento e garantia. Por exemplo, como Deus deu a Lei a Moisés, ninguém pode, no povo hebreu, levantar-se para dizer: a Lei é ruim e injusta. Se o disser, deixa de ser hebreu – pouco importa se será apedrejado ou não, ele sai dessa sociedade, rompe com algo absolutamente fundamental na sociedade hebraica. (Na verdade, aliás, esse alguém não aparece.) Essa situação é precisamente, literalmente, uma situação de heteronomia – foi uma outra pessoa que nos deu a Lei, não foi a sociedade que criou sua instituição, ela nos foi dada ou imposta, pouco importa: por nossos ancestrais; pelos deuses; por Deus; pelas Leis da História (ver o Prefácio da *Contribuição à crítica da economia política*, do mesmo Karl Marx que citamos há pouco). Essa heteronomia está incorporada às instituições heterônomas da sociedade, e em primeiro lugar à estrutura psicossocial do próprio indivíduo, para quem a idéia de um questionamento da Lei é uma idéia inconcebível. É evidente que isso exerce um poder fantástico a serviço da conservação, da preservação da instituição; donde o discurso que alguns vêm redescobrindo nos tempos atuais, – discurso que aliás já se arrasta há pelo menos vinte e cinco séculos, – segundo o qual o melhor e na verdade o único fundamento confiável de qualquer instituição da sociedade é a religião. Com efeito, o que se tem então são instituições sagradas, o que dá mais ou menos no mesmo.

Tal é o estado da quase totalidade das sociedades humanas na quase totalidade dos períodos históricos, ao que me consta. Sobrevém então uma criação histórica extraordinária que, ainda ao que me consta, ocorreu pela primeira vez na Grécia antiga e que foi em seguida retomada, com características totalmente novas, na Europa Ocidental, a partir do fim da Idade Média. É a criação histórica que faz a autonomia existir não como fechamento, mas como abertura. O que quer dizer isso? Que nessas sociedades, tanto na Grécia antiga como na Europa moderna, emerge uma nova forma do existente, do ser sócio-histórico, e até do ser puro e simples: essas sociedades questionam elas mesmas sua instituição, isto é, a lei de sua existência. É a primeira vez que vemos um ser qualquer pôr em questão explicitamente, e modificar mediante uma ação explícita, a lei de sua existência. Alterações da instituição da sociedade podem ocorrer em qualquer sociedade, mas não desse modo: certo monarca absolutista sucedeu a outro e ele modificou algumas leis; ou então, com o tempo, a sociedade lentamente alterou seus usos e costumes. Mas em ambos os casos que mencionei, a situação é diferente de ponta a ponta; a mudança das leis é feita conscientemente, as questões são levantadas abertamente: será que nossas leis são justas, será que nossos deuses são verdadeiros, será que nossa representação do mundo é verdadeira? Em outras palavras, são levantadas tanto as questões políticas radicais como as questões filosóficas radicais. Podemos reformular a questão filosófica: na linguagem que utilizamos há pouco: Será que nosso sistema de criar informação a partir do que "recebemos" – e isso comporta tanto os "filtros externos", por assim dizer, o que acontece "na fronteira", como os procedimentos internos, as categorias etc. –, será que esse sistema nos dá a verdade? A pergunta pode ser formulada de diversas maneiras: será que ele é eficaz, será que ele corresponde ao que existe, da maneira mais superficial à mais profunda.

Não entendo muito bem como se pode formular essa pergunta, já que dissemos há pouco que mesmo a noção do real e a noção do verdadeiro eram interiores ao fechamento?

Mas você tem toda a razão de colocar essa questão; pois é a própria questão da verdade e da realidade que você levanta – tal como a levantam essas sociedades. Para um primitivo, a realidade e a verdade de sua representação não são objeto de indagação; ele pode pensar, por exemplo, que o que seu sonho lhe apresenta acontece realmente, que é uma idéia corrente, e portanto dizer: essa noite estive em tal lugar; ou então que tal árvore da floresta está habitada por determinado espírito e que, em conseqüência, deve-se fazer ou evitar tais coisas etc. – todas essas representações herdadas correspondem para ele à verdade e à realidade e nunca são questionadas. A ruptura que ocorre na Grécia e, posteriormente, recomeça na Europa Ocidental consiste em que as representações herdadas, e finalmente as próprias idéias de verdade e de realidade, são questionadas. Começam por sê-lo concretamente: por exemplo, Tales se pergunta se que tudo o que é dito nos mitos ou na *Teogonia* de Hesíodo é verdade – ou se haveria um elemento único a partir do qual o mundo teria se formado. Mas também, imediatamente, essa pergunta se desdobra, dobra-se sobre si mesma e – aí se situa o verdadeiro começo da filosofia como reflexividade – surge a outra pergunta: que é a verdade e a realidade? Ora, essas perguntas não existem, não são feitas antes, não desse jeito: nas sociedades heterônomas, é verdadeiro o que é conforme aos modos de representação estabelecidos.

Portanto, essas sociedades, a nossa sociedade, se caracterizam pela quebra desse fechamento; contudo, se o exterior do fechamento está por definição fora do campo da linguagem, isso se torna um face a face com algo que não se pode mais nomear.

Isso se torna a abertura do que podemos chamar a interrogação infinita, ilimitada. Há portanto questionamento das representações da sociedade; e há questionamento da própria lei – ou seja, há o surgimento da questão da justiça. E essa questão é também uma daquelas para as quais não pode haver resposta definitiva. Dizer que poderíamos encontrar o sistema de leis que faria com que nunca mais tivéssemos de nos fazer a pergunta política profunda seria evidentemente uma ilusão e uma mistificação.

Vou voltar um pouco para trás no que tange à questão interminável da verdade. É preciso entender uma coisa muito simples: a questão de saber o que, no que pensamos, vem de "nós" e o que vem do "objeto" é, de um ponto de vista último, insolúvel. Digo: de um ponto de vista último, porque há evidentemente uma infinidade de terrenos mais ou menos triviais nos quais ela pode ser solucionada. Por exemplo, posso dizer a respeito de um daltônico, que se ele inverte o verde e o vermelho, ou se só vê o cinza, o que está em questão é sua estrutura "subjetiva" particular, a estrutura que lhe é própria, sua retina ou sei lá o quê, e que isso não se deve ao que ele vê. Num nível menos elementar, pode-se muitas vezes afirmar legitimamente que determinada construção teórica deve-se tão-somente aos preconceitos ideológicos ou, mais abstratamente, às estruturas mentais de seu construtor. Todas essas limpezas precisam ser feitas, sempre; o que – note bem, pois é bastante paradoxal –, não só não suprime a questão da verdade, como pressupõe que ela seja solúvel e esteja resolvida, e isso não só uma, mas duas vezes. Em primeiro lugar, é claro, a asserção "a teoria T é um puro produto ideológico" pretende ser verdadeira e não provir ela mesma da ideologia; em seguida, para que seja verdadeira, deve proceder da comparação entre T e o "verdadeiro estado das coisas", que portanto é supostamente acessível *independentemente de qualquer teoria* ou em virtude da "única teoria verdadeira". Mas uma vez feitas essas limpezas, resta sempre uma última questão que não se pode, de boa-fé, eliminar: será que estamos impondo nossos esquemas de pensamento – ou novos esquemas de pensamento – a uma nova camada de realidade; ou será que encontramos algo que mostre que certos esquemas de pensamento correspondem efetivamente a algo que nos ultrapassa? São sempre as duas coisas. Se não fosse assim, ou bem estaríamos numa aporia solipsista interminável: tudo o que dizemos não passa, no limite, da elaboração de nossas "estruturas subjetivas" – ou seja, um puro delírio coletivo coerente; ou então pretenderíamos ser puros espelhos e até menos que espelhos, pois mesmo um espelho contribui com sua estrutura própria para o aparecer-assim da imagem (por exemplo, os defensores da chamada teoria do "reflexo" nunca explicaram como sabem que não somos espelhos esféricos...). Portanto, a questão da origem última de nosso saber é para sempre insolúvel – é o princípio da insolubilidade da origem.

Retomemos a discussão da criação da autonomia. O questionamento da instituição da sociedade, da representação do mundo e das significações imaginárias sociais que ela carrega é equivalente à criação do que chamamos a democracia e a filosofia. A partir dessa ruptura com o fechamento absoluto que prevalecia até então, aparece uma sociedade que contém os germes da autonomia, isto é, de uma auto-instituição *explícita* da sociedade. E isso vem junto com a criação de indivíduos também capazes de certa autonomia, isto é, capazes de questionar a lei social mas de questionarem, ao mesmo tempo, a si mesmos, de questionarem suas próprias normas. Esse questionamento se dá numa luta com e contra a velha ordem, a ordem heterônoma. Luta que ainda está longe de ter terminado – isso é uma outra história. Assim mesmo, é preciso lembrar que a emergência de sociedades e de indivíduos que contêm germes efetivos de autonomia é uma criação histórica que, por exemplo, condiciona a possibilidade de ocorrer essa discussão teórica que estamos fazendo, discussão inconcebível em um outro universo histórico, assim como e sobretudo de ocorrer uma verdadeira ação política, uma ação para a instauração de uma sociedade que se auto-institua explicitamente de um modo bem mais amplo que a sociedade grega antiga ou as sociedades européias, que, portanto, representaria uma nova ruptura na história, ruptura tão importante quanto as duas que acabamos de mencionar.

Algumas perguntas para esclarecer. Será que podemos dizer que na emergência de formas novas de sociedade entram em funcionamento mecanismos de criação que estarão sempre fora do alcance de qualquer explicação?

Sim. Se há criação, quer dizer que posso me aproximar de suas condições, delimitar certas dimensões em que ela se desenrolou, mas que não posso explicar no sentido tradicional do termo. Seria uma contradição nos termos.

Isso em última instância quer dizer que há uma irredutibilidade da história, que faz pouco de tudo o que se possa dizer sobre as leis da história?

Com certeza. É inegável que existem leis da história – ou impossibilidades para a história; são inúmeras e triviais. Podemos fornecer imediatamente inúmeros exemplos. Nenhuma sociedade pode se instituir de modo tal que todo os participantes tenham de jejuar 365 dias por ano, ou até dois meses seguidos. Ou nenhuma sociedade pode se instituir de modo tal que iniba totalmente o desejo heterossexual – se tal sociedade se instituísse apesar de tudo, seria inobservável depois de uma geração. Mas estes são truísmos. Se quiser ir mais a fundo nas coisas, constato que existem certas regularidades, mas que não são "leis" no sentido digno e honesto do termo lei nas ciências.

Segunda pergunta: voltemos ao que dizíamos sobre a Grécia, a origem da democracia e depois seu renascimento na Europa. O que faz com que nesses dois casos tenham nascido sociedades que não se comportaram exatamente como as outras e que, notadamente, devoraram um bom número de outras de modo muito violento, através do cristianismo e da conversão, seguidos das conquistas coloniais, enfim, tudo o que vemos hoje?

Primeiramente, não esqueçamos da resposta à pergunta anterior: podemos elucidar um tanto de coisas, mas não buscamos uma explicação para elas. Segunda observação: a sociedade grega não se distinguiu tanto das outras sociedades conhecidas por sua violência; e até a sociedade européia está longe de ter o monopólio da violência exercida sobre as outras sociedades (ver, por exemplo, o Islã). Mas o fato novo, e fascinante, é que essa sociedade, esse mundo sócio-histórico, conseguiu se impor sobre todo o planeta, isto é, criar a primeira universalização efetiva da história – criar a história como efetivamente universal. Antigamente, havia povos que estendiam em maior ou menor medida seu império – mas eles nunca exerceram realmente uma dominação mundial. O universo europeu, sim. Por quê?

É uma questão imensa, para a qual não pretendo dar uma resposta; no entanto, certos elementos permitem alcançar alguma clareza. O primeiro: mediante essa ruptura com as representações herdadas que ocorreu na Grécia, portanto, mediante o que chamamos o nascimento do pensamento racional, houve um desenvolvimento enorme, uma expansão inaudita e desconhecida na história precedente da dimensão conjuntista-identitária, ou seja, da lógica, da matemática, da ciência, da aplicação de todo esse saber à técnica. Isso forneceu um conjunto de instrumentos de poder que nunca tinham existido antes. Em segundo lugar, a Europa moderna é cristã ou passa pelo cristianismo. Com o cristianismo, aparece na história a idéia de um ser (de um sujeito) todo-poderoso, e desse poder como um pólo. Para os gregos (e a meu ver, essa é uma das razões pelas quais puderam criar o que criaram), o ser humano é um ser mortal num sentido muito profundo: não há nada a esperar de uma outra vida (se ela existe, é pior que esta). Por outro lado, os próprios deuses estão submetidos a leis impessoais e, em particular, a um ser-assim último do ser absolutamente irredutível. O Deus de Platão, no *Ti-*

meu por exemplo, não cria a matéria e pode criar um mundo racional *apenas* "na medida do possível" – do que o ser-assim da matéria permite. Não quero discutir o Deus dos hebreus, mas pode-se notar que ele não é verdadeiramente criador (ou, o que é mais ou menos a mesma coisa, todo-poderoso), e sim formador, e que, de qualquer modo, ele não dispõe do instrumento racional fabricado pelos gregos. Quando o Deus cristão é criado (como significação imaginária social), parece, teoricamente, todo-poderoso e criador (em todo caso, é apresentado como tal no Símbolo de Nicéia). Temos portanto aqui um pólo subjetivo de poder (pessoal) absoluto. E, ao menos no papel (dada a pilhagem da filosofia grega pelos Padres da Igreja, gregos e latinos), esse pólo devia dispor de racionalidade (o que cria outros problemas, mas nos quais não podemos nos deter agora). O fato é que do ponto de vista que nos interessa, esse Deus permanece inativo durante aproximadamente dez séculos, ou mais. Em certo sentido, ele só é reativado no momento em que vai (definitivamente?) se aposentar – quando, não com a burguesia de que falamos acima, mas com o capitalismo, por volta do século XVII, digamos, emerge uma nova significação imaginária social, que é a característica fundamental e a alma do capitalismo: a expansão ilimitada do controle "racional". No começo, isso parece uma expansão ou tendência à expansão ilimitada das forças produtivas – foi o que Marx viu tão bem – e se torna rapidamente "racionalização" de toda a vida social – o que Max Weber também viu tão bem. Pois não há apenas as forças produtivas; também é preciso estabelecer um controle "racional" da vida dos cidadãos, da vida familiar, da educação das crianças, da comunicação e da informação etc. E é essa Europa, a Europa do capitalismo, que realmente toma conta do planeta.

O desejo ou a sede de poder – ou o desejo de uma extensão ilimitada do poder – certamente já existem faz muito mais tempo. Conquistadores que queriam dominar o mundo, e que efetivamente tinham conseguido dominar por certo tempo uma parte dele, também existiram. Mas, com o capitalismo, essa tendência à extensão ilimitada do poder ou do controle encontra pela primeira vez seus instrumentos apropriados e adequados: instrumentos "racionais". O capitalismo encontra diante de si, disponível, e em seguida desenvolve fantasticamente, esse instrumento de poder incalculável que é o enorme desenvolvimento da lógica conjuntista-identitária como "razão racional", como ciência, como aplicação produtiva, manipulativa ou militar da ciência (de certo modo, é isso que tomam dos gregos). Ao mesmo tempo, herda essas outras fantasias (cristãs estas): de um sujeito todo-poderoso e de um mundo de ponta a ponta "racional", porque fabricado por um sujeito racional todo-poderoso, e portanto também re-controlável assintoticamente por sujeitos que aumentam assintoticamente também sua racionalidade e seu poder. Ao mesmo tempo também, submete essas significações a torções decisivas – ilustração do que dizíamos há pouco, de que o antigo entra no novo, mas com a significação que o novo lhe dá. É inútil insistir na torção a que submete sua herança cristã. Mas consideremos o outro aspecto, menos evidente à primeira vista, a herança da razão grega. A matemática, por exemplo: não é apenas para Pitágoras que os números traduzem algo da ordem do sagrado do ser, é para todos os matemáticos gregos que a matemática corresponde, em certo sentido, à *physis*, a uma "natureza" do que existe. Ora, no nível "nobre", isso é abolido na ciência matemática moderna; e, no nível "vulgar", os números assim como as figuras geométricas adquirem um caráter fortemente instrumental – vide as frases muito corretas de Marx sobre a aplicação racional da ciência na indústria. Assim se constitui um poder material sem precedentes; e não só material, o que nos leva a um outro problema, ainda mais difícil. Poder de fascinação exercido até mesmo sobre os povos não colonizados e não conquistados, e que vimos em ação depois da Segunda Guerra Mundial e mesmo e sobretudo depois da descolonização. Vimos todos os povos da Terra se porem a imitar, em maior ou menor medida – e a imitar, coitados, na miséria – o modo de vida e a organização capitalistas. O capitalismo teve portanto a possibilidade de exercer uma violência direta, baseada no desenvolvimento técnico e econômico, o que oferece relativamente pouco mistério; mas também essa outra violência exercida pela fascinação, pela representação pura e simples dessa sociedade capitalista avançada que desempenha o papel de modelo universal. As duas combinadas conduzem a essa vitória por enquanto universal do capitalismo; vitória de Pirro, em certo sentido, para não falar das pessoas que morrem de fome no terceiro mundo, porque esse terceiro mundo é terceiro mundo precisamente porque não assimilou o capitalismo.

Antes de terminarmos, gostaria de voltar ao projeto político de uma sociedade autônoma e dizer algumas palavras sobre uma questão ligada ao que precede e que me preocupa há muitos anos. Não acho que algum dia os homens se mobilizarão para transformar a sociedade, sobretudo nas condições do capitalismo moderno, e para estabelecer uma sociedade autônoma, apenas com a finalidade de ter uma sociedade autônoma. Irão querer real e efetivamente a autonomia quando ela lhes parecer o portador, a condição, quase o acompanhamento, embora indispensável, de algo substantivo que eles queiram realmente realizar, que tenha para eles valor e que não conseguem fazer no mundo atual. Mas isso quer dizer que novos valores terão de surgir na vida sócio-histórica.

Sim, de outro modo, sempre se lutará por valores pertencentes ao estado anterior. Só haverá novidade quando algo diferente aparecer.

Formulação muito correta. Foi o que aconteceu com a deformação marxista do movimento operário, que passou a significar: lutemos para poder enfim consumir suficientemente, seja mediante salários mais elevados na sociedade capitalista, seja em sociedades futuras que seriam sociedades de abundância material. É verdade que se dizia que essa abundância existiria como condição de outra coisa, mas no fim aquilo em que se permanecia fixado era na significação imaginária central do capitalismo, segundo a qual o Bem é mais produção, mais objetos, mais programação, mais controle "racional" (na realidade, pseudo-racional, é claro).

Resta a questão da ação política. Com efeito, se uma nova sociedade por nascer desenvolve um novo sistema de significações imaginárias sociais irredutível ao anterior, não podemos, com o sistema de pensamento de que dispomos hoje, pensar essa sociedade futura por nascer; e, inversamente, depois de ela ter nascido, não poderemos mais pensar o estado em que estávamos hoje com esse novo sistema de significações imaginárias. Em Diante da guerra, você descreve precisamente a emergência de algo novo, de uma nova sociedade nascendo diante de nossos olhos, na União Soviética, e você a descreve em termos bastante terríveis como a emergência de um sistema totalmente organizado em torno da força militar e da idéia de conquista. Então, devemos nos entregar a um pessimismo total ou podemos apesar de tudo extrair princípios de ação?

Estas são, evidentemente, questões muito amplas. Escrevi *Diante da guerra* por dois motivos: porque penso profundamente que as coisas são como as analiso, e para mobilizar as pessoas em conseqüência disso. Com você sabe, estive por muito tempo preocupado com o problema da Rússia, com a burocratização que se seguiu à Revolução de 1917, com o que chamaram totalitarismo. Acontece que, estando essas questões mais ou menos resolvidas para mim e tendo escrito bastante copiosamente a esse respeito, retomei meu trabalho filosófico e depois psicanalítico e não me preocupei mais com isso durante dez ou quinze anos. De modo que a invasão do Afeganistão, que não me surpreendeu como tal – sempre esperei ações desse tipo por parte da Rússia –, desempenhou assim mesmo um papel de catalisador, fez precipitar um grande número de elementos que vinham se acumulando em silêncio no meu pensamento, a começar por esta interrogação: como é possível que uma sociedade tão deteriorada em tudo o que não seja militar possa mobilizar um poderio militar tão considerável? Isso me leva às análises que você deve ter lido em *Diante da guerra*, sobretudo no capítulo IV desse livro, e que podem ser resumidas na seguinte constatação: o totalitarismo, ou o que chamei o capitalismo burocrático total e totalitário, quando permanece no poder durante 60 anos, deixa de ser o totalitarismo clássico tal como foi descrito, por exemplo, por Hannah Arendt no caso do nazismo ou do stalinismo do período, por assim dizer, heróico, mais precisamente delirante, dos grandes massacres e dos grandes expurgos. Tudo leva a crer que ele evoluiu e, na Rússia, transformou-se em algo radicalmente novo, o que chamo a estratocracia. As pessoas têm certa dificuldade em aceitar essa idéia – percebo-o nas críticas ao meu livro – pois, mais uma vez, não conseguem enfrentar o novo e aceitá-lo. Assim que algo novo aparece, tentam reduzi-lo às categorias conhecidas. Se você lhes disser estratocracia, eles perguntam: mas por que os marechais não dirigem mais? Estão pensando em Bonaparte, nos generais latino-americanos, nos pretorianos etc. Ora, há de fato um novo tipo de regime que foi criado lá, um novo tipo de sociedade, que é, efetivamente, terrível. Eu diria que é monstruoso, pois destrói as significações. Esse é seu ápice e também o que sustenta sua coesão. Parece paradoxal, mas é assim.

No último capítulo de seu livro, você mostra justamente que a linguagem não funciona mais e que até algo como a beleza sofre com isso.

Sim, estes talvez sejam para mim os pontos mais importantes. A linguagem fica reduzida a uma função de puro código de comunicação, reduzida a transmitir ordens, instruções, sinais. E a beleza, ou seja, a arte, fornece um discriminador fantástico: com efeito, temos a primeira sociedade na história que não só não cria beleza, mas onde predomina o que chamo o ódio afirmativo ao belo. A beleza lhes é insuportável, pelos motivos que tento esboçar nesse capítulo IV do livro, e isso não vale apenas para a Rússia, podemos constatá-lo nos partidos comunistas de todos os países do mundo. Há aí uma criação monstruosa – nós que esperávamos que saíssem da sociedade mundial desse século XX criações de outro tipo. Esperávamos uma evolução que se seguisse ao movimento operário revolucionário – como o fizeram em certo sentido o movimento das mulheres, o movimento dos jovens, o movimento ecológico – para conduzir a transformação da sociedade rumo ao que chamo uma sociedade autônoma.

O problema político hoje: há o ângulo geral pelo qual, com razão, você o via há pouco – e o ângulo específico sob o qual somos obrigados a enfrentá-lo hoje em dia. De fato, uma nova sociedade só pode nascer se, ao mesmo tempo e no mesmo movimento, novas significações aparecerem – quero dizer, novos valores, novas normas, novos modos de dar sentido às coisas, às relações entre seres humanos, a nossa vida em geral. No que a isso se refere, o que acontece com a sociedade contemporânea? Deixemos por ora de lado a Rússia e o pesadelo de uma terceira guerra mundial que paira sobre nossas cabeças, sem esquecê-lo na discussão. A situação é contraditória. Por um lado, vemos uma série de tentativas visando pôr em funcionamento novas formas de vida. Essas tentativas sempre começaram pela contestação do que existia. Foi e continua sendo o caso do movimento operário, quando os trabalhadores lutam contra os ritmos impostos, contra as condições de trabalho numa linha de montagem ou de produção numa fábrica, lutam contra uma lógica capitalista da produção para a qual o homem deve ser simplesmente um parafuso da máquina, um objeto que funciona na produção e que não interessa em nenhum outro sentido. Mas também foi essa a significação do movimento das mulheres. Esse movimento é bem mais amplo e mais profundo que os movimentos explícitos e organizados que presenciamos nos últimos dez ou vinte anos. O movimento das mulheres é aquele que começa no último terço do século XIX e por meio do qual as mulheres começam a poder entrar na educação superior, modificam a relação com o marido e com os filhos, adquirem direitos políticos etc. Movimento coletivo, muito importante, muito difuso; os nomes que podemos vincular a ele, nomes de pessoas ou nomes de movimentos aparentes, localizados e datados, são a menor parte da questão. A parte realmente importante, aquela que realmente mudou a sociedade em que vivemos, foi sua parte anônima. O mesmo aconteceu com os jovens. Que traduziam, que continuam traduzindo todos esses movimentos, quer se trate do movimento operário, do movimento das mulheres, dos jovens ou dos ecologistas? A meu ver, podemos agrupá-los sob a égide da mesma significação: movimentos a favor da autonomia e voltados para ela. São tentativas de diferentes categorias de pessoas que visam deixar de se submeter à instituição da sociedade tal como ela lhes é imposta e modificá-la. A instituição familiar já está modificada em sua realidade pelo efeito conjunto do movimento das mulheres e do movimento dos jovens (estreitamente ligados, aliás, de maneira não consciente e subterrânea). Finalmente, passados 50 anos, também ocorreram modificações formais nas leis escritas, no Código Civil etc. Mas esse é um efeito, e um efeito secundário. A realidade efetiva da instituição familiar, por exemplo, se a compararmos tal como é hoje com o que era em 1880, na França ou na Inglaterra vitoriana – não há tantas diferenças entre os dois casos, talvez na França um pouco mais de adultério pelos cantos –, essa realidade foi profundamente modificada. Modificação que, de resto, está longe de ter terminado. Mas em que sentido ela se dá? No sentido, evidentemente, de uma maior autonomia das mulheres, mas também das novas gerações, até das crianças. Ora, essas modificações não só não acabaram, como criaram novos problemas, o que era inevitável, assim como era inevitável que não se restringissem simplesmente a modificações da instituição familiar. Isso é algo que se nota facilmente, porque essas modificações da instituição familiar põem rapidamente em questão uma grande quantidade de outros aspectos da vida da instituição da sociedade: por exemplo, o trabalho das mulheres, a educação, o habitat etc. Há portanto esse movimento de criação de novas normas ou, em todo caso, de contestação e de destruição das antigas normas, que tende ao mesmo tempo para uma criação positiva.

Mas observamos também, é o aspecto trágico da época contemporânea, o movimento contrário. Esse contrário não é, como se pensaria tradicionalmente, um movimento fascista. Não há fascismo nas sociedades ocidentais (quero dizer, um movimento fascista importante ou chances históricas de tal movimento). Não há nem mesmo "reacionários": ninguém ousa ou quer ser chamado de reacionário, todo o mundo é partidário do progresso, portanto progressista, e como esse progresso é sempre a mesma coisa, é a simples conservação, no nível mais profundo, do que existe. O verdadeiro lado negativo é o que, faz mais de vinte anos, chamei a privatização dos indivíduos. As pessoas abandonam todos os terrenos coletivos, recolhem-se a sua existência individual ou microfamiliar, não se preocupam com nada que vá além do círculo muito estreito dos interesses pessoais. Esse movimento é estimulado pelas camadas dominantes; não há evidentemente nenhuma conspiração, apenas toda a dinâmica do sistema. A sociedade de consumo é isso: compre um novo aparelho de televisão e cale-se; compre um novo modelo de carro e cale-se. Mesmo a suposta liberação da sexualidade vai em parte nesse sentido. Você quer sexo? Pois bem, nós lhe damos sexo, nós lhe damos um monte de pornografia e fim. Também é assim no plano econômico, mas também é assim no plano político: é o que exprime a burocratização de todas as instâncias da vida coletiva. Confie em nós, somos os especialistas, os técnicos, somos o partido que defende seus interesses. Somos o Presidente que você elegeu, somos o governo que você levou ao poder, portanto confie em nós e nos deixe agir; no fim de quatro ou de sete anos você verá os resultados. Tudo isso estimula a apatia dos indivíduos, tudo isso destrói o espaço público como espaço de atividade coletiva por meio do qual as pessoas tentam tomar nas próprias mãos seu destino. Nós o constatamos na França, nos Estados Unidos, em todos os países ocidentais (e também outros, por sinal). Agora, se tomarmos apenas essa tendência, fazendo abstração do risco de guerra e construindo uma espécie de tipo ideal de evolução possível e até provável, em que desembocamos? Numa generalização da burocratização da sociedade, mas burocratização branda, sem terror, sem Gulag. Simplesmente, as pessoas seriam levadas a fazer o que o regime, o poder, as camadas dominantes exigem que elas façam sendo simplesmente manipuladas pela dinâmica da conservação e do consumo, pelas mídias, pelos organismos burocráticos que geram os diferentes domínios da vida social etc.

Há portanto essas duas tendências contraditórias. Diante dessa situação, não se trata de dar demonstrações de otimismo ou de pessimismo; trata-se de deixar as coisas claras, de tentar ajudar as pessoas a agir, a lutar, a ir além dessa apatia. Ora, essa apatia, ou antes, esse desinteresse pela verdadeira coisa pública, pela coisa política, manifesta-se às vezes de modo bastante inesperado, adotando a aparência de seu contrário. Por exemplo, vivemos na perspectiva de um enfrentamento entre as duas superpotências e do risco de uma guerra nuclear.

Isso desencadeou todos esses movimentos pacifistas, neutralistas, notadamente na Alemanha. Ora, a maioria dos slogans, as orientações, as atitudes profundas conjugadas a esses movimentos parecem desconhecer totalmente as verdadeiras questões em jogo e desembocam em conclusões politicamente insustentáveis. Tomemos este slogan: uma Europa desnuclearizada, da Polônia a Portugal. Independentemente dos múltiplos outros absurdos que ele implica, esse slogan é um slogan biológico, não um slogan político. Significa claramente: viva nossa sobrevivência como europeus, se os americanos e os russos quiserem se "nuclearizar" uns aos outros, que tirem bom proveito. Não há nisso um grama de política – nem, aliás, um grama de humanidade ou de internacionalismo, nem um miligrama de realismo. E é evidentemente também um slogan-repúdio tanto à população americana como à população russa. É um slogan que, apesar das retóricas grandiloqüentes que o acompanham, significa: eu, europeuzinho, quero sobreviver – que os outros morram se lhes der na telha. É além disso um slogan de "privatização em escala internacional".

É certo contudo que a ameaça da guerra dá uma sacudida psicológica e política. As pessoas tomam consciência de que seu destino, seu destino no sentido mais material e mais direto, sua sobrevivência, está nas mãos de aparelhos burocráticos, tanto no Kremlin como em Washington, aparelhos profundamente irracionais, cada um dos quais persegue seus próprios interesses e seus planos de dominação (ou de defesa da dominação existente), planos que não têm nada a ver com os interesses da humanidade. Essa ameaça dá uma sacudida nas sociedades ocidentais. Será que a partir dessa sacudida não poderia se desenvolver outra coisa além das reações de simples sobrevivência? Será que um verdadeiro movimento contra a guerra, *portanto também* contra as *condições* da guerra, não poderia encontrar nessa situação uma incitação, um ponto de partida?

RESPOSTA A RICHARD RORTY[1]

Gostaria de começar expressando meu constrangimento por ter de responder à exposição de Richard Rorty.[2] Em primeiro lugar, porque tenho muito carinho por ele embora discorde totalmente do que ele diz, o que não é uma posição fácil. Por outro lado, não me reconheço de jeito nenhum nesse "nós" majestático, ou nesse "nós" de autoflagelação que ele utiliza em sua exposição para qualificar os intelectuais – e aqueles que conhecem um pouco do que escrevi entenderão o que quero dizer. Em terceiro lugar e principalmente, porque sua exposição, por trás de uma aparente bonomia, recoloca tudo em questão, levanta uma enorme quantidade de questões, com pressupostos sobre o que é a filosofia ou a história da humanidade que ele evidentemente não tinha como argumentar seriamente em 45 minutos – não há, aliás, fundamentação possível nesse tipo de discussão –, mas que remetem ao que ele escreveu em outros lugares. Não haveria qualquer interesse em que eu lhe respondesse por uma série simétrica de afirmações baseadas no que eu já disse e escrevi: o auditório só encontraria nisso a pura oposição de duas séries de teses. Preferi, portanto, centrar minha intervenção em alguns pontos que me parecem, como se diz, estratégicos ou que, talvez, irritaram particularmente minha sensibilidade político-filosófica.

1 <Conferência proferida em 31 de maio de 1995 no Collège international de philosophie, em resposta a uma exposição de Richard Rorty.>

2 <Pode-se encontrar uma bibliografia dos trabalhos de Richard Rorty até 1992 em Jean-Pierre Cometti, ed., *Lire Rorty*, Paris, Éditions de l'Éclat, 1992. Entre as traduções francesas, citemos: *L'Homme spéculaire*, trad. Thierry Marchaisse, Paris, Seuil, 1960; *Conséquences du pragmatisme: essais*, 1972-1980, trad. J.-P. Cometti, Paris, Seuil, 1993; *Essais sur Heidegger et autres écrits*, trad. J.-P. Cometti, Paris, PUF, 1995 (que contém um estudo sobre Castoriadis: "Unger, Castoriadis et la romance d'un avenir national", pp. 231-256).>

O primeiro é a concepção da história contra a qual Rorty – e também, pelo que entendi, pois não li seu livro, Ernesto Laclau[3] –, lutam. Essa concepção, que vê na história da humanidade um caminho para a salvação, era e continua sendo um absurdo, pouco importa a forma que Hegel, Marx, os Padres da Igreja ou Agostinho tenham dado a essa salvação. Entre parênteses, nem Platão nem Aristóteles pensaram alguma vez que um futuro radiante nos estava prometido – e não digo isso para excluí-los da condenação dos filósofos. Sabemos muito bem onde, quando e por meio do que essa história começou – essas posições contra as quais descobre-se agora que é preciso lutar. Sabemos também que tudo isso encontra sua forma mais acabada no sistema hegeliano. Na versão vulgar deste, a história simplesmente *tem um sentido*. Por isso Sartre acusava Camus de não ver que a história tem um sentido – que ela vai... para Bagnolet, para Porte-des-Lilas, para não sei mais qual estação de metrô. Na única leitura do sistema que, de meu ponto de vista, é digna, a história *é sentido*, a história *é logos*, a história é um momento na auto-realização do Espírito. Mas, e creio que para alguns isso é evidente faz muito tempo, essas expressões são absurdas: nem a história tem sentido ou é sentido, nem o campo gravitacional pesa catorze quilos. É no campo gravitacional que algo pode pesar catorze quilos. Também a história é o campo no qual e pelo qual o sentido emerge, é criado pelos seres humanos. E é absurdo, lingüisticamente absurdo tentar encontrar um sentido para o campo no qual e pelo qual o sentido emerge.

Porém, embora essa tentativa, que começa efetivamente com a posição hebraica e depois é retomada pelos cristãos, certamente não seja grega, é preciso ver que ela nada mais é que a realização, no campo histórico, de uma proposição filosófica bem mais geral, isto é, a de que o *ser é sentido*. E essa posição é partilhada pelos gregos da decadência, ou seja, Platão e Aristóteles. Para Platão, além das Idéias, além das essências, há o Bem, fonte do Ser; e mesmo a hierarquia aristotélica da *physis*, apesar de sua imperfeição, tem um sentido ou é sentido e ama o sentido supremo que é o sentido se refletindo, o pensamento que se pensa. Por

3 <Ernesto Laclau, especialista de filosofia política de origem argentina, professor na universidade de Essex; publicou sobretudo em inglês, com Chantal Mouffe, *Hegemony and Socialist Strategy*, Londres, Verso, 1985, 2ª ed. 2001. Única tradução em francês: *La Guerre des identités. Grammaire de l'émancipation*, Paris, La Découverte, 2000.>

isso, a filosofia, originalmente criada para derrubar a teologia, o imaginário religioso instituído, a idéia de que a verdade vem de outro lugar, transforma-se ela mesma, mediante esse postulado do ser como sentido, numa espécie de teologia, que pretende oferecer aos humanos um sentido global que garanta respostas satisfatórias para os três níveis da representação, do afeto e da prática ou intenção: o que é verdadeiro, o que é bom, o que se deve fazer. Reconhece-se aí o *agathon* de Platão: o bom, o desejável e, ao mesmo tempo, o que se deve querer. E essa falácia vai persistir até Heidegger.

Então, repitamos com vigor: o ser não é sentido, o ser não tem nenhum sentido. Há simplesmente uma dimensão do ser, do ente total, no qual encontraremos um sentido reduzido. É o que chamo o sentido conjuntista-identitário: o "ensídico". Quer somemos duas cabras com duas cabras, ou duas mesas com duas mesas, teremos sempre quatro cabras e quatro mesas. Se forem cubos de gelo, depois de meia hora já não teremos quatro cubos de gelo e sim água; será preciso recorrer a uma lei de transformação mais complicada para reencontrar uma equivalência entre os cubos de gelo e a água. Além desse sentido reduzido, ninguém nunca nos provou que o ente global tem o que chamamos um sentido. E é muito divertido ver alguém como Heidegger criticar a filosofia que o precedeu por não buscar o que é o *Sinn des Seins*, sem se fazer uma única segunda pergunta: que poderia bem ser o *Sinn des Seins* afora a interpretação do termo *Sein* na linguagem filosófica (que começa com Aristóteles)? E em que língua esse *Sinn des Seins* poderá alguma vez ser dito?

Encerrando esse primeiro ponto. Rorty citou uma frase de Laclau segundo a qual a tese do fim da história é verdadeira no sentido de que a história começa agora. Só podemos nos alegrar com o fato de Laclau ter, ao que parece, entendido o que a história sempre foi. Resta o essencial e o evidente: a história nunca foi e nunca será apreensível. A própria natureza não é apreensível; como e por que a história, que pressupõe a natureza, o seria? E se alguma complexidade há, a da história só pode ser infinitamente maior. Por quê? Porque o que chamo a criatividade do ser em geral se manifesta na história mediante a liberdade dos seres humanos, a indeterminação psíquica inicial e até a indeterminação do indivíduo consciente.

Chego agora a certos enunciados a meu ver totalmente errôneos a respeito da filosofia. Não partilho de jeito nenhum a idéia de que a filosofia seria uma sucessão de narrativas. A *Metafísica* de Aristóteles não é uma narrativa, assim como não o é a *Crítica da razão pura*. Há aí algo como uma mistura bem pouco legítima do que certas filosofias da história quiseram ser com o que é a própria filosofia, como tentativa de elucidar o que está dado. Tampouco entendo o que Laclau está pensando quando nos diz que podemos agora ter uma concepção mais materialista que o materialismo de Marx. Por que seria preciso ter uma concepção materialista, e mais ou menos materialista que Marx? Não sei o que o termo materialismo quer dizer, não sei o que o termo idealismo quer dizer, são enunciados metafísicos totalmente destituídos de sentido, e a discussão já deveria ter abandonado há muito tempo esse terreno. Se por materialista entende-se "livre de certos esquemas imaginários ou esquemas psicológicos", está bem, concordo, mas por que falar de materialismo? O materialismo tal como o conhecemos na história da filosofia, incluindo Marx evidentemente, não é mais que um esquema imaginário da substância ou do âmago do ser, que seria *matéria*. Mas isso quer dizer o quê? Recordemos as tentativas desesperadas do pobre Lenin, em *Materialismo e empiriocriticismo*: a matéria é antes de tudo pedaços sólidos de objetos, a serragem da madeira, por exemplo. Mas que fazer dos elétrons, de todas essas partículas elementares que tornam o conceito de matéria quase inapreensível? Lenin volta-se então para a energia. E então? Que é a energia? Se com isso queremos dizer que o importante na *Paixão segundo são Mateus* é que sua composição e sua execução implicam energia, muito obrigado, mas não nos adianta muito. É certo que ela demanda energia, mas num sentido totalmente metafórico: a essência da *Paixão* não está nisso.

Por fim, oponho-me por completo a esse modo que Rorty tem de reduzir a história da humanidade de 25 séculos à narrativa da história da filosofia. A história da humanidade não é a história dos erros de Platão, de Descartes, de Hegel, de Kant etc. E é esse precisamente o vício hegeliano-heideggeriano-habermassiano – os três H, por assim dizer, ou quatro, com Husserl, quando ele fala da humanidade européia –, que substitui a história efetiva pela história das idéias. Só nos resta lembrar do pobre velho Marx... As idéias, aliás, tampouco são o reflexo da história, mesmo que tomem parte dela. É freqüente que dominem os atos dos homens em nossas sociedades ditas "evoluídas" – palavra que detesto –, porque vão ocupando um lugar cada vez mais importante no imaginário social dominante ou no imaginário social crítico. Se os gregos constituíram cidades e começaram a luta democrática, não foi porque um Rousseau grego interveio e lhes disse: "A vontade geral...". Eles se constituíram em coletividades democráticas, e foi nessas coletividades democráticas que a filosofia se tornou possível como questionamento da instituição dada da sociedade.

Também, se o Ocidente vive há dois séculos num regime relativamente liberal, não é porque tal ou qual filósofo escreveu tal ou qual coisa. Nessa história, a filosofia das Luzes, por exemplo, não foi mais que a expressão – e não o reflexo nem a sublimação – das partes de um novo imaginário que surgiu na vida efetiva da sociedade e vai explodir na realidade com a Revolução Americana, a Revolução Francesa, o movimento dos operários ingleses a partir de 1800... Todas essas lutas populares desaparecem na história das idéias que nos contam Hegel, Heidegger e até Habermas. E de onde vêm esses monstruosos regimes totalitários de nosso século XX? Pode-se, é claro, dizer que foi Lenin o criador do totalitarismo. E Lenin certamente apareceu como um momento na história da II Internacional, isto é, do movimento marxista. Mas que era esse movimento? Apenas uma das correntes e, em última instância, uma espécie de confisco de algo bem mais vasto: o movimento operário. Que não foi inventado por Platão, Aristóteles ou Rousseau..., mas que foi criado pelos próprios operários, em suas lutas, suas reivindicações, que sempre podem ser discutidas e revistas, mas que eram fundamentalmente justas no que tinham de essencial. Ora, sem essas conquistas operárias, o capitalismo, a sociedade contemporânea "liberal" não seria o que é. Que seria? Não sei. Talvez uma espécie de capitalismo à moda japonesa. Pois as recentes falas de nossa primeira-ministra Édith Cresson sobre os japoneses* não me fazem renunciar ao que digo faz muitos anos, desde que conheço o Japão: sob um revestimento institucional de origem americana, é ainda o mesmo Japão feudal-imperial tradicional que sobrevive, praticamente sem qualquer transformação; exceto que o lugar dos antigos cortesãos foi ocupado pelas burocracias estatais e empresariais bem como pela oligarquia política do Partido Liberal-democrata, que foi o único a exercer o poder até agora. E se a sociedade ocidental não se transformou nisso, foi porque não pararam de lutar, de fazer greves, de serem fuzilados por mais de um século, até 1936 inclusive e mesmo depois. O movimento operário possibilitou que o marxismo existisse na história e não o

* A primeira-ministra comparou os japoneses a formigas. [N. da T.]

inverso – mesmo se hoje esse movimento parece estar em vias de esgotamento, como acho e escrevo desde 1960.

Num projeto de transformação da sociedade, já não se pode atribuir ao Messias proletário o papel privilegiado e soberano que Marx lhe atribuía em sua teologia histórica. Não existe Messias e o proletariado não tem nenhum privilégio. Em termos mais gerais, os pobres enquanto pobres não têm nenhum privilégio político. Podem tanto ser uma classe subversiva – mas subversiva em direção a quê? – como ser a presa mais fácil dos demagogos stalinistas ou nazistas. Para Marx, se o proletariado tinha um papel, não era apenas por causa da pauperização e da miséria, mas devido aos novos modos de socialização impostos pela fábrica capitalista: o proletariado compunha então uma nova classe de homens, com outros reflexos, outros comportamentos sociais, que tendiam a se auto-organizar para ter sucesso em suas reivindicações. O que, diga-se de passagem, nos mostra o quanto, como era seu costume, Jean-Paul Sartre compreendia Marx e o marxismo quando queria, junto com Fanon, transpor o papel do proletariado para os camponeses do terceiro mundo. Talvez estes últimos venham a salvar a humanidade. Não sei, e isso não parece estar por acontecer. Em todo caso, não se pode integrá-los à força nesse esquema marxista de uma socialização simultaneamente negativa e positiva contra o capital, e que, sobretudo, coloca novas formas de coexistência social, de "estar junto", como se diz hoje – e foi este último elemento o responsável pela importância do movimento operário.

Sobre a questão da política, quero muito firmemente desmentir a idéia de que o objetivo da política seria a redução da miséria e finalmente a felicidade. Trata-se até – Rorty que me perdoe – de uma idéia muito perigosa. Se a finalidade da política fosse de fato tornar as pessoas felizes, bastaria votar leis que decretassem a felicidade universal por meio, sei lá, da música de Cage, da leitura obstinada dos *Upanishad*, de tal ou qual prática sexual... Mas tudo isso compete à esfera privada, íntima, e é completamente ilegítimo tratar disso na *ágora*, a esfera público-privada, e mais ainda na *ekklesia*, a esfera pública-pública. Seria uma posição completamente totalitária. Afinal, os dirigentes dos países comunistas dispunham-se a fazer a felicidade das pessoas a sua revelia. O objetivo da política não é a felicidade, o objetivo da política é a liberdade. Desse ponto de vista, o dilema que Rorty coloca – criar uma sociedade sem miséria ou criar uma sociedade boa para a existência de Sócrates, ou para os Sócrates modernos que seremos – é a meu ver um falso dilema. Talvez nenhuma sociedade fosse boa para Sócrates. Nem para mim, aliás, se me permitem atribuir-me tanto valor. Não sei o que é uma boa sociedade. O que quero é uma sociedade *livre*. E, de fato, Sócrates viveu numa cidade livre – para os adultos homens e livres – onde pôde discutir na *ágora*, refutar os sofistas, dar umas sacudidas nos jovens que acreditavam saber tudo e não sabiam nada. Isso durou 70 anos. Depois, em 399, uma conjuntura política obrigou-o a beber cicuta. Mas uma sociedade em que pode aparecer Sócrates é uma sociedade livre.

Rorty nos propõe introduzir em nosso vocabulário político a palavra *greed* (cupidez, avidez, inveja), pois ela abarca uma realidade social essencial que não pode ser eliminada de um traço só. É claro que não tenho nada contra: com efeito, uma sociedade sem liberdade onde reinassem os mais *greedy* reduziria todos os outros à miséria. Desse ponto de vista, decerto não há nenhum dilema entre uma sociedade ideal para o intelectual e uma sociedade em que se pode lutar contra a miséria. Portanto, é preciso avançar mais. Por que reduzir ou eliminar a miséria? Deixo de lado o aspecto puramente afetivo da coisa, não porque o despreze, mas porque ele não se presta à contestação. Exceto quando topamos com casos-limite de indiferença aos outros – Nietzsche, por exemplo, para quem massacrar seus semelhantes é perfeitamente aceitável se traduzir a vontade de poder de um ser superior... Aí, a discussão pára. Se não, é preciso eliminar a miséria pura e simplesmente porque ela reduz à escravidão aqueles que atinge, impedindo-os de se tornarem realmente cidadãos de sua cidade. Esse mínimo de bem-estar material é evidentemente variável: certamente não consistiria em 14 aparelhos de televisão por casa e o mesmo número de carros, mas, por exemplo, três hectares, ou trinta, de terra para cultivar por agricultor numa sociedade onde predominassem os camponeses... Sem essa base material, as pessoas ficam obcecadas pela fome e pela pobreza e não conseguem ultrapassá-las para refletir livremente.

Quando se fala de projeto político global, alguns opõem a ele o que os ingleses chamam *piecemeal reforms*, as reformas parciais para melhorar o sistema. Mas é evidente que se qualquer político, seja ele reformista ou conservador, adotar medidas parciais, locais, sem ter em vista a globalidade do sistema, apenas irá acumular erros. Aliás, é isso o que vem acontecendo faz um bocado de tempo. Último exemplo francês atual, que é a causa direta de meu atraso hoje: a diminuição da idade da aposentadoria. Há oito anos, isso pareceu ser uma medida evidentemente muito social. Hoje, preocupam-se com o equilíbrio de caixa da previdência social, falam de aumentar as cotas pagas, de aumentar a idade que tinham diminuído... E os assalariados, temendo que voltem a questionar seus direitos adquiridos ou seus privilégios, pouco importa, entram em greve. Outro modo de considerar esse mesmo problema da sociedade considerada como uma totalidade, onde todas as coisas continuam mais ou menos coesas, é sublinhar seu grau de flexibilidade ou de rigidez, sabendo que cada vez trata-se de uma criação da sociedade. Numa tribo primitiva, a rigidez é muito grande; nas sociedades modernas, a flexibilidade é, aparentemente ao menos, muito maior. Mas, ainda que se leve em conta o grau de dependência ou de rigidez dos elementos entre si e com relação ao todo, é sempre a sociedade que se institui como totalidade. E não foram pensadores totalitários que decidiram assim, que propuseram essa totalidade. A sociedade foi primeiro um todo, e depois de 100 mil anos, filósofos, como Platão no segundo livro da *República*, notaram que esses agricultores, esses comerciantes, esses soldados, formavam uma coletividade, que se mantinha unida; que a educação era um elemento fundamental para manter essa coerência. Nesse mínimo de coerência sem o qual a sociedade não poderia existir manifesta-se precisamente o fato de que a sociedade é totalidade, uma totalidade que não foi pensada nem formulada por ninguém. Mas se não levarmos em conta essa totalidade, nem mesmo é possível reformá-la de modo válido.

Tomemos o exemplo do capitalismo. O capitalismo não é nenhum grande lobo mau e tampouco se reduz, voltarei a isso, ao reino do mercado. O capitalismo é uma instituição da sociedade, cuja significação imaginária central é a expansão ilimitada do controle racional – pseudocontrole e pseudo-racional. É por isso que ele pode muito bem se adaptar a uma ausência de propriedade privada. O que importa é o "senhores e possuidores da natureza"** – incluindo, aliás, a natureza humana, já que estão começando a xeretar o genoma humano. Nota-se, contudo, que esse capitalismo é cada vez menos compatível com as reduzidas liberdades que as lutas conseguiram impor ao sistema. Donde a inevitável pergunta: esse sistema pode se reproduzir indefinidamente, que seja apenas do ponto de vista antropológico? E não se trata de forma alguma de profetizar uma

** Descartes [N. da T.]

catástrofe à maneira de Marx. Mas quando Richard Rorty ensina, ele se comporta como bom *Homo capitalisticus*? Certamente não, caso contrário ele cabularia seus cursos sempre e enquanto isso não pusesse em perigo seu tratamento. Acontece que eu não só postulo, como sei que ele não se comporta assim, que tenta todos os dias dar o melhor de si. E essa atitude – dar sempre o melhor de si sem esperar vantagem material – não tem lugar no edifício imaginário do capitalismo. Do que decorre, aliás, o vazio moral atual de que falam. Nesse plano, o capitalismo vive esgotando as reservas antropológicas constituídas durante os milênios passados. Assim como vive esgotando as reservas naturais.

Desse ponto de vista, há uma enorme regressão nas idéias de nosso tempo. Por exemplo, quando Habermas escreve, com um sangue-frio que me impressiona, que "as mudanças revolucionárias que culminam atualmente diante de nossos olhos contêm uma lição inequívoca: as sociedades complexas não conseguem se reproduzir se não mantiverem intacta a lógica de auto-regulação de uma economia de mercado".[4] Não tenho tempo de fazer uma enumeração exaustiva dos absurdos contidos nessa frase. Para ser sucinto: o mercado não é o capitalismo; o capitalismo não é o mercado. Leiam com um pouco de rigor conceitual um bom manual de economia política ou Marx, aliás. Antes do capitalismo, a simples produção mercantil ocorre em, por e para um mercado. Que portanto existe faz cinco mil anos, entre os babilônios, entre os fenícios e depois entre os gregos etc. Mas não é um mercado capitalista. E o mercado capitalista não nasceu espontaneamente, foi imposto sob a forma que tem em nossas sociedades modernas – releiam Karl Polanyi[5] para se convencerem. Quanto à lógica de auto-regulação da economia de mercado, ou bem Habermas vive num mundo de sonhos, ou está completamente mistificado pelos Guy Sorman alemães. A auto-regulação do mercado é uma impostura. Isso ficou definitivamente demonstrado nos anos 30, por Keynes e economistas plenamente acadêmicos. A metade do produto interno bruto de nossas economias modernas transita pelo orçamento de Estado, das coletividades locais, da previdência social, que taxa determina-

4 <Trata-se de um texto sobre os acontecimentos de 1989 no Leste Europeu: "La révolution de rattrapage" ("Die nachholende Revolution") (1990), *in* Jürgen Habermas, *Écrits politiques*, trad. fr. Christian Bouchindhomme e Rainer Rochlitz, Paris, Cerf, 1990; reed. Flammarion, "Champs", 1999, p. 208.>

5 <Cf. Karl Polanyi, *La Grande Transformation*, Paris, Gallimard, 1983.>

da atividade, subvenciona outra, decide certas despesas, certos equipamentos – como isso poderia não afetar o "livre" funcionamento do mercado? Como tal orçamento poderia ser economicamente neutro? O que não significa que não se necessita de mercado: como eu mesmo escrevi em 1957 em "Sobre o conteúdo do socialismo",[6] uma sociedade autônoma precisa de um *verdadeiro mercado*, isto é, de um mercado dominado pelos consumidores. O que tampouco quer dizer que esse pseudomercado capitalista não funciona de um modo infinitamente mais eficaz que a pseudoplanificação burocrática, totalitária, absurda dos países do Leste Europeu. É evidente.

Terminarei com algumas palavras sobre o papel dos "intelectuais" – para utilizar, apesar de tudo, essa generalidade um tanto quanto perigosa. Eles são tradicionalmente alvo de duas críticas. Primeiro, de sair da sociedade para julgá-la de fora, em função de seu saber, de seu sistema filosófico. Isso começou, é claro, com Platão – ele viu as Idéias, pôde deduzir delas a boa sociedade; nem todos os filósofos, porém, tiveram essa atitude; Descartes, por exemplo, não teve. Segunda crítica: a adoração da realidade. Essa atitude, que não está em Platão nem em Aristóteles, é flagrante a partir dos estóicos e se amplia enormemente com todo o período cristão. A realidade é sacrossanta, não pode ser questionada. Esse enorme privilégio atribuído ao que existe está em Kant, em Hegel evidentemente; e em Marx também: por que – ele certamente repudiaria essa maneira de formular a pergunta – a revolução proletária é boa? Porque irá ocorrer. E por que o *Übermensch* de Nietzsche? Porque também ele irá advir. Ademais, agrega ele, "o devir é inocente". Mas isso quer dizer o quê, a não ser que a realidade é o que é e que não cabe julgá-la? O que me entristece é que por trás do discurso crítico de Richard Rorty, há a mesma atitude: "É isso, o capitalismo liberal venceu, portanto..". Mas portanto o quê? Portanto nada. O capitalismo liberal venceu, ponto final. É um simples *statement of fact* de que não decorre nenhuma conclusão política. Mas isso nos obriga a refletir sobre o que aconteceu. Por que a Revolução Russa evoluiu da maneira como conhecemos? Por que o movimento operário está deliqüescente? Quais são as forças que se opõem à sociedade tal como é? Por que Marx estava no mundo da lua quando falava da abolição do dinheiro, da mercadoria etc.? Não há nenhuma outra conclusão política a tirar do triunfo

6 <Republicado em *Le Contenu du socialisme*, Paris, UGE, "10/18", 1979.>

atual do capitalismo. A menos, uma vez mais, que se pertença à religião do *credo in unam sanctam realitatem.*

Acho que a verdadeira função de um intelectual evidentemente não é estar na vanguarda da sociedade, mas questionar o instituído, interrogar e criticar o que existe. Não por puro prazer de criticar, mas porque, sem essa colocação à distância do instituído, simplesmente não há pensamento. Há repetição do que está instituído: comentário do Código Civil, da *Suma Teológica*, do sistema hegeliano etc. Para que comece a haver pensamento propriamente dito com um mínimo de originalidade, é necessária essa tomada de distância, que só é possível se tivermos, como se diz em alemão, *einen kritischen Standpunkt gewonnen*, alcançado um ponto de vista crítico com relação ao que existe. E essa tarefa não é incumbência exclusiva do filósofo, daquele que escreve e reflete, mas também e sobretudo do grande artista. Se a obra de gênio é tão importante em nossas sociedades – e já o era na Grécia antiga com a tragédia –, não é somente porque a coletividade se reconhece nela, e tampouco porque cria formas novas – tese de Kant na terceira *Crítica*, correta mas insuficiente –, é porque questiona, a seu modo, a existência social e finalmente a própria existência humana. Nesse nível, Sófocles, Shakespeare e Kafka se encontram: para além do mero prazer estético, as obras deles têm uma importância política e educativa. Porque a tragédia diz ao *demos* ateniense: vocês são mortais e correm o risco de cair na *hybris* (descomedimento), que trará sua ruína; ou Shakespeare diz ao público elisabetano: não passamos de pobres atores que se movimentam no palco esperando o momento em que nosso papel termine, nessa vida que não é mais que uma narrativa contada por um imbecil...

Às vezes perguntam: o que vocês, intelectuais, fariam se o poder caísse em suas mãos? Para isso, duas respostas: nenhum poder jamais cairá em nossas mãos; e se, por algum motivo extraordinário, nos coubessem alguns fragmentos de poder, simplesmente não seríamos mais intelectuais. Seríamos, sei lá, filósofos, ministros, impostores, o que vocês quiserem... O único papel do intelectual tal como o concebo é expor idéias, proposições, sustentar um projeto; no que a mim concerne, o âmago desse projeto consiste no seguinte: é ao povo, ao *demos*, que pertence o poder, cabe a ele mostrar que pode – ou não – tomá-lo, para exercê-lo – ou tê-lo confiscado.

Uma última observação. Não gostaria de brincar com coisas sérias, mas escutei há pouco Chantal Moufle nos dizer que "é preciso lutar contra a burocratização do aparelho de Estado". Então também é preciso lutar contra a militarização do exército e a medicalização da medicina. Lutar contra a burocratização do aparelho de Estado é lutar contra a natureza vegetal das plantas. O Estado é necessariamente sempre burocrático. Caso contrário, temos a *demos* ateniense, a prefeitura de Boston em 1770 etc., e não é mais um Estado. Por fim, agradeço a Heinz Wismann por ter nos lembrado que Habermas disse, desde o começo dos acontecimentos de 1989, que eles confirmavam o que ele sempre escrevera. É muito interessante ouvir isso quando se sabe que o traço distintivo da escola de Frankfurt, e que continuará sendo seu título de glória, foi ter cuidadosamente evitado qualquer crítica ao marxismo realizado, quando não ao marxismo simplesmente. Falava muito sobre o Oeste, mas, por assim dizer, nunca disse uma palavra sobre o Leste.

Discussão

<Pergunta inaudível. >

Você me diz que a felicidade é o que o indivíduo pode exigir do Estado, e eu nem entendo o que isso pode querer dizer. Vou pedir para o Estado o quê? Que Odette de Crécy me ame? Que aquela mulher me faça feliz? Como posso esperar esse tipo de felicidade do Estado? Além disso, você fala da liberdade como se ela fosse uma coisinha interior. Essa liberdade não tem nada a ver com a liberdade efetiva de que lhes falo, que depende do corpo político e permite a um indivíduo ter acesso a sua própria autonomia. E isso implica não só as liberdades que conhecemos e de que nos beneficiamos graças às lutas de nossos antepassados, mas também muitas outras coisas. Em primeiro lugar, a educação. Não entendo essa espécie de cegueira diante daquilo que os malditos gregos já sabiam: que o indivíduo irá se tornar essencialmente o que a sociedade fizer dele, e que essa "fabricação" passa antes de tudo pela educação. Não é por ser um maníaco da educação que Platão lhe dedica livros inteiros, o mesmo fazendo Aristóteles e todos os grandes pensadores de Locke até Rousseau; é porque é *aí* que é fabricado o cidadão de amanhã, a partir do qual a democracia poderá se desenvolver – ou, ao contrário, conhecerá uma nova degenerescência burocrática.

Quando educo alguém, resolvo esse paradoxo: invadindo sua autonomia potencial, permito-lhe realizar uma autonomia efetiva. A educação, seja qual for o sistema que a garanta, inclusive nos Estados Unidos, só pode ser um assunto público em sentido amplo. Ainda que hoje, devo reconhecer, o capital privado tenha se apoderado de grande parte dela: nunca tivemos televisão em casa, mas depois de um ano de escola, minha filha estava tão embebida de publicidade e de programas idiotas quanto suas amiguinhas, que assistiam à tv desde que nasceram. Outro exemplo *a contrario* da onipotência da educação para ter acesso à autonomia: nos trabalhos universitários de alguns estudantes muçulmanos, citação vale como prova. Também chegamos a ler dissertações espantosas em que toda a argumentação não passa de uma junção de textos desse ou daquele autor. Isso evidentemente não é culpa deles, porque é o que a religião sempre lhes ensinou, como aliás ensinava aos pensadores latinos e ortodoxos gregos durante toda a Idade Média. Basta citar; quanto mais se cita, melhor se prova. Todas as sociedades tradicionais ensinaram, assim, suas crianças a pensarem como pensavam seus pais, seus ancestrais, toda a tribo. E apesar das brechas abertas nas sociedades ocidentais desde o século XVIII, isso ainda vale para os dias de hoje. Independentemente do que diga a hipocrisia liberal, a escola pública francesa instila apesar de tudo nas crianças certa formação, ela não é neutra. O que, como tal, não é de modo algum condenável: com isso não se viola a liberdade das crianças, porque sempre que se cria, que se educa uma criança, de certa maneira ela é "violada"; e tudo consiste então em saber para quê. Se é para ajudá-la a se livrar das influências que a cerceiam, entramos na quadratura do círculo da educação; trata-se de uma tarefa política. É um aspecto essencial de uma política da liberdade.

Segundo ponto, com relação ao qual me oponho de novo intensamente ao que nos disse Rorty: a filosofia seria uma atividade que não teria mais razão de ser. A ladainha é conhecida: é a velha canção hegeliano-nietzscheana-heideggeriana. Mas ela continua soando falso, pois esquece que ainda restam enormes necessidades de elucidação no que tange à sociedade, à história, à natureza – elucidação que os cientistas como tal não garantem.

A propósito dos intelectuais, comentei há pouco que o papel deles eram criticar o instituído. Essa é a *minha* definição, mas quando se fala de política no sentido da reinstituição da sociedade e não de uma mera arte do possível, não vejo que outro papel eles poderiam ter. Porém, não foi nem a Grécia nem o Ocidente que inventaram os intelectuais. Existem mandarins na China faz 2.500 anos, sacerdotes brâmanes e grandes gramáticos na Índia etc. São todos pensadores extraordinariamente sutis e profundos, mas todos se inscrevem pura e simplesmente na conservação do sistema. E é também o que fez Tomás de Aquino: pouco importam os conflitos, as variações entre teólogos durante vários séculos, a fé cristã continua sendo algo absolutamente inabalável e é dentro dessa camisa-de-força que Tomás trabalha, tentando mesclar a ela Aristóteles, mas pouco importa. O pensamento livre é um ato crítico. Ora, por dezenas de milhares de anos, ninguém em nenhum lugar pensou livremente. Esquecemos disso porque, em nosso provincianismo histórico, agora que estamos instalados do lado vitorioso dessa conquista, consideramos que é algo óbvio. E essa liberdade de pensamento se exerce essencialmente com a filosofia, na colocação à distância e na crítica das instituições existentes. Mas isso é apenas um aspecto da reflexão filosófica, sendo o segundo a elucidação do que existe. Por que é preciso elucidar o que existe? Minha resposta certamente desagradará a Rorty, sei disso: *por nada*. É uma atividade puramente gratuita. Não é nem mesmo em honra da mente humana, como alguém disse.[7] Queremos simplesmente entender. E isso não serve para nada, como dizia a Sra. Thatcher quando cortava as verbas das universidades – e azar da pesquisa fundamental, vamos surrupiá-la de todos os imbecis que a financiam e lhes vender nossas aplicações industriais. Por que não? Mas ninguém faz pesquisa fundamental para eventuais aplicações industriais. E menos ainda filosofia por suas implicações políticas ou outras. Faz-se filosofia porque, uma vez abaladas nossas certezas estúpidas da vida cotidiana, não temos outra alternativa. O que vai muito além da política. Assim como a grande arte, a obra de gênio de que lhes falei: *Macbeth*, *Édipo rei*..., não poderiam se esgotar na mera contestação da ordem estabelecida. A esse respeito, teríamos de falar longamente da imaginação e do imaginário. O imaginário não é a produção de imagens, é a *criação de um mundo humano*; e não só no nível da psique individual, mas no nível do campo sócio-histórico. É evidente que há um imaginário da democracia; assim como a

7 <Numa carta de C. G. Jacobi a Legendre de 2 de julho de 1830; fórmula retomada no título da obra do matemático Jean Dieudonné: *Pour l'honneur de l'esprit humain*, Paris, Hachette, 1987.>

autonomia social e individual é uma significação imaginária social – que mais poderia ser? Um conceito matemático?

Isso depende do que se entende por imaginário. Uma idéia reguladora não é obrigatoriamente um imaginário social...

Se você lhe der um estatuto platônico-kantiano, certamente não. Mas não estamos preocupados com o que acontece no céu das Idéias ou no nível transcendental. Falamos da democracia como movimento real na história, que deixa marcas, instituições, significações, mediante as quais somos ou devemos ser livres e iguais. Uma idéia reguladora sócio-historicamente efetiva só pode ser uma significação imaginária social.

Uma última palavra sobre a resposta de Rorty: "Se tomássemos o poder, não saberíamos o que fazer com ele". Em primeiro lugar, a posição do problema é falsa: não temos de tomar o poder. Sobretudo, os intelectuais são evidentemente e antes de tudo cidadãos, que, como os outros, podem ter idéias. Se me dessem uma tribuna, proporia ao povo instaurar um outro tipo de democracia, fundada nuns 15 artigos constitucionais – sem esquecer que uma Constituição não é nada sem a adesão ativa dos cidadãos; e defenderia minhas posições, minha *doxa*, com todos os recursos argumentativos, incluindo a retórica. Mas agiria nesse caso como cidadão e não a partir de uma visão das Idéias ou de uma concepção da essência do político. Agora, se, convencidos, os outros cidadãos tomarem o poder e acabarem cometendo atrocidades, será meu dever, como Sócrates no julgamento das Arginusas, como Zola no caso Dreyfus, levantar-me e dizer: vocês são monstros e cretinos. E se não o fizer, não sou digno de viver.

AS GUERRAS NA EUROPA[1]

"As guerras na Europa": é verdade que nosso continente – como os outros, por sinal – vem passando por guerras faz ao menos três mil anos – e sem dúvida bem mais, pois continuam descobrindo esqueletos pré-históricos com marcas de morte violenta, de uma morte que dificilmente pode ser sempre atribuída a disputas de ordem "privada". Mas estamos hoje diante da situação que todos conhecem nos Bálcãs, na ex-Iugoslávia, e essa situação ameaça se reproduzir em outros lugares. A questão parece portanto ser de novo extremamente atual, mas não se deve esquecer que se trata também de uma questão eterna; porque estamos lidando com uma característica que – infelizmente, mas é assim – encontramos em praticamente *todas* as sociedades humanas. E é precisamente por isso, mesmo que possa parecer paradoxal, que parece quase impossível elaborar uma teoria geral da guerra ou ter uma concepção geral das causas e dos processos que conduzem à guerra que não se resuma a trivialidades ou a enunciados tão gerais – como os de Freud – que nos deixam completamente desarmados tanto no plano teórico como no plano prático. Quando nos interrogamos sobre a guerra, não queremos simplesmente saber se há uma pulsão de morte que leva as pessoas a se matarem. Elas se mataram entre 1914 e 1918, mas não se mataram entre 1918 e 1939 – oh, elas na verdade se mataram na Espanha, por exemplo, mas não na mesma escala. E depois veio a fúria sem precedentes, considerando-se os meios técnicos, de 1939-1945. Mas, desde então

1 <Conferência e debate organizados em 13 de fevereiro de 1992 pelo centro de planejamento familiar "Aimer à l'ULB" da Universidade livre de Bruxelas. O subtítulo era: "As relações entre os processos inconscientes, o furor nacionalista e as novas formas de organização política". Utilizamos a transcrição de uma gravação feita por Castoriadis, completando às vezes o texto com a ajuda da gravação ou das notas manuscritas do autor. Esse mesmo tema foi retomado por Castoriadis numa conferência organizada em Bruxelas em de fevereiro de 1994 pela Comissão dos funcionários das Comunidades Européias.>

– estamos falando apenas da Europa, entenda-se bem –, estamos tentando bater o recorde de 1871-1914 de um período, deixando de lado esses pobres Bálcãs, sem guerra declarada. A pulsão de morte está dormindo nesses períodos? Por que essas explosões seguidas dessas fases de calmaria? Há portanto uma universalidade da guerra em todos os períodos da história, independentemente dos regimes sociais ou econômicos, das tecnologias, dos sistemas de parentesco ou outro, de modo tal que o problema parece ser quase mais difícil – embora estejam sem dúvida ligados – que, por exemplo, o da dominação, na sociedade, de uma camada social sobre as outras. Porque existem sociedades, tribos primitivas, onde não há essa dominação e onde o "poder" do "chefe" reduz-se a um simples ritual; mas não existem sociedades que não conheçam a guerra. É essa a terrível realidade. Voltaremos a isso no final desta curta exposição.

Podemos subdividir a questão em duas subquestões que estão aliás interligadas, que estão intimamente imbricadas uma na outra. Em primeiro lugar, quais são os processos sociais comuns a todas essas espécies de sociedades, a todas essas formas de regimes, que conduzem periodicamente, mesmo que essa periodicidade seja apenas relativa, a guerras? Em segundo lugar, quais são os mecanismos ou os processos psíquicos inconscientes, no sentido profundo do termo, que levam os homens que vivem numa determinada sociedade ou sob um determinado regime a se matarem uns aos outros? Tomemos o caso mais flagrante: 1914. Os partidos socialistas eram contra a guerra, declararam em congressos internacionais que a classe operária responderia à guerra com uma greve geral etc. Um ou dois dias antes que a guerra eclodisse, Jaurès foi assassinado em Paris. Não se pode fazer com que os mortos falem e ninguém sabe o que Jaurès teria feito. Digamos que é provável que ele teria se oposto à guerra. Mas alguns dias depois, todos os partidos socialistas, com algumas exceções, votaram o orçamento de guerra e aderiram às "uniões nacionais" em todos os países. A metade – ou um terço, ou um quarto, pouco importa – desses soldados que faziam parte dos sindicatos e partidos socialistas passaram a gritar: "*À Berlin*" [Vamos para Berlim] ou "*Nach Paris*" [Vamos para Paris]. Sabem que vão ser mortos; e por algo que não é "pessoalmente" importante para eles. São arrastados por um movimento de massa, ou como queiram chamá-lo, mas esse movimento não é simplesmente uma febre momentânea: ficarão nas trincheiras durante quatro anos. Haverá apenas alguns atos de amotinação. É claro que eles são "forçados" a ficar, a deserção é punida com a morte, há uma disciplina etc. Mas sabe-se desde sempre, e La Boétie, Hobbes ou Rosa de Luxemburgo o repetiram: nenhuma lei militar se sustenta diante de um exército que se revolta. Aliás, foi isso o que aconteceu na Rússia – deixemos de lado nesta discussão o que aconteceu em seguida; depois de terem lutado durante três anos e terem aceitado centenas de milhares de mortes, os soldados se recusaram a lutar, o front se desintegrou e depois dele, o governo de Petrogrado. Há, portanto, essa segunda questão: porque, diacho, as pessoas aceitam matar e serem mortas por coisas que, "pessoalmente" – ao menos à primeira vista –, não lhes importam? Em seguida: como se dá a ligação dessas duas coisas, ou seja, dos processos sociais que levam à guerra com os processos que fabricam nas sociedades indivíduos capazes de matar e serem mortos numa guerra? E, entre parênteses, também aí se nota até que ponto a contribuição da idéia da pulsão de morte é enigmática. Pois, no que concerne à guerra, Freud fala de uma pulsão de morte mais elaborada, que já se tornou tendência a destruir o outro; em toda guerra, porém, o soldado sabe que tem 50% de chance no mínimo de ele mesmo ser morto; e mesmo assim vai. E, uma vez mais, a disciplina e o medo das punições não bastam para explicar isso. Portanto, há o problema da ligação desses mecanismos subjetivos com processos, mecanismos sociais se preferirem, que provocam a guerra. Ora, não quero de modo algum chateá-los, mas pelo menos no que tange à primeira parte dessa questão, *nenhuma* das concepções apresentadas se sustenta a meu ver.

Podemos passar rapidamente pelas teorias "demográficas" da guerra como sangria que a espécie humana aplicaria em si mesma para combater a superpopulação e o esgotamento dos recursos. Se fosse assim, já teriam feito explodir umas centenas de bombas nucleares sobre o planeta para enxugar o excesso de população que apareceu nos últimos 50 anos. O mesmo se aplica às "explicações" econômicas. É impossível ver verdadeiras "causas econômicas" em ação nesse guerrear interminável entre cidades antigas, e mais particularmente entre as cidades gregas, onde a profissão de cidadão consiste, em boa parte, em fazer a guerra com as cidades vizinhas. O mesmo pode ser dito de Roma e das cidades itálicas em geral, ou dos senhores feudais da Idade Média: que razões "econômicas", com algumas exceções, levaram esses senhores – ou, ao mesmo tempo e depois, os reis – a lutarem entre si de modo quase ininterrupto?

Pode-se sugerir outro elemento: o poder como tal. Um país, um monarca, uma oligarquia – digamos, a aristocracia veneziana – fazem a guerra ou guerras para ampliar sua esfera de poder e desse modo seus "ganhos" (embora seja difícil pensar que Alexandre parte para conquistar a Ásia tendo em vista sobretudo os tesouros de Dario). Mas esse poder é o poder de quem? O poder do monarca ou do estrategista. Tomemos Napoleão, com sua loucura: é possível compreender o comportamento de Napoleão até 1808, aproximadamente. Mas a guerra da Espanha é, de seu próprio ponto de vista, uma aberração, e a guerra da Rússia, uma loucura. Digamos que Napoleão é louco por guerra e ávido de poder. Mas há ainda os 500 mil franceses que o seguem e se fazem matar gritando "Viva o imperador!". Qual o poder *deles*? (Trata-se, evidentemente, de uma participação imaginária, tanto no sentido banal como no sentido profundo do termo.) Se insistirem em encontrar uma "explicação racional" para as guerras, as únicas que de algum modo se prestam a isso são aquelas provocadas por expedições feitas para se apropriar das mulheres de uma outra tribo: o "rapto das Sabinas". Um bando de machos que não tem mulheres ataca outro bando, uma tribo bem instalada, mata os homens, pega as mulheres: assim, realiza-se um objetivo social (a sociedade que este bando forma pode se reproduzir e continuar) e, simultaneamente, são satisfeitas as pulsões sexuais dos indivíduos. Mas essa é apenas uma ínfima proporção das guerras conhecidas – e não a mais importante.

Tentemos, então, situar a questão no contexto mais geral do que, para mim, é uma sociedade, uma unidade social. É um conjunto de seres humano definido pelo fato – é o que faz dele *uma* sociedade – de que há *uma* instituição global da sociedade, um imaginário social que mantém essa sociedade coesa e que faz com que esses indivíduos lhe pertençam. Isso apresenta vários aspectos. No mundo da sociedade hebraica, as estrelas são luminares colocados ali por Deus para embelezar os céus ou manifestar sua glória; para os gregos antigos, essas mesmas estrelas são deuses, para nós, são massas de hidrogênio transformadas em hélio por reações termonucleares. E poderíamos continuar: o mesmo se aplica às árvores, aos rios, aos indivíduos na sociedade etc. Há, a cada vez, um mundo próprio de cada sociedade, caracterizado por três vetores (que, ademais, têm seu equivalente na psique individual): um vetor representativo (Javé criou o mundo, há mais ou menos seis mil anos e não mais etc.), componente cognitivo do mundo de cada sociedade que explica o ser-assim do mundo em geral e do mundo social;

um vetor afetivo, uma classe ou um grupo de afetos criado por essa sociedade: assim, por exemplo, a *fé* no sentido cristão do termo, que não existia antes do cristianismo (...); por fim, em ligação com essa representação do mundo e com esses afetos, há um *Trieb*, um impulso da sociedade. Que impulso? Tomemos o exemplo da sociedade em que vivemos, a sociedade ocidental: trata-se – vocês conhecem isso bem, estão dentro dela – de produzir e de consumir cada vez mais, de ter acesso a um poder ou a um semblante de poder (e, eventualmente, aparecer na televisão). Se tomarmos a sociedade romana a partir de certa época, o impulso é o da expansão territorial: o *pomerium* não basta, o Latium não basta, a Itália central não basta, a península italiana não basta e assim por diante. E se uma verdadeira sociedade cristã tivesse existido – o que nunca ocorreu de fato –, teria havido um impulso relativo a Deus e a sua adoração. A Idade Média, aliás, acreditou que estamos aqui para adorar da melhor forma possível Deus, que é preciso erguer catedrais mais altas ainda, evangelizar mais povos ainda etc.

Paralelamente, há uma *fabricação social* dos indivíduos. A partir do material psíquico bruto que cada ser traz consigo para o mundo ao nascer, a sociedade deve fabricar seres que falem, que reconheçam a existência de outras pessoas, que não se comportem como se fossem o centro do mundo – embora cada um o seja para si mesmo, como todos nós sempre somos – e como se os outros não passassem de puros e simples objetos de seus desejos; é preciso que se submetam a uma lei social, a normas e valores, em outras palavras, abandonem – sem sabê-lo, aliás –, nesse longo e penoso processo de socialização do indivíduo, suas pulsões e seus desejos mais profundos. Por outro lado, eles nunca os abandonam totalmente, a prova disso é o fato de que sonham com a transgressão e às vezes efetivamente transgridem as normas sociais; mas, enfim, acabam assim mesmo abandonando o essencial deles em seu comportamento real. Para isso, é preciso que a sociedade lhes ofereça substitutos. E, em primeiro lugar, significações sociais: Deus, a *polis*, a expansão ilimitada da dominação, a construção do socialismo etc. Significação, portanto, do sentido e dos objetos sociais de investimento. Também é preciso fornecer-lhes identidades sociais que possam vestir, como papéis para representar; mas não representam, acreditam neles, acreditam que são bons funcionários, bons educadores ou bons maridos. Todos esses papéis, aos quais o indivíduo pode e deve se identificar, pois, de outro modo, simplesmente não pode existir socialmente, são oferecidos a cada um, segundo as posições e as circunstâncias, pela sociedade. Mesmo hoje, no leque quase infinito de papéis oferecidos aos indivíduos, há sempre alguns que são oferecidos ou impostos mesmo àqueles que não querem participar: ser um marginal ou um maloqueiro também é um papel social. E – o que é sem dúvida um dos aspectos mais misteriosos de todo esse negócio –, é preciso que tudo isso crie um vínculo de pertencimento com a coletividade concreta em questão. Há um nome instituído socialmente, uma resposta social à pergunta: quem somos nós? Somos seres humanos e não animais, civilizados e não bárbaros, eventualmente cristãos e não infiéis muçulmanos – ou então muçulmanos e não infiéis cristãos. Mas, ao mesmo tempo, para além dessas determinações abstratas, há uma significação imaginária desse *nós*, significação indispensável para que a coletividade exista (o desconhecimento desse fato é uma das inúmeras aberrações do pseudo-individualismo contemporâneo) e cujo conteúdo, considerado na história das sociedades, é evidentemente *arbitrário*. Mas, embora os conteúdos dessa instituição de um *nós* sejam ao mesmo tempo eminentemente variáveis e eminentemente arbitrários, o que não é nem variável nem arbitrário é a necessidade da referência a esse *nós*. E essa referência, tanto como idéia quanto como coletividade concreta, pertence a esse tipo de ser que se pode e se deve chamar, em linguagem filosófica, um *para-si*. Como um ser vivo ou como a psique humana, a sociedade certamente *não* é um organismo, mas ainda assim é um ser-para-si. Cria, a cada vez, seu mundo próprio, um modo de ser marcado e um impulso para... Defende-se defendendo seu ser-assim, isto é, seu mundo próprio. Tem fronteiras; não necessariamente fronteiras geográficas, mas fronteiras imaginárias mais importantes ainda: pois são estas que fazem com que idéias, representações, comportamentos vindos de fora sejam ou metabolizados ou rejeitados – ou, nos casos-limite, revelem-se finalmente mortíferos para a instituição existente da sociedade. E a sociedade tem portanto impulsos, o primeiro dos quais é o impulso que tende a sua conservação. Toda instituição, seja ela uma instituição arcaica ou as legislações ateniense ou romana, ou a monarquia absoluta ou as supostas democracias modernas, tende a permanecer no ser, a se preservar. A preservação de uma instituição, assim como do conjunto da instituição de uma sociedade, é o único sentido que se possa dar à idéia de preservação, de autoconservação da sociedade (incomparavelmente mais pertinente que o da preservação dos indivíduos efetivos que nela vivem).

Há portanto aqui algo parecido com um sistema de autoconservação, que compreende também uma autodefesa, evidentemente também contra as perturbações internas. Mas essa consideração não basta para fornecer uma "explicação geral" do fato da guerra. A conservação de si talvez explicasse por que 50% das sociedades se defendem, mas não por que outras 50% as atacam. É verdade que em muitos casos, alguns dos quais estão entre os mais importantes, não se sabe mais quem "ataca" e quem "se defende": Tucídides já notava isso quando, ao discutir as origens da guerra do Peloponeso, diz que ela certamente foi desencadeada pelos lacedemônios, mas isso porque estes estavam com um medo cada vez maior da extensão incessante do império ateniense. Uma engrenagem similar pode ser descrita para a guerra de 1914-1918, bem como na situação da "Guerra Fria" de 1947 a 1985. Mas um minuto de reflexão basta para entender que o desenvolvimento dessas situações já pressupõe, "na origem", um impulso expansionista de um dos adversários, assim como uma vontade firme do outro de resistir a ele, que, portanto, "ataque" e "defesa" em geral estão eqüitativamente distribuídos entre os dois campos. As guerras feitas porque uma sociedade defende numa última trincheira suas obras vitais supõem que exista outra que não suporta a existência da primeira. E em todos os outros casos, que compõem a imensa maioria, a guerra se dá porque algo bem diferente da pura e simples conservação de uma das duas sociedades está em jogo.

Insistamos um pouco mais no que pode parecer uma dialética do ataque-defesa alimentando-se a si mesma. É certo que, não importa até onde remontemos na história, encontraremos as diferentes sociedades capturadas num jogo de rivalidade, de suspeita, de possibilidade de ataque: em suma, nós as encontraremos mergulhadas num mundo do qual a guerra é um aspecto essencial. Só isso já basta para rejeitar qualquer "teoria" que explique a guerra por essa ou aquela causa universal. Mas isso não é tudo. Periodicamente – mas não "regularmente" – esse processo nutre-se a si mesmo, se renova a partir de fatores que não apresentam qualquer homogeneidade. As cidades e os reinos mesopotâmicos guerreiam entre si, crescem e em seguida decaem ou são conquistados por outros. O Egito faraônico entra nesse jogo desde que o conhecemos. Depois aparecem os medos e os persas que estabelecem um imenso império; não contentes com isso, atacam, liderados por Cambises, o Egito. Por que o Egito? Heródoto diz que Cambises era louco. Mas não diz o mesmo de Dario, que ataca os citas e depois os gregos. Por que Dario quer a qualquer preço expandir-se para o Oeste? Isso acaba se voltando contra ele. Mas os gregos, vencedores do Império persa, imediatamente recomeçam a lutar entre si: isso dura 150 anos! Passo Alexandre, os diádocos, os romanos e seu Império, o Império bizantino, para chegar ao século VII d.C., onde ocorre um fenômeno extraordinário: a expansão islâmica. Explosão religiosa, mas que é também uma explosão guerreira, que acarretou a conversão ou a colonização das populações conquistadas. No século VI não existem árabes no Egito, nem na África do Norte, nem na Mesopotâmia, nem mesmo na Palestina e na Síria. No século VIII, todos esses países estão islamizados e "arabizados". Será que isso se deve a razões econômicas ou mesmo a razões de poder? Não, trata-se sobretudo de "espalhar a fé do Profeta". Em outras palavras, espalhar uma nova instituição da sociedade, centrada na nova religião, que transforma a sociedade das tribos árabes do século VI e insufla nela um *impulso* de conquista (os muçulmanos diriam: uma missão divina; não cabe a nós discuti-lo). Isso dura certo tempo; depois, a partir do século X, tudo volta a cair, o imenso império árabe-islâmico fica à mercê de divisões internas etc. Mas os bizantinos consideram que continuam tendo "direitos" sobre os territórios que lhes pertenciam alguns séculos antes; e assistimos durante séculos a conflitos na fronteira oriental do Império Bizantino. Em seguida, por volta do fim do século XI, vemos aparecer no Ocidente monges, papas, senhores subempregados ou marginais que descobrem ser preciso, a qualquer preço, libertar os lugares santos da cristandade. Começam as Cruzadas e durante os nove séculos que se seguem (tendo, no entretempo, os turcos, seljúcidas primeiro, otomanos depois, tomado o lugar dos árabes, agora submetidos em maior ou menor medida), o Mediterrâneo e os Bálcãs tornam-se a fronteira móvel de uma guerra cristã-islâmica (que, aliás, deixa bastante rapidamente de ser puramente "religiosa", como mostram tanto a aliança de Francisco I com os turcos como a guerra da Criméia).

Notemos as analogias com a situação presente na Iugoslávia. Os sérvios dizem: sem Kosovo, a Sérvia não é mais a Sérvia, ou: os muçulmanos da Bósnia não têm nenhum direito de estar "na nossa terra". Ora, Kosovo – que, é verdade, é o berço histórico do povo sérvio – está povoado essencialmente de albaneses muçulmanos. Pouco importa: os sérvios estavam lá *antigamente*. Ao longo de todos esses séculos de guerra, cada comunidade criou seu *nós* em função do que considera ser sua "história". História, em geral, imaginária no sentido mais superficial do termo: fictícia, fabricada, uma história que uns "contam" aos outros apagando tudo o que, no imaginário nacional, seria "ofensivo" para a nação. As vitórias são postas nas nuvens, as derrotas são minimizadas, atribuídas a diversas traições ou acidentes desventurados, em todo caso demonstram a barbárie e a bestialidade dos inimigos etc. Considera-se normal que haja em Paris uma estação de Austerlitz, avenidas Wagram, Iena etc.; nenhuma praça Waterloo ou Trafalgar. Mas elas existem em Londres. Vista da França, a história das guerras napoleônicas é essencialmente uma seqüência de vitórias que termina mal por causa da traição dos saxões em Leipzig e da inércia de Grouchy em Waterloo; vista da Inglaterra, é a história de uma heróica e tenaz resistência ao tirano Napoleão, dignamente coroada no planalto de Saint-Jean. Vista da Grécia, toda a história do Oriente Próximo resume-se a isto: como é que os gregos, que deveriam ter dominado até os limites do império de Alexandre, se não mais, ficaram reduzidos a suas fronteiras atuais – ao passo que para os turcos o enigma principal dessa história é: por que os turcos não continuam em Viena, na Argélia e na Mesopotâmia? Essa é, fatalmente, a atitude de um verdadeiro nacionalista. Geralmente incompreensível, aliás, para um europeu "ocidental" contemporâneo, pois é verdade que na Europa Ocidental essa questão está *mais ou menos* (há exceções por toda parte) "resolvida" há décadas e as pessoas não pensam mais assim no que tange aos limites territoriais de "sua" nação. Mas se formos para a Europa Central e Oriental, Bálcãs incluídos, vemos que as fronteiras não estão estabilizadas; as pessoas não foram levadas a aceitar *volens volens* que, agora, é assim. O que vemos atualmente na Iugoslávia é exatamente isso: estivemos aqui, portanto temos de estar aqui agora. Somos os verdadeiros proprietários dessa terra. E é claro que se você se transportar com esse ponto de vista para a Palestina, não há nenhum motivo para que aquilo termine um dia. Quem estava lá "antes"? "Antes" de quê? Os turcos, os árabes, os francos, os bizantinos, os romanos, os gregos, os persas, os egípcios, os hebreus...? Talvez fosse preciso achar uma outra terra tanto para os israelenses como para os palestinos e devolver a Palestina aos descendentes dos homens de Neandertal (acabarão achando), pois está comprovado que os homens de Neandertal habitaram a região faz cem mil anos. Mas isso certamente seria uma blasfêmia aos olhos de ambas as partes.

É claro que a invocação da história só pode conduzir à guerra permanente. Um princípio totalmente respeitável poderia, em teoria, nos fazer sair desses impasses: a vontade das populações que ocupam atualmente um determinado território. Esse princípio, porém, só poderia ser aplicado se for aceito o congelamento das fronteiras tal como estão. Mas tal como estão *quando*? Os turcos invadiram

Chipre em 1974 e instalaram ali populações turcas da Anatólia. Se fosse feito *hoje* um referendo na parte da ilha ocupada pelos turcos, a "vontade da população" seria sem dúvida a criação de um Estado turco independente ou a anexação à Turquia. A mesma coisa aconteceria na Iugoslávia, nos territórios conquistados pelos sérvios depois de 1989.

Por que esse recurso repetitivo à história? Porque uma das dimensões essenciais que constituem o coletivo, a sociedade concreta considerada, é essa suposta "memória coletiva". Memória que seria ridículo chamar de seletiva: ela é *totalmente arbitrária*. Já é bastante difícil estabelecer os fatos históricos, a significação deles infinitamente mais; os "julgamentos" a que são submetidos costumam ser totalmente destituídos de sentido e esses pseudojulgamentos em geral não refletem mais que preconceitos (e, gnoseologicamente falando, só são possíveis a partir de uma multidão incalculável de preconceitos). Faz alguns anos, o coronel Kadafi afirmou numa entrevista que sem aquele infeliz acidente histórico com Charles Martel em Poitiers o islã seria hoje a religião européia. Opinião perfeitamente plausível, motivada nele pelo desejo de que tivesse sido assim e só será tida por risível a partir de um preconceito simétrico e igualmente "arbitrário" de que a história européia é perfeitamente satisfatória tal como foi, ao menos desse ponto de vista. Para poder rir disso, é preciso afirmar claramente que a religião e a civilização islâmicas são "inferiores" ao cristianismo católico.

Mais uma vez, esses não são aspectos exclusivos ou mesmo característicos do período moderno. Essa memória imaginária é necessariamente constitutiva de qualquer identidade coletiva – assim como uma pseudo-"memória" consciente fabricada é, como a psicanálise mostra, constitutiva do que chamamos identidade pessoal. Essa pseudo-"memória" coletiva pode ser encontrada sob diversas formas – e já nos mitos das origens, nas lendas dos heróis fundadores etc. – em todas as sociedades, por mais arcaicas que sejam. Mas é verdade que essa criação específica dos tempos modernos, o Estado-nação (não posso entrar aqui na questão de saber em que essa forma é original com relação a outras à primeira vista bastante análogas, como o Império chinês etc.), leva-a a um grau de exasperação sem precedentes. Essa forma foi criada na Europa – França, Inglaterra, Espanha... –, e nós a propagamos pelo resto do mundo, suscitando a constituição de "Estados-nações" totalmente artificiais, como na África, onde se presencia, verdadeira experimentação *in vivo*, a fabricação *ex nihilo* de uma "consciência nacional", por exemplo, da República Centro-Africana. Que é uma consciência nacional da República Centro-Africana? Entenda-se bem, no que digo não há nenhum juízo de valor. Mas não é porque existiram na Europa Estados-nações que é preciso e que seja bom que eles existam por toda parte. Uma coisa é os povos africanos serem independentes; por que deveriam sê-lo na forma do Estado-nação? Dirão que, *no mundo contemporâneo*, nenhuma coletividade pode ser "independente", "soberana" se preferirem, a menos que se revista dessa forma. Evidentemente, porém, e mesmo no âmbito da instituição dada da sociedade mundial, isso não é verdade: o sultão otomano era soberano e mantinha relações com as potências ocidentais, embora seu império fosse um mosaico de etnias que podiam se desprezar e odiar umas às outras e nem por isso deixaram de coabitar durante cinco séculos. Portanto, seria falso tentar derivar das "necessidades reais" da vida internacional a inevitabilidade da forma Estado-nação. Mas também é verdade que sua necessidade é de outra ordem, bem mais profunda: é que o Estado-nação tornou-se uma das significações imaginárias nucleares do mundo ocidentalizado moderno. É claro que essa significação/instituição convém, encaixa-se como uma luva nas novas burocracias e oligarquias locais (africanas ou outras); no entanto, basta uma breve reflexão para se dar conta de que a forma Estado-*nação* não era condição nem necessária nem suficiente para a sua constituição. É exclusivamente no plano imaginário ("ideológico") que, no contexto da ocidentalização/"modernização" do planeta, "era preciso" que os habitantes da Nova Guiné oriental, por exemplo, ou de Mali fossem uma "nação" sob pena de se sentirem "inferiores" aos outros. E foi na qualidade de promotores, protagonistas, líderes de uma "luta nacional" ou de uma "independência nacional" que esses oligarcas-burocratas ("democratas" ou "socialistas") conseguiram, como o apoio dos ocidentais ou dos russos, chegar ao poder. O problema que temos diante de nós é o da *superação* dessa significação imaginária do Estado-nação e a busca de uma outra forma de identificação coletiva – e as dificuldades que essa superação enfrenta.

Chego agora ao segundo aspecto da questão: a vertente psíquica. Vou resumir rapidamente minha concepção. O ser humano começa como mônada psíquica fechada sobre si mesma, que ignora a realidade e não quer saber nada dela. Essa mônada tem de ser parcialmente rompida para que o ser humano singular possa sobreviver. A condição dessa sobrevivência é sua socialização, sua transformação em indivíduo social. Esse processo de socialização já começa na primeira vez que a mãe desvia o rosto da criança; esta já é uma violência infligida à psique. A evolução do indivíduo, apoiada, é claro, num processo de maturação neurofisiológica, é a acreção de uma série de camadas de socialização fazendo dele finalmente alguém que é homem, mulher, presidente da República, operário, professor, jogador de futebol, patricinha etc. Esse processo sempre se desenrola na *ambivalência*: o objeto amado é necessariamente ao mesmo tempo o objeto odiado, o seio é sempre simultaneamente bom (seio presente) e mau (seio ausente), e esses atributos são transferidos para a pessoa à qual o sujeito acaba de se ligar. A sobrevivência da raça humana mostra que na esmagadora maioria dos casos o afeto "positivo" prevalece sobre o afeto "negativo"; o que de forma nenhuma implica que esse lado negativo não esteja sempre presente. Vemo-lo na ambivalência das relações pais-filhos, sempre presente, assim como na ambivalência das relações entre os sexos. Digamos de passagem, contra certa demagogia do feminismo contemporâneo, que em nenhum lugar essa ambivalência é maior do que entre mãe e filha, que nenhum ódio entre filho e pai atinge a intensidade, a destrutividade, a morbidez e a crueldade do ódio que a clínica nos mostra tão freqüentemente entre mãe e filha. Constatação que conduz a certo ceticismo ante a idéia de que foram sempre os homens que introduziram o ódio, a violência e o mal na história da humanidade, tendo as mulheres estado sempre do lado do amor, da doçura angelical etc.

Portanto, o ódio está sempre presente, ainda que oculto, e sua forma mais evidente é o ódio do outro. A sociedade sempre soube utilizar esse ódio do outro. Nesse sentido, poderíamos ver toda a organização das sociedades até hoje como uma imensa máquina concebida e construída para desviar para fora o ódio, a agressividade que existe no interior da sociedade: para os "outros". Esse desvio nunca é totalmente bem-sucedido; os modos de desvio são muito diversos e muito complexos. Tomemos dois casos que nos são mais ou menos familiares, os gregos antigos e as sociedades ocidentais modernas. As cidades gregas passavam por assim dizer todo o tempo lutando entre si sob pretextos completamente fúteis. Ao mesmo tempo, a principal característica do homem grego era o que Jacob Burckhardt chamou o elemento agonístico. *Agón*: luta, combate. Fala-se hoje de "Jogos" Olímpicos. Em Olímpia, o que havia não eram "jogos" mas *agones*: embora as pessoas não se matassem, os gregos viam aquilo como uma luta, um combate. O "concurso" da tragédia em Atenas era o *tragikos agón*. Assim, dentro da cidade, o elemento agonístico é desviado para "rivalidades", "competições", atividades que são valorizadas e ao mesmo tempo concorrem para o funcionamento da cidade. Quem será o combatente mais valoroso durante a guerra, o melhor orador perante o público, o melhor poeta tráfico, o argumentador mais convincente etc. O elemento agonístico está inserido na vida da vida da cidade e é utilizado por ela. Notemos que as coisas começam a andar mal, ao menos em Atenas, quando, com a guerra do Peloponeso, a busca da prevalência no domínio político se separa e fica livre de qualquer outro elemento: é o que se constata em certos demagogos, em Alcibíades etc. Algo de análogo existe evidentemente nas sociedades capitalistas modernas na forma da concorrência econômica, da luta de uns contra os outros nas estruturas hierárquico-burocráticas – junto com um importante desvio para fora. Notemos que, em ambos os casos, e apesar do "doce comércio" de Montesquieu, o desvio interno da agressividade de forma nenhuma basta para absorvê-la, quantidades suficientes dela continuam subsistindo e são dirigidas para fora.

Pois há também um lado mais difícil e mais sombrio do assunto: o ódio de si. Em todo indivíduo mina sempre um profundo ódio de si. Esse ódio está voltado para e contra o que a psique foi obrigada a se tornar como indivíduo social. No fim das contas, nunca aceitamos o ser que a sociedade fez com que nos tornássemos e o núcleo psíquico nutre sempre uma ojeriza com relação a todas as camadas de socialização que pouco a pouco foram se sedimentando em torno dele e que contradizem frontalmente suas mais fortes aspirações: onipotência, egocentrismo, narcisismo ilimitado. Esse ódio só se manifesta raramente como tal. Mas se considerarmos as manifestações mais extremas do ódio do outro, como no racismo, é impossível entendê-las de outra forma senão como uma transferência maciça do ódio de si para um outro (uma categoria de outro), ou seja, como uma transferência, nesse complexo, do desejo e do afeto, que se mantêm mudando de objeto. Não sou eu o salafrário, é o judeu, o negro, o árabe: não sou eu que devo ser destruído, é o outro. Tudo isso, evidentemente, é infinitamente mais elaborado na realidade e, em particular, aparece vestido de diversas racionalizações etc. O outro será fantasiado de tal ou qual característica: o judeu é um usurário que suga o sangue do povo, o árabe exala odores desagradáveis e invade o país etc. Os horríveis extremismos do racismo só são compreensíveis a partir desse ódio de si. Se não fosse assim, não haveria racismo em sua forma mais virulenta, somente tentativas de conversão forçada – como de fato houve abundantemente na história. Mas o objetivo de Hitler não era fazer dos judeus bons nazistas: nem as medalhas da guerra de 1914-1918, nem o amor pela pátria alemã salvaram alguém. A própria definição do racismo em sua forma extrema, que ninguém parece ter percebido até agora, é que o outro é *inconvertível*. É o contrário, por exemplo, do que aconteceu com as conquistas árabes, ou com a expansão européia-cristã, que visavam à conversão (ou à exploração) dos outros, e conseguiram fazê-lo mais ou menos bem.

[Resumamos, e me desculpem se nesse ponto a exposição lhes parecer um tanto árida. O ódio de si, como si manifesto (eu psíquico e corporal), está portanto sempre presente – mas, predominantemente, contido (trabalhando à surdina). Combinado com o componente negativo do investimento ambivalente do outro, ou, o que dá na mesma, como o egocentrismo monádico – autocentrismo impossível de erradicar –, ele se converte em ódio do outro. Mediante essa conversão, afeto e desejo são conservados pela mudança de objeto. – A conversão – agora no sentido religioso – do outro corresponde ao narcisismo secundário: ele tem de se tornar igual a mim, o Eu se amplia. A inconvertibilidade do outro corresponde a sua eliminação, independentemente de qualquer consideração real ou racional. O assassinato do rei Duncan ou de Banquo é "racional tendo em vista um fim". Auschwitz não o é. E é essa inconvertibilidade que encontramos sempre que topamos com a eliminação pela eliminação.[2]]

Concluindo, não tenho resposta pronta para as enormes questões que tudo isso levanta. Uma parte importante da resposta depende de uma mudança da sociedade: a socialização dos indivíduos pode ser modificada no sentido da autonomia deles, de um maior conhecimento de si e de um maior controle das pulsões inconscientes. Esse aspecto é fundamental. E essa educação também deverá dar outra resposta à pergunta: quem somos? Mas aqui enfrentamos um paradoxo. Antigamente eu propunha e continuo propondo como divisa de uma sociedade autônoma a seguinte resposta à

2 <Conservada na transcrição de Castoriadis, essa passagem não está na gravação.>

pergunta "quem somos?": "Somos aqueles que nos damos nossas próprias leis e que podemos mudá-las quando assim necessitarmos ou desejarmos". Será que o que somos, será que esse tipo de sociedade tem um valor? Só podemos educar seres humanos numa sociedade dessas fazendo com que interiorizem a idéia de que é o único modo de vida em sociedade realmente digno de seres humanos. Em todo caso, é o que eu diria. Mas então, que se deve dizer dos outros? Por exemplo, daqueles que se dispõem a matar quem não pensa como eles? A matar Salman Rushdie? Serão "inferiores"? Hoje, dizem que são diferentes. Mas não podemos sustentar o que pensamos da liberdade, da justiça, da autonomia, da igualdade, contentando-nos em falar de "diferença". No entanto, é isso o que faz a imunda mixórdia pseudo-esquerdista ou pseudodemocrática contemporânea, que se limita, justamente a esse respeito, a dizer baboseiras sobre essa "diferença". Existem pessoas que acreditam na liberdade e na democracia e existem pessoas que acreditam que se deve cortar as mãos dos ladrões. Os astecas faziam sacrifícios humanos. Trata-se de uma simples diferença? Suponhamos que apareça uma nova crença, que conduza à constituição de confrarias de cortadores de cabeças em Bruxelas ou em Paris. Estaremos diante de uma "diferença" que deverá ser respeitada?

Queremos instaurar uma sociedade autônoma; e se o queremos é porque evidentemente a julgamos preferível a qualquer outra forma de sociedade atual ou imaginável e, portanto (pois não creio que alguém ouse dizer que há tantos regimes políticos quanto gostos culinários), superior. Mas, sabendo o que é a autonomia e o que ela pressupõe, não nos passaria pela cabeça querer impô-la pela força aos outros: seria uma contradição nos termos. Há uma tênue linha sobre a qual temos de andar, tanto no presente como num futuro menos deplorável que este presente: afirmar o valor da autonomia, da liberdade, da justiça, da igualdade, da livre reflexão, da livre discussão, do respeito da opinião alheia – sem por isso tratar de subumanos aqueles que não partilham essa concepção. Só o que podemos é tentar convencê-los racionalmente. O que parece evidentemente uma tarefa *quase* impossível, pois, a partir do momento em que o outro tem como referência um Livro sagrado contendo uma revelação divina, convencer racionalmente não quer dizer *quase* nada, porque para ele o critério último não é o caráter racional do que é dito, mas sua conformidade com a mensagem divina. Mas o que está em questão é também a identidade dessa coletividade que se define por sua referência à autonomia; pois essa autonomia só terá existência e valor se formos, caso isso se torne indispensável, capazes de defendê-la ao preço de nossa vida. [Em todo caso, o ponto de referência dessa identidade coletiva, sem a qual o ser humano não pode se socializar, não deverá ser um "território", nem um passado pseudo-histórico "imaginário", mas o próprio projeto de autonomia individual e coletiva, ancorado certamente numa história e numa tradição – mas que seriam a história e a tradição dessa luta pela autonomia, pela liberdade.[3]]

Discussão

Não há também um mistério da paz? Você não fala dos povos – nuer, trobriandeses, muria – que não conheceram a guerra.

Dizer que não existe teoria geral da guerra é dizer que tampouco existe teoria geral da paz. A guerra e a paz são, quanto a isso, dois lados de uma mesma moeda. Podemos lançar alguma luz sobre certos aspectos do problema, mas não elucidá-lo totalmente. Concordo que, entre os milhares de sociedades conhecidas, existem três ou quatro que não conheceram esse fenômeno atroz que estamos tentando entender. Isso quer dizer que, excetuando um milésimo, todas as sociedades conhecem e conheceram a guerra. Mas são efetivamente os períodos de paz que levantam problemas para qualquer teoria geral. Pode-se ter uma teoria de tipo "newtoniano-marxista" da guerra: temos "causas" que se acumulam, uma explosão e depois uma fase de distensão; e tudo recomeça. Nesse caso, deveríamos ter uma periodicidade que fosse ela mesma mais ou menos explicável. Toda teoria geral da guerra deveria oferecer ao mesmo tempo uma explicação dos períodos de paz. Já falei da pulsão de morte em Freud: que fazia ela nos períodos de paz? É verdade que a região onde Freud vivia não passou por nenhuma guerra entre o conflito austroprus-

3 <Cf. nota 2, página 122.>

siano de 1866 – ele tinha dez anos – e o estrondo de 1914. É claro que esse período de "paz" conheceu inúmeras guerras, mas eram guerras que ocorriam lá longe, *in der Türkei*, na Turquia ou alhures, como diziam os burgueses de *Fausto*. As pessoas se massacravam por toda a terra, na época de Freud, mas ele só tomou realmente consciência disso em 1914, quando isso o tocou pessoalmente, e foi então que escreveu suas "Reflexões para os tempos de guerra e morte". Mas que fazia então a pulsão de morte, em escala coletiva, durante esse "período de paz"? Tinha emigrado para Pleven, para Cartum, para Port-Arthur (Lushun)? A existência de períodos de paz é decerto a maior dificuldade para qualquer teoria geral da guerra. E a mesma coisa pode ser dita, aliás, sobre as explosões de racismo, uma vez que há longas fases durante as quais nada acontece – ao menos, em algumas partes do mundo.

Faz uns dez anos, você falou da ameaça que o complexo militar-industrial soviético representava para a paz do mundo. O que você pensa hoje?

Não há dúvida de que houve uma mudança fundamental nestes últimos anos no que a isso se refere. Continuo achando que a descrição que fiz em *Diante da guerra* do regime russo como metatotalitário, um regime que se tornou um regime estratocrático – não no sentido de que os "coronéis" tinham tomado o poder, mas porque toda a sociedade estava orientada para uma expansão que passava a ter de ser militar, pois não podia ser ideológica, já que a ideologia estava morta –, essa descrição da situação estava correta para a época. E essa sociedade era irreformável. Há um ponto sobre o qual me enganei: ao dizer que era impensável que de dentro dessa burocracia saísse uma camada reformadora. E me enganei pela metade, por assim dizer. O que saiu dela no começo foi Gorbatchev e seu grupo, que teve ilusões reformistas, mas que foi incapaz de levar a bom termo essa reforma, porque o sistema era de fato irreformável; e que por isso destruiu esse sistema: a burocracia russa talvez seja o único exemplo histórico de uma classe que se autodestruiu. Pois não foi um levante ou um movimento popular que pôs fim a ela como na Polônia, na Tchecoslováquia, na Alemanha etc.; aliás, as pessoas na rua em Moscou em agosto de 1991 não gritavam "Democracia, democracia!" mas "Rússia, Rússia!" ou "Yeltsin, Yeltsin!".

Tenho alguns problemas com a sua definição da paz. Houve a guerra da Argélia, da Indochina... Para mim, houve guerras na Europa nos últimos 20 anos.

Mantenhamos a boa-fé. Falava de guerras no continente europeu, depois de 1945. Sei perfeitamente que houve dezenas de guerras durante esse período, talvez mais que antes. Que as potências européias tenham estado envolvidas em conflitos bélicos no mundo durante esse período, não há dúvida. Não digo que isso seja menos importante, nem que a vida dos argelinos ou dos indochineses valha menos que a vida dos franceses, belgas, alemães etc. Mas, por diversos motivos, estava falando deste continente; donde, ademais, partiram os dois cataclismos mundiais que afetaram a vida de todos os outros povos.

Em maio de 1968, uma de nossas motivações centrais era a guerra do Vietnã. Tínhamos certeza de que podíamos agir e militar eficazmente contra uma guerra – como, antes, contra a guerra da Argélia. O que acontece atualmente na Iugoslávia nos perturba muito mais, estamos perplexos e paralisados. Como tomar partido, como agir face a essa guerra?

Infelizmente só posso responder a sua perplexidade falando da minha. Pedem-nos para assinar abaixo-assinados, participar de mesas-redondas; em suma, para fazer tudo o que fazem intelectuais que não sabem fazer outra coisa – no momento em que as pessoas estão se matando lá. Mas poderíamos ter falado muito mais sobre isso hoje à noite, porque os Bálcãs demonstram de modo fantástico a complexidade do problema e a dificuldade de lhe fornecer respostas "simples". Primeiro, há o peso da história. Há também a mistura das populações (além do fato de que uma proporção considerável da população tem um pai sérvio e uma mãe croata, ou vice-versa). Num mundo racional e pacificado, nada disso seria insolúvel. Pode-se dizer: vamos constituir comunas autônomas, que irão se federar como quiserem etc. Mas não estamos num mundo assim. Há precisamente essas paixões identificatórias, essas mitologias recíprocas (todos os croatas foram a favor dos nazistas, todos os sérvios foram tchetniks ou "comunistas" etc.). E, principalmente, essa mistura de populações faz com que não se possa dizer que se vai fazer referendos (como em certas regiões da Europa depois de 1914-1918), pois maiorias de 55% darão regiões dominadas por uma etnia, o que em última instância significa organizar a guerra civil...

Considerando-se o que acontece atualmente, o que permite dizer que uma sociedade autônoma existirá um dia?

Nada. Mas nada permite dizer o contrário. Não há impossibilidade, certamente não há nenhuma necessidade, nenhuma fatalidade. Tudo depende da atividade e da criatividade dos seres humanos. E mesmo que uma sociedade autônoma exista um dia, nada permite dizer que ela não voltará a cair na heteronomia. Não há nenhuma garantia, ninguém pode impedir uma democracia de se suicidar ou de mergulhar em sei lá que loucura. Mas não creio que se possa dar a questão por encerrada e dizer: esse projeto de autonomia que surgiu em Atenas – ainda que sob uma forma muito limitada –, e que voltou a ganhar alento a partir do século XI na Europa Ocidental – aqui mesmo, em Flandres, na Itália e em outros lugares –, esse movimento, o melhor que ele podia dar é Bush, Mitterrand, Kohl e a sociedade em que vivemos. Creio que isso é adotar uma posição, como dizer..., definitiva sobre um tema que continua em aberto – mesmo que os sinais sejam, de fato, sombrios nos tempos atuais.

Quais são as condições que permitiram o crescimento atual da extrema direita na Europa? Por que esse crescimento agora e não há dez ou vinte anos?

Já disse o que pensava sobre isso numa entrevista publicada no *Le Monde* de 10 de dezembro de 1991. Não estou convencido do que ouço dizer sobre o sentimento antiimigrantes etc., embora, é claro, esse sentimento exista. Só é possível entendê-lo no contexto mais geral da atitude das pessoas perante o sistema. Este não parece nem mais manter suas promessas no plano "material"; não há mais horizonte indefinido de "progresso". Diante dessa situação, as pessoas reagem de maneiras muito diversas. Umas, pela apatia política. Creio também estar percebendo, e não acho que esteja sendo vítima de um otimismo que falsearia meu julgamento, uma, digamos, certa agitação entre os mais jovens, mais dispostos do que há dez anos a se indagar, a criticar e talvez até a fazer alguma coisa. Além disso, com efeito, numa outra parte da população, onde sem dúvida havia um terreno favorável, observam-se efetivamente manifestações de extrema direita: é uma mistura de racismo "tradicional", de desespero, de ressentimento ante essa sociedade etc. Embora tampouco se deva subestimar o papel de certas manobras eleitorais políticas do presidente Mitterrand para fazer a direita tradicional perder votos; graças a elas, creio que um dia desses os socialistas vão estar atrás de Le Pen nas eleições...

INTERVENÇÕES

"SE É POSSÍVEL CRIAR UMA NOVA FORMA DE SOCIEDADE"[1]

Sem retomar a totalidade das análises que você desenvolveu nos últimos 30 anos a respeito da Rússia e do stalinismo e que você estende à China, poderia mencionar alguns de seus pontos essenciais? Por exemplo, você rejeita a expressão "socialismo de Estado" e fala de capitalismo burocrático. De forma mais geral, que se pode dizer do fenômeno decisivo da burocracia?

A expressão "socialismo de Estado" (ou o achado involuntariamente humorístico mais recente "socialismo ditatorial") equivale às expressões círculo quadrado, sólido de uma só dimensão etc. Tem apenas uma função ideológica, fazer esquecer que o regime russo e os outros regimes similares não têm nada a ver com o socialismo. A existência do Estado é inseparável da existência da escravidão, dizia com razão Marx. O socialismo sempre significou a supressão da exploração e da opressão, a eliminação da dominação de qualquer grupo social particular, a destruição das instituições (econômicas, políticas, culturais) que instrumentam essas relações de dominação. Ora, todas as instituições da Rússia – bem como da China –, desde as máquinas e a organização do trabalho nas fábricas até os jornais e a literatura oficial, passando pelo exército, pelo Estado etc., são feitas para veicular, consolidar, reproduzir a dominação de uma camada particular, a burocracia e seu Partido, sobre a sociedade.

Dito isso, o processo de burocratização é universal, concerne à sociedade contemporânea como um todo. O regime social de todos os países é o capitalismo

---

1 <Entrevista com Edmond El Maleh, *Le Monde*, 13 e 14 de dezembro de 1977, publicada com o título: "Entretien avec Cornelius Castoriadis". Versão datilografada por Castoriadis, com diversas correções manuscritas e acréscimos integrados.>

burocrático: fragmentado no Ocidente, total nos países do Leste. Primeira constatação chamativa: a burocracia aparece como classe exploradora e dominante exclusiva primeiro na Rússia depois de 1917 e, paradoxalmente, como produto do que foi chamado a degenerescência de uma revolução socialista. Quiseram explicar o advento da burocracia na Rússia por fatores locais e acidentais: atraso da Rússia, guerra civil, isolamento da revolução. Era essa a tese de Trotski, da qual, hoje, – mais uma farsa da história – historiadores do PCF fornecem repetecos empobrecidos. Mas essa repetição não é acidental. Em ambos os casos, trata-se de eliminar questões políticas colocadas pelo destino da Revolução Russa: a questão do conteúdo do socialismo, a questão do papel do partido bolchevique, leninista, e de seu aparelho como núcleo, agente, instrumento e beneficiário da instauração de novas relações de dominação e de exploração.

Então, essas explicações não valem nada?

Passam ao largo da questão, não explicam o que precisa ser explicado. O atraso, o isolamento etc., teriam igualmente podido conduzir à restauração do capitalismo privado. Mas *por que a burocracia*? Dizem-nos: o parteiro não trabalhou direito, o estábulo estava mal iluminado, a jumenta já tinha malformações congênitas. Pergunto: mas qual é a natureza do animal que nasceu e que continua vivendo faz 60 anos? A explicação pela degenerescência serve para se esquivar dessa questão crucial. De qualquer modo, a discussão nesses termos é totalmente anacrônica. A Rússia se industrializou. Não está mais "isolada". Os regimes burocráticos submetem hoje um bilhão e trezentos milhões de indivíduos. Tudo isso não acarretou o desaparecimento ou a atenuação do poder da burocracia. E esta tomou o poder na Alemanha Oriental, na Tchecoslováquia, países nem um pouco "atrasados".

Que pensar, então, da degenerescência da revolução em 1917?

Na verdade, o próprio termo degenerescência é impróprio. De fevereiro a outubro de 1917, existiu na Rússia um "duplo poder", o governo provisório por um lado, os sovietes por outro. Depois de outubro, instaura-se por algum tempo um outro "duplo poder" atenuado, entre o partido bolchevique e o que subsistiu como atividade autônoma das massas e como órgãos dessa autonomia (sobretudo, os comitês de fábrica). Atenuado, porque os operários acreditavam em grande parte que o partido bolchevique era "seu " partido. Mas esse Partido, liderado por Lenin e Trotski, fez uma única coisa, independentemente do que se diga. Reconstituiu um aparelho de Estado separado da sociedade e submetido a seu controle, domesticou os sovietes, os sindicatos, todas as organizações coletivas, trabalhou para subordinar todas as atividades sociais a suas próprias normas e a seu próprio ponto de vista; e conseguiu. Esse período terminou definitivamente com o esmagamento, por Lenin e Trotski, da Comuna de Kronstadt (1921). A partir de então, o partido bolchevique passou a constituir o grupo social dominante na Rússia, e só uma revolução social, revolução do povo inteiro, poderia tê-lo expulsado do poder – como sem dúvida o fará um dia. A rigor, não se pode falar de degenerescência no tocante ao próprio partido bolchevique. Há decerto uma diferença considerável entre Lenin e Stalin, entre o Partido de 1903-1921 e o Partido de 1927-1977. Mas essa "degenerescência" é na verdade um advento, um nascimento, desenvolvimento, revelação e realização da natureza burocrática totalitária do tipo de organização criada por Lenin. Uma vez no poder, esse Partido reinstaura ou instaura por toda parte a hierarquia que define sua própria organização e aglomera em torno de si camadas burocráticas de gestão da produção, da economia, do Estado, da cultura. Assim se constitui uma classe dominante e exploradora, a burocracia, que, por trás da forma jurídica da "nacionalização", dispõe plenamente dos meios e dos resultados da produção, do tempo das pessoas, até de suas vidas.

E a China?

O caso da China esclarece melhor ainda o problema da burocracia. Ilustra a relativa independência histórica dela, pois aqui não se pode falar da "degenerescência" de uma revolução operária socialista. O PC chinês se constitui, durante os anos 20, como organização político-militar com base no modelo bolchevique. Tira proveito do desmoronamento da sociedade chinesa tradicional e da imensa revolta das massas camponesas. Quando toma o poder, instaura relações de dominação que fazem da sociedade chinesa, nos pontos essenciais que nos interessam aqui e apesar das particularidades evidentes e incontestáveis, uma sociedade do mesmo tipo que a sociedade russa. De forma ainda mais clara que no caso da Rússia, pode-se ver nesse caso que a constituição de uma burocracia totalitária não é necessariamente produto de uma evolução de certo modo orgânica da sociedade. Aqui não temos um desenvolvimento das forças produtivas, acarretando novas relações de produção, que geram uma nova classe, que finalmente se apropria também do poder político. Há a constituição de um grupo político, que se apropria do poder e, a partir disso, criam-se novas relações de produção e a infra-estrutura correspondente. É a industrialização da China que é o resultado do acesso da burocracia à dominação e não o contrário. Isso obriga, uma vez mais, a rejeitar a idéia de Marx de que as classes se formam na produção e são definidas pela posição dos indivíduos relativamente às relações de produção. Idéia que nada mais é que a extrapolação arbitrária sobre o conjunto da história de certos aspectos do advento da burguesia.

Que se pode dizer da burocracia nos outros países?

Nos países capitalistas clássicos, a emergência da burocracia pode, até certo ponto, ser interpretada com o referencial de Marx. A concentração do capital, o aumento do tamanho das empresas, a tendência a submeter o processo de trabalho a um controle cada vez mais detalhado e a dirigi-lo de fora, fazem com que a gestão da produção não possa mais ser garantida por um patrão auxiliado por um engenheiro e um contador. Só pode sê-lo por um Aparelho burocrático importante, cujo Topo detém de fato o poder na empresa, independentemente de qualquer título formal de propriedade. Um capitalista individual só pode agir realmente em sua empresa com a condição de estar situado no topo da pirâmide burocrática que a administra. De outra forma, terá de se limitar a receber dividendos (cujo montante ele nem mesmo poderá determinar). A propriedade é um título de acesso ao topo dessa pirâmide. Não é mais o único, nem mesmo o principal, como mostram os grupos de dirigentes autocooptados que dominam cada vez mais as grandes firmas no mundo contemporâneo.

Mas essa interpretação marxista é insuficiente e incompleta. A burocratização, nos países capitalistas ocidentais, encontra também outra fonte na enorme extensão do papel e das funções do Estado, independentemente de qualquer estatização dos meios de produção (como demonstra o caso dos Estados Unidos) e que vai muito além da simples regulação da economia. O

Estado tende a dirigir, regulamentar, controlar cada vez mais todos os aspectos e setores da atividade social, o que vem junto com a proliferação de uma burocracia estatal e política. Por fim, o próprio movimento operário foi, nos últimos 80 anos, uma fonte poderosa de burocratização. Nessas organizações operárias, sindicais e políticas constituiu-se uma burocracia que expropriou os participantes do controle dessas organizações e que as domina. Isso significa que o movimento operário adotou um modelo de organização que é o modelo capitalista e as significações capitalistas: hierarquia, especialização, divisão entre dirigentes e executores.

Como explicar que essa burocratização, processo em sua opinião universal, resulte nos países do Leste em regimes totalitários, ao passo que nos países ocidentais permite a existência de regimes democráticos?

Sua pergunta nos leva ao cerne dos problemas mais profundos da filosofia da história. Há, incontestavelmente, certa unidade ou uniformidade do mundo moderno – é por isso que falo de capitalismo burocrático. Há, ao mesmo tempo, diferenças, de muitos pontos de vista importantes, entre o capitalismo burocrático fragmentado dos países ocidentais e o capitalismo burocrático total dos países do Leste. Considero impossível uma "explicação" dessa diferença, se por explicação se entender, como de costume, um raciocínio teórico que reduza o que surge a causas que já existiam. Podemos, é certo, elucidar uma grande quantidade de aspectos relativos ao nascimento do totalitarismo, distinguir vários fatores que desempenharam um papel importante para seu surgimento. Mas é impossível não ver no advento do totalitarismo uma ruptura histórica, uma criação. Que essa criação seja monstruosa não a impede de ser uma criação. O totalitarismo moderno é uma figura histórica original, que excede todas as "explicações" que queiram dar. Não é nem o despotismo asiático, nem a tirania, nem, como dizem superficialmente há algum tempo, o produto inevitável da mera existência do Estado. O Estado existe faz seis milênios pelo menos; o totalitarismo só apareceu no século XX. É evidente que ele se enraíza de múltiplas maneiras na evolução do capitalismo. Mas assim como é evidente que esta não o "explica", ela não o "determina" – caso contrário, tê-lo-ia gerado em toda parte e sempre.

Esse fracasso dos esquemas deterministas de explicação também afeta, a seu ver, a concepção de Marx, para a crítica da qual você dedicou vários textos já faz tempo. Quais os principais pontos dessa crítica?

Toda crítica e até toda discussão do marxismo deve necessariamente partir – caso contrário, fica sendo uma cópia, e uma cópia ruim, do concurso para professor adjunto – do destino histórico do marxismo, que em essência se resume ao seguinte fato contundente: o marxismo tornou-se a ideologia, a religião laica oficial, de Estados que dominam, exploram e oprimem um terço da população do planeta. Surge então esta brutal e imensa questão: como uma teoria que se queria revolucionária e socialista pôde tornar-se o manto ideológico de tais regimes? Assim como é superficial e ridículo dizer, como manda a moda hoje, que o Gulag está em Marx, é superficial e ridículo colocar em total exterioridade, uma com relação à outra, uma teoria social e política e a prática histórica efetiva que nela se inspirou e a reivindica. Com efeito, há um vínculo sólido entre elementos centrais do pensamento de Marx e o que o marxismo se tornou.

É isso de fato o que você mostrava no seu texto de 1964, "Marxismo e teoria revolucionária", que compõe a primeira parte de* A instituição imaginária da sociedade*, e que sela sua ruptura com o marxismo. Ruptura que já se iniciara com o questionamento da teoria econômica de Marx.

Com efeito, essa teoria econômica é uma peça central que também demonstra o modo de adesão dos fiéis do marxismo. Não foi por acaso que aquele homem passou 40 anos de sua vida trabalhando em sua suma econômica, sem conseguir terminá-la. Nem é por acaso que os fiéis vivem na crença de que Marx teria descoberto as "leis" da economia que garantiriam o fim do capitalismo. Dois aspectos intimamente ligados: era preciso descobrir "leis"; era preciso crer que essas leis existem. E, se não as conhecemos pessoalmente, há os especialistas do Partido, que "lêem *O Capital*".

O que são realmente essas "leis"? Consideremos um exemplo que, na verdade, é central. Marx crê descobrir uma lei do aumento da taxa de exploração sob o capitalismo (em termos breves: que a relação massa de lucros/massa de salários aumenta com o tempo). Ora, para qualquer um que não fique cego voluntariamente, essa "lei" é contrariada pelos fatos. Em dois séculos de história do capitalismo, os salários reais aumentaram no longo prazo ao menos tanto quanto a produtividade do trabalho, ou seja, a taxa de exploração se manteve, na pior das hipóteses, constante. Por quê? Essencialmente porque os trabalhadores lutaram para obter aumentos de salários reais e os obtiveram.

Se voltarmos para a teoria para buscar o motivo do erro, constataremos o seguinte fato espantoso: a luta de classes está ausente do *Capital* – mais exatamente, ela só existe do lado do capitalista, que sempre ganha. E isso não é uma omissão que poderia ser corrigida ou preenchida. Essa "ausência" da luta de classes é o equivalente rigoroso da tese explícita de Marx, axioma central de sua análise do capitalismo: a força de trabalho é uma mercadoria como as outras (nos aspectos que aqui nos interessam). Como tal, tem um "custo de produção" determinado e constante em termos materiais – ao passo que o rendimento de um dia de trabalho aumenta continuamente, em função do progresso técnico. (Ou, em termos de "valor": o valor produzido por um dia de trabalho é, por definição, constante, ao passo que o valor unitário das mercadorias que entram no consumo supostamente constante da classe operária baixa com o tempo.) Portanto, a diferença entre os dois, que Marx chama a mais-valia, aumenta com o tempo, assim como a taxa de exploração da classe operária. É esse o raciocínio de Marx; raciocínio radicalmente falso, independentemente de qualquer falsificação empírica. Falso, porque ignora e tem de ignorar a resistência, a luta dos trabalhadores – em outras palavras, porque afirma que a força de trabalho é uma mercadoria.

É um ponto de vista que você sublinha desde 1953, nesses textos sobre a dinâmica do capitalismo aos quais você voltou várias vezes.

Com efeito, ele é decisivo e tem um sem-fim de ramificações. A força de trabalho não é mercadoria no que tange a seu "valor de troca". Nenhuma mercadoria negocia seu valor, luta para que ele aumente. O carvão nunca entrou em greve para obter uma alta de seu preço. A força de trabalho tampouco é mercadoria no que tange a seu "valor de uso" na produção. Quando um capitalista compra uma tonelada de carvão, sabe, para um determinado estado da técnica, quantas calorias poderá extrair dela. Quando compra um dia de trabalho, não sabe quantos gestos produtivos e eficazes poderá extrair dele. Isso dependerá do que venha a acontecer na fábrica, da resistência e da luta dos operários. Nem "valor de troca" nem "valor de uso" da força de trabalho são ou podem ser determinados "objetivamente", independentemente da atividade dos operários e de sua luta. Mas Marx – como todos os economistas – é obrigado a ignorar esse aspecto, é obrigado a afirmar o valor de troca e o valor de uso da força de trabalho como *determinados*, independentemente da atividade dos homens. Como construir um sistema de "leis" econômicas, se a variável central do sistema é indeterminada? Portanto, ele tem de adotar como axioma teórico aquilo que é a suposta meta prática do capitalismo integralmente realizada: a transformação do operário em puro objeto passivo.

Tudo o que está escrito em *O Capital* pressupõe que o capitalismo tenha eliminado toda resistência da classe operária. Mas tal capitalismo é pura ficção, destituída de qualquer interesse; é o capital sozinho no mundo, o que chamo de romance solipsista do capital. E isso evidentemente afeta todas as conseqüências. Por exemplo, a taxa de acumulação depende da taxa de exploração (o investimento depende dos lucros). No mesmo sentido, o equilíbrio da economia capitalista depende de seus mercados internos, cuja evolução será totalmente diferente se os salários reais permanecerem constantes eternamente ou se aumentarem paralelamente à produtividade do trabalho. Constatar que a meta do capitalismo, a transformação do operário em objeto passivo, é irrealizável, desvenda uma problemática bem mais profunda que a da "economia". Problemática que permite entender o que chamei a contradição fundamental do capitalismo.

O que você quer dizer com isso?

A tecnologia capitalista, e com ela toda a organização supostamente "racional" da produção que lhe corresponde, visa a transformar os trabalhadores em objetos passivos, em puros executadores de tarefas circunscritas, controladas, determinadas de fora – por um Aparelho de direção da produção. Ao mesmo tempo, porém, essa produção só pode funcionar se essa transformação dos trabalhadores em objetos passivos não tiver sucesso. O sistema é obrigado a recorrer constantemente à iniciativa, à atividade daqueles mesmos que, por outro lado, ele tenta transformar em robôs. Basta uma única hora de verdadeira operação padrão em todo lugar – *working to rule*, como se diz em inglês – e a produção mundial vai por água abaixo. O sistema só funciona desde que, em todo lugar, os homens o fazem funcionar contrariando suas próprias regras. A contradição fundamental do sistema é que ele está obrigado a excluir os trabalhadores de qualquer participação essencial na direção de sua atividade e simultaneamente a recorrer constantemente a essa participação. Essa antinomia está incorporada à tecnologia e à organização atuais da produção – que não são, como acreditava Marx (e Lenin e Trotski), instrumentos neutros, puros meios de uma "racionalidade" produtiva e econômica, mas consubstanciais à natureza e às metas do sistema de dominação, tanto no Oeste como no Leste. Sua superação exige, portanto, a subversão dessa tecnologia e dessa organização da produção. Isso só pode ocorrer se os trabalhadores e suas coletividades assumirem plenamente a direção de suas atividades – o que chamei a gestão coletiva da produção pelos produtores. E, como essa antinomia está em todas as esferas da atividade social – é exatamente a outra face da burocratização crescente dessas esferas –, sua resolução implica a gestão coletiva das atividades sociais pelos órgãos autônomos e federados dos participantes – produtores, estudantes etc.; o que posteriormente foi chamado, edulcorando um pouco mais ou um pouco menos seu conteúdo, a autogestão. O verdadeiro conteúdo do socialismo – e o que os trabalhadores visaram durante a Comuna, na Rússia em 1917, na Catalunha em 1936-37, na Hungria em 1956 etc. – é auto-organização da sociedade. Mas, para que essa auto-organização não fique restrita a trivialidades, ela não pode ter limites sociais, instituídos, dados de antemão. Significa, pois, a auto-instituição explícita da sociedade.

Nós certamente voltaremos a essa idéia. Mas dizer que Marx transforma em axioma teórico a meta prática do capitalismo, não é dizer que há uma contaminação do pensamento de Marx pela ideologia burguesa, desde a origem?

Certamente. Há o Marx que escreve que o que devemos fazer não é mais apenas interpretar o mundo e sim transformá-lo; ou que o comunismo não é um estado ideal e sim o movimento efetivo que suprime o estado de coisas existente.

Esse Marx inicia uma ruptura com o universo capitalista e, assim, com toda a herança greco-ocidental. Mas há também – e ao mesmo tempo, pois não se trata de uma evolução cronológica – o outro Marx, para quem o elemento teórico, racionalista, que visa estabelecer um sistema de verdades determinado e potencialmente acabado, predomina constantemente.

Quando Marx começa a escrever, já faz 40 anos que os operários ingleses e franceses propõem idéias e práticas revolucionárias que rompem com o universo instituído. A grandeza de Marx foi ter entendido a importância dessas criações operárias e ter se inspirado nelas. Ao mesmo tempo, porém, ele só consegue pensá-las dentro do quadro herdado (ainda que o amplie enormemente). Não chega a questionar nem a concepção tradicional da "teoria", nem o pressuposto, o preconceito ontológico que lhe corresponde e que subjaz a ela desde Parmênides: ser = ser determinado. Ele acha que a razão teórica, ao inspecionar a história e analisá-la, pode descobrir suas determinações, as leis que explicam seu devir. Participa, assim, desse imenso empreendimento iniciado pelos gregos e prosseguido pelos ocidentais: a constituição da grande Teoria, da noção do que existe tal como existe de verdade – portanto, nessa concepção, atemporalmente. Empreendimento que só pode ser desenvolvido ocultando o que é próprio da vida sócio-histórica: o *fazer* como fazer-ser, a criação, a auto-instituição da sociedade. Pois reconhecê-lo equivale a reconhecer uma dimensão essencial, primordial, de indeterminação no ser sócio-histórico (e, em última instância, no ser), abandonar a concepção herdada da Teoria, ver que lidamos sempre com um *projeto de teoria*, cujo sentido é uma atividade contínua de elucidação do mundo e de nós mesmos. A Teoria como acabada é uma fantasia. Como acontece com todas as fantasias, a idéia de abandoná-la só parece insuportável enquanto se é prisioneiro dela. Longe de nos deixar cegos e mudos, esse abandono, ao contrário, libera nossa atividade de elucidação.

A seu ver, Marx ficou prisioneiro dessa fantasia?

No essencial, sim; e, sobretudo, naquilo que, de seu pensamento, tem uma ressonância social e histórica. É fácil entender isso. Marx se dirigia a um mundo que esperava – que continua esperando – que lhe fornecessem a grande Teoria racional. Seu enorme impacto histórico deve-se a essa "razão ruim". Não foi em função de seu elemento revolucionário, de sua profundidade e de sua sutileza que o pensamento de Marx se propagou e foi, ao mesmo tempo, eficaz. Foi porque, uma vez reduzido aos poucos esquemas elementares aos quais *ele se deixa* efetivamente e até, em certo sentido, fielmente reduzir, oferecia ao seminarista obtuso de Tiflis, ao quadro inferior de Yenan, ao secretário de célula do Pas-de-Calais, uma visão aparentemente clara, simples e completa do mundo e do que se deve e não se deve fazer.

Chegou o momento de falar das idéias de criação, de auto-instituição, de imaginário que percorrem, ao menos desde 1964, todas as suas falas e todos os seus trabalhos. Trata-se de um salto no irracional? O imaginário é uma ficção, uma visão fantasiosa? Ou é uma ressurgência da utopia?

Na linguagem corrente, opuseram o imaginário como ficção ao que não é ficção: o real e o racional. Oposição clara para a vida corrente num mundo social dado; mas que se torna obscura e enigmática se começarmos a nos indagar. Que é o real? Quando consideramos a história, constatamos que cada sociedade institui seu real. O que é e o que não é, o que existe e não existe, variam de uma sociedade para outra. O próprio Marx diz em algum lugar que o Apolo de Delfos era para os gregos um poder tão real quanto qualquer outro. O mesmo se aplica aos espíritos numa sociedade arcaica, Deus numa sociedade monoteísta etc. Da mesma forma, o que é "lógico" e o que não é, assim como a idéia do que é uma *verificação*, diferem de uma sociedade para outra. Há, a cada vez, instituição da realidade e da racionalidade pela sociedade considerada. A ilustração mais imediata disso é fornecida pela linguagem. Simultaneamente portadora e instrumento essencial da organização do mundo – do mundo "natural", social, dos lineamentos racionais de qualquer realidade em geral –, a linguagem é historicamente instituída, e sempre instituída como linguagem diferente. Não existe linguagem em geral, linguagem pura, linguagem fundamental da qual as línguas históricas seriam exemplares isomorfos. O que é comum a todas as linguagens é, ou trivial, ou abissalmente enigmático: o poder de *significar*, o fazer-ser de um mundo de significações. Dessas significações, as mais importantes não têm referentes que possam ser designados, correspondente real ou racional; são essas significações, as significações imaginárias sociais, que mantêm juntas todas as outras e a sociedade considerada. Hoje, uma dessas significações é, por exemplo, a pseudo-"racionalidade". Cada sociedade é instituição de um mundo, do que é e não é, vale e não vale, das necessidades, dos indivíduos, de seus papéis e identidades etc. Essa instituição é criação: não é redutível ao que já existia, nem a fatores "reais" ou "racionais" exteriores à sociedade considerada. É obra do imaginário radical sócio-histórico – como uma obra de arte original é obra da imaginação radical do indivíduo.

Então, essa criação seria arbitrária?

Disse que ela não é redutível; não disse que ela é absolutamente arbitrária. Por exemplo, nenhuma sociedade pode ignorar as necessidades de alimentação ou a diferença dos sexos. Mas os homens comem alimentos historicamente instituídos, não calorias; e os sexos sociais são algo bem diferente dos sexos biológicos. A sociedade se apóia na natureza, não é determinada pela natureza. A própria "natureza" é, a cada vez, formulada, representada e vivida diferentemente. Para os gregos antigos, está animada pelos deuses, dríades, nereidas. Para a sociedade moderna, é matéria inerte do controle humano. A relação entre a sociedade e a natureza é sempre formulada e criada pela sociedade considerada.

No limite, os dois termos da relação também.

Com certeza, e isso num mesmo movimento e imediatamente. O homem moderno só pode formular sua relação com a natureza como uma relação de dominação (Descartes: senhores e possuidores da natureza) se formular a natureza como conjunto de objetos inertes e a sociedade como sujeito de um controle racional. O caráter imaginário, a-real, a-racional, dessa posição salta aos olhos. A bem dizer, é uma posição delirante; mas essa posição delirante é a realidade do mundo contemporâneo.

Há, portanto, todo um trabalho de avaliação crítica das capacidades da razão teórica, e portanto também da própria ciência. Isso faz parte do que você chama a elucidação. Mas isso sem dúvida também faz parte de um trabalho político, pois cada vez mais saber e poder estão identificados.

Deixemos bem clara uma coisa. O que chamo o projeto de teoria, se o livrarmos do absolutismo teórico, da fantasia da Teoria acabada, não é nem vazio nem vão. É preciso livrar-se dessas ingenuidades gêmeas e complementares: a ciência sabe ou saberá tudo – a ciência não sabe nada. Tanto num caso como no outro, não haveria mais nenhum problema. Ora, existe um saber efetivo e, ao mesmo tempo, o objeto, a natureza, a coerência, a história desse saber são interminavelmente enigmáticos.

Quanto à identificação entre saber e poder, trata-se de uma mistificação, propagada pelo próprio poder, o que é compreensível, mas também por algumas pessoas que pretendem combater o poder e nada mais fazem senão dar crédito a essa mistificação. A crença na onipotência e na onisciência dos Estados instituídos é, em última análise, o único verdadeiro fundamento do sistema. Mas, metade do tempo, o poder é simultaneamente cego e descerebrado, e isso por necessidade essencial. E aqueles que dirigem não são técnicos ou especialistas competentes (como poderia um especialista, em virtude de sua especialização, ter competência universal?), e sim aqueles que são competentes nessa especialidade particular: ascender num escalão burocrático. Não foi o melhor marxista que se tornou secretário-geral do PC russo, mas aquele que melhor soube acabar com os outros. Não são os melhores engenheiros que dirigem as firmas, mas aqueles que melhor proveito sabem tirar para si da luta entre grupelhos e entre facções.

Essa identificação entre poder e saber é uma peça essencial da ideologia dominante. Nenhuma sociedade pode viver sem se dar uma representação de si mesma. Essa representação faz parte das significações imaginárias sociais correlativas a sua instituição. Ora, ao contrário de todas as sociedades precedentes, a sociedade capitalista não dá de si mesma uma representação mítica ou religiosa; quer dar de si uma representação racionalista, que seja ao mesmo tempo sua "justificação". A ideologia capitalista é racionalista: invoca o saber, a competência, a cientificidade etc. O pseudo-"racional" é a peça central do imaginário dessa sociedade. E isso vale também para a ideologia marxista, que se tornou religião laica de Estado. Digo racionalista, não racional. Aspira a uma racionalidade vazia e suspensa no ar, e que toda a sua realidade contradiz. Também aí temos algo historicamente novo. Em nenhuma outra sociedade se constata essa antinomia entre o sistema de representações que a sociedade se dá de si mesma e sua realidade efetiva. A realidade de uma sociedade arcaica, escravagista ou feudal, é conforme a seu sistema de representações de si mesma. Mas a sociedade moderna vive sobre um sistema de representações que coloca a racionalidade como sendo concomitantemente o fim e o meio universal da vida social – e que é desmentido por cada um de seus atos. Pretende ser racional – e produz maciçamente o que é irracionalidade de seu próprio ponto de vista.

Depois de todo esse trabalho de crítica e de elucidação, ainda é possível vislumbrar um projeto socialista e revolucionário?

É só por meio desse trabalho que podemos entender o que é esse projeto, sua origem, seu conteúdo, e nos situar relativamente a ele. Não existe socialismo como etapa necessária da história, assim como tampouco existe ciência da sociedade que garanta seu advento e que, nas mãos de seus "especialistas", poderia guiar sua construção. O projeto socialista é projeto de criação de uma nova forma de sociedade. E nasce efetivamente como uma criação histórica na e pela atividade de uma categoria de homens. Desde o começo do século XIX, os operários contestam a instituição estabelecida da sociedade; não apenas da sociedade capitalista, mas de todas as sociedades ditas "históricas". Não combatem somente a exploração econômica, mas a dominação como tal, querem instaurar uma nova ordem fundada na igualdade, liberdade, cooperação. Na e pela atividade desses homens emergem novas significações, que se encarnam em novas formas de organização e que se opõem ao mundo instituído há milênios: o mundo do Estado, da hierarquia, da desigualdade, da dominação de uns pelos outros.

Em sua evolução, esse movimento sem dúvida ficou reiteradas vezes aquém de seus objetivos. Burocratizou-se, adotou os modelos capitalistas de organização, as significações correspondentes. Seu encontro com o marxismo – que em muitos países passou a ser sua confiscação pelo marxismo – foi um momento crucial nessa evolução. No nível mais profundo, o marxismo tornou-se de fato correia de transmissão dos modelos e das significações capitalistas no movimento operário (racionalismo, hierarquia, produtivismo, primado da pseudo-"teoria" etc.). Mas o movimento continuou e ainda continua. Apresenta sempre a forma elementar da resistência cotidiana dos trabalhadores à exploração e à alienação a que os submete o sistema. Manifesta-se à luz do dia, afirmando sempre o mesmo objetivo, na Europa entre 1917 e 1923, na Espanha em 1936-37, na Hungria em 1956. Reúnem-se a ele outros movimentos que têm o mesmo objetivo: o movimento dos jovens – que deu no maio de 68 na França –, o movimento das mulheres, o movimento ecológico.

Esse objetivo pode ser formulado numa só palavra: autonomia. Esta implica a supressão dos grupos dominantes e das instituições que encarnam e instrumentam essa dominação – em primeiro lugar, o Estado –, o verdadeiro autogoverno das coletividades, a auto-organização da sociedade. Tomada em seu sentido pleno, essa auto-organização significa a auto-instituição explícita da sociedade. Por que explícita? Porque a sociedade é sempre auto-instituída, mas não sabe que o é. Faz parte da instituição das sociedades, tal como existiram até hoje, e do sistema de representações que se dão de si mesmas, imputar essa instituição a uma instância outra e exterior: a um herói mítico, a Deus, às leis da natureza ou às exigências da Razão. Temos de entender que não podemos nos furtar a nossa responsabilidade quanto à instituição da sociedade que queremos, nem mesmo refugiando-nos por trás da "Razão". Queremos a igualdade, a liberdade, a justiça: isso não é nem "racional", nem "irracional", está além disso. Pensar que as leis da história garantem o advento de uma sociedade justa (ou de uma sociedade da qual a questão da justiça pudesse ser eliminada) é um absurdo. Pensar que se possa definir de uma vez por todas o que é uma sociedade justa e demonstrar que uma sociedade justa é mais "racional" que uma sociedade injusta é algo destituído de sentido (no melhor dos casos, o raciocínio seria circular). E pensar que tal "demonstração" faria as coisas avançarem um milímetro é uma puerilidade. Auschwitz ou o Gulag não são para ser refutados, mas para ser combatidos.

Há uma *guerra histórica*, começada pelo *demos* grego e pelos primeiros filósofos da Jônia, que conhece longos eclipses, reanima-se periodicamente e que, em nosso período histórico, foi retomada pelas seções parisienses de 1792 e 93, pelos operários ingleses que fundaram suas primeiras *unions*, os comunalistas, os operários e os intelectuais de Budapeste. Guerra contra a sujeição a um grupo dominante, contra os mitos, contra toda idéia simplesmente aceita, contra a instituição estabelecida da sociedade como instituição da *heteronomia*. Enquanto a sociedade estiver dividida assimétrica e antagonicamente, essa guerra não cessará. Cabe a cada qual escolher seu lado.

Mas quais são as chances desse projeto de autonomia ante a onipotência dos Estados instituídos?

Não há onipotência dos Estados instituídos. O poder deles nada mais é que a outra face da crença das pessoas nesse poder. Quanto ao resto, não tenho a resposta. Tudo depende do desejo e da capacidade dos homens e das mulheres de mudar sua existência social, de aceitar que são responsáveis por seu destino, de assumir plenamente essa responsabilidade. Se tudo o que dissemos tiver um significado político, ele pode ser resumido de modo bem simples. Trata-se de lembrar aos homens esta verdade elementar, que eles conhecem, mas esquecem regularmente quando se trata dos assuntos públicos: nem a expansão da economia capitalista, nem o governo, nem as leis da história, nem o Partido, trabalham *para eles*. Seu destino será o que eles quiserem e puderem fazer dele.

O QUE OS PARTIDOS POLÍTICOS NÃO PODEM FAZER[1]

Em sua opinião, qual a realidade que o termo "experimentação social" abarca? Você o considera capaz de caracterizar os novos movimentos sociais?

O termo me parece ambíguo e até pouco inocente. Parece apresentar como novo algo que não o é, mas cuja importância foi constantemente minimizada ou ignorada pelas organizações oficiais "de esquerda". No nosso terreno cultural – e isso se torna claro e intenso pelo menos desde o final do século XVIII –, houve toda uma série de tentativas e de atividades das pessoas visando modificar concretamente suas condições de vida, incluindo, é claro, suas condições de trabalho. Isso começou com o início do movimento operário: este nunca foi e nunca poderia ter sido somente um movimento de pura contestação da ordem estabelecida; foi, ao mesmo tempo, um movimento de auto-organização ou, para retomar um termo que me é muito caro, de auto-instituição – auto-instituição positiva, entenda-se bem. Isso se traduziu pelo que devemos efetivamente chamar formas de *criação* – e não de "experimentação" – social, como a constituição dos primeiros sindicatos, das sociedades mútuas, das cooperativas etc.; em suma, pelo conjunto das atividades de auto-organização da classe operária por meio das quais ela se constituiu como classe no sentido pleno do termo. Pois não basta haver máquinas capitalistas para que haja classe operária: essas máquinas só fazem existir uma categoria de homens como objetos passivos de exploração, uma "classe em si". A classe operária torna-se classe "para si", cons-

1 <Entrevista com Joël Roman (20 de abril de 1979) sobre a "experimentação social" publicada em *Critique socialiste* (revista teórica do PSU), n° 35, junho de 1979. Utilizamos a transcrição relida e corrigida por Castoriadis em maio de 1979.>

titui-se como classe histórica porque se auto-organiza, em que *faz* e *se faz*. Esse movimento de autoconstituição da classe operária, que toma conta do século XIX nos países "avançados" da época, foi em seguida abafado pela burocratização das organizações operárias. Nem por isso, contudo, ele se deteve.

Depois veio o movimento das mulheres. Também nesse caso, não é um pouco engraçado falar de "experimentação social"? Faz mais ou menos um século que as mulheres, por uma atividade cotidiana, anônima, em grande parte subterrânea, foram gradualmente modificando sua situação – e, por isso, a situação dos homens também –, destruíram tabus milenares, subverteram atitudes e costumes de um modo que tem conseqüências incalculáveis e certamente ainda imprevisíveis. E isso não se deveu às organizações "políticas", nem a organizações específicas – o MLF (Movimento para a Libertação da Mulher) etc. surgiu faz uns dez ou quinze anos –, e sim a uma enorme quantidade de mulheres que mudaram de atitude e, em maior ou medida, impuseram também essa mudança aos homens, que, portanto, *criaram* positivamente algo, alteraram a instituição estabelecida das relações entre os sexos. Que sentido haveria em chamar isso "experimentação"?

O mesmo pode ser dito, faz 25 anos ou mais, do movimento dos jovens. E, mais recentemente, de outros movimentos, que não podem mais ser definidos a partir de uma "categoria" social (como a classe operária, as mulheres ou os jovens). Pessoas numa localidade, ou reunidas por interesses ou preocupações comuns, juntam-se e tentam fazer algo por si próprias. Por que batizar isso de "experimentação social"? Para encobrir a nudez ideológica e política da "esquerda" atual. As pessoas que agem nesses casos não agem para "experimentar"; agem para *fazer* algo, para *criar* algo. Chamam-no de "experimentação" porque isso não se encaixa no quadro programático e ideológico das organizações políticas oficiais? Também foi isso que aconteceu com os movimentos das mulheres ou dos jovens, que foram sub-repticiamente combatidos, desprezados, ignorados, por essas organizações – antes de elas tentarem se apropriar deles.

Por que as pessoas se metem nessas atividades? Porque entenderam que nem as instituições estatais nem os partidos respondem a suas aspirações e a suas necessidades, que são incapazes de responder a elas (não fosse assim, as pessoas tentariam utilizá-los para essas atividades). Por exemplo, se movimentos ecológicos se constituíram, não foi apenas porque os partidos existentes não se preocupavam com o problema; foi também por que as pessoas se dão conta de que os partidos, se é que falam de ecologia, só o fazem por motivos demagógicos e que, com *esses* partidos, nunca será diferente.

Ao mesmo tempo, as pessoas começam a entender, de forma mais ou menos clara, que é absurdo subordinar toda atividade à "Revolução" ou à "tomada do poder", depois das quais todas as questões estariam supostamente resolvidas: mistificação enorme, que garante que precisamente *nada* seja resolvido depois da "Revolução". Os movimentos de auto-organização, de autogestão parcial, são, por um lado, expressões do conflito que dilacera a sociedade presente, da luta das pessoas contra a ordem estabelecida, e também, por outro, preparam outra coisa: mesmo de forma embrionária, traduzem e encarnam a vontade das pessoas de pegar seu destino nas próprias mãos e pô-lo sob seu controle.

Não se pode contudo pensar, como fazem alguns, que esses movimentos, mais do que resultar numa transformação política da sociedade, servem para cobrir instituições falhas ou então para um novo compromisso de classe com a grande burguesia?

Dizer que enquanto o regime subsistir ele irá se apropriar de tudo é uma tautologia. Mas será que pelo fato de o sistema se apropriar ou incorporar a liberdade de imprensa, por exemplo, vamos lutar contra a liberdade de imprensa ou mesmo nos desinteressar dela? E por que não aplicar o mesmo raciocínio aos sindicatos, onde ele se justificaria infinitamente mais, já que atualmente e já faz muito tempo os sindicatos são engrenagens do funcionamento do sistema, e que não pode haver país capitalista moderno, "liberal" ou mesmo totalitário, sem sindicatos que enquadrem a classe operária? É um raciocínio pobre. É algo que constatamos na história e na evolução da produção capitalista e de sua organização. O sistema organiza a produção e a exploração de certo modo; os trabalhadores inventam meios de se defender e de lutar contra essa organização; mais cedo ou mais tarde, o sistema os incorpora ou se apropria deles; o campo de batalha se desloca, os trabalhadores inventam novos meios, e assim por diante. A história é isso mesmo.

Além disso, porém, por trás do argumento que você citava, acha-se evidentemente uma concepção da "política" que a reduz ao enfrentamento dos partidos para se apossar da direção do Estado. Isso não é apenas uma concepção restritiva, é uma concepção *burocrática* da política.

Portanto, os partidos políticos são antes um freio que um meio de desenvolver os movimentos de criação social?

Com certeza. Essa concepção da atividade política está necessariamente incorporada no que os partidos são: organizações burocráticas, que pretendem (em função de uma ideologia mais ou menos capenga) ter encontrado o princípio arquimediano para a transformação da sociedade; qual seja, é preciso apossar-se do aparelho de Estado e todo o resto virá sozinho. É o que explica a cegueira dos partidos diante do que está acontecendo com os novos movimentos, e o fato de que essas organizações de "vanguarda" tenham aparecido como retaguardas se arrastando lamentavelmente longe atrás dos acontecimentos. Os geniais líderes políticos e os ilustres teóricos descobriram, com uma defasagem de cinco, de dez anos, de vinte anos, a autogestão – falamos dela desde 1947 –, a vida cotidiana – falamos dela desde 1955 –, as mulheres e os jovens – falamos deles desde 1960 –, etc. Li faz alguns dias no *Le Monde* que o sr. Séguy declarou muito seriamente em não sei mais qual reunião da CGT que o problema das condições de trabalho era novo e importante, mas difícil, e que era preciso estudá-lo mais a fundo antes de agir a esse respeito. Não estou brincado! Esse "líder" operário e sua Confederação descobrem, em 1979, o "novo" problema das condições de trabalho – problema contra o qual os operários lutam desde que existem fábricas capitalistas, ou seja, há praticamente dois séculos.

Com relação a esses movimentos, os partidos "de esquerda" adotam duas atitudes, que, de resto, não se excluem. A primeira – que corresponde à realidade desses partidos – consiste em dizer: precisamos do governo, das nacionalizações etc. e o resto virá sozinho. A segunda consiste na transformação das novas reivindicações em plumas decorativas, em simples cosméticos, por uma série de concessões demagógicas verbais. As mulheres reivindicam? Pois bem, não seja por isso, decreta-se que 30% dos cargos das instâncias dirigentes serão ocupadas por mulheres – como se isso resolvesse alguma coisa. Nesse mesmo sentido: as pessoas realizam atividades para mudar suas condições de vida? Pois bem, vamos batizar isso de "experimentação social" e declará-lo "interessante". "Experimentação" relativamente a quê? Relativamente às verdades "certas", inscritas nos "programas" dos partidos. Tal como existem, os partidos "de esquerda" são organizações que, independentemente das intenções e das idéias dos indivíduos que os compõem, estão destinadas a dirigir, a administrar de fora e de cima.

Em sua opinião, então, a solução não passa de jeito nenhum pelos partidos políticos atuais. Mas você vai até o ponto de questionar totalmente o princípio da organização política como tal?

A solução certamente não passa pelos partidos políticos tal como existem. Mais precisamente, esses partidos estão aí para uma outra solução – a solução burocrática, seja ela reformista ou totalitária. Isso contudo não resolve, exceto negativamente, nosso problema. Não haverá transformação da sociedade sem atividade política explícita e elucidada. A atividade política é necessariamente coletiva. Precisamos, portanto, de uma coletividade política que lute e aja pela transformação da sociedade, pela instauração de uma sociedade autônoma. Essa organização coletiva terá uma série de tarefas essenciais a cumprir: difundir e fazer conhecer o verdadeiro conteúdo das lutas e dos movimentos que se desenrolam, discutir a significação deles, suas eventuais fraquezas, os motivos de seu sucesso ou de seu fracasso, extrair disso a exemplaridade. Sua universalidade não viria da posse de uma "teoria verdadeira" definida de uma vez por todas – mas do fato de que ela se empenhará em explicitar o que já existe, implicitamente, como universal imanente na atividade das pessoas, como significação dessa atividade que vai além das circunstâncias particulares nas quais se encarnou.

Essa coletividade, evidentemente, só poderia estar organizada de uma maneira que encarne e torne visíveis os fins pelos quais ela age: será portanto autogerida, autogovernada. E isso, com certeza, não está dado. Como é que, digamos, alguns milhares de pessoas espalhadas pela França poderiam constituir uma coletividade política não burocrática (e não caótica), uma coletividade efetivamente autogerida e autogovernada (no autogoverno, há não apenas auto-; há também governo, o que muitos esquecem) – é esse, a meu ver, um dos problemas mais importantes hoje. Infinitamente mais importante, em todo caso, que as discussões sobre a "União da esquerda" etc.

Mas tal organização política – que corresponde mais ou menos ao que tentamos fazer no PSU – não está destinada à marginalização pelo mero jogo das instituições políticas atuais?

Mais uma vez, é preciso livrar-se das idéias feitas; notadamente, da idéia de que a única ação política é a dos partidos, que implica vereadores, deputados etc. Qual foi o acontecimento político mais importante na França nos últimos 20 anos, ou mais? Foi maio de 68. Ora, quem fez maio de 68? Qual o partido que fez maio de 68? Nenhum. No entanto, dez anos depois, a França está mais marcada por maio de 68 do que a França de 1881 o foi pela Comuna.

Em certo sentido, porém, maio de 68 fracassou; como aquilo não resultou numa transformação política efetiva, continuou sendo apenas um imenso movimento social.

Sim, em certo sentido e em parte pode-se dizer que maio de 68 foi um "fracasso". Eu mesmo fiz circular durante os acontecimentos um texto (editado logo depois em *La Brèche* que Morin, Lefort e eu publicamos no final de junho de 1968) onde eu tentava mostrar que era preciso se organizar, instaurar formas duradouras de ação e de existência coletivas. Nada disso foi feito, por motivos que seria longo demais discutir agora. Mas nem por isso se reduz a imensa importância positiva de maio de 68, que revelou e tornou visível para todos uma coisa fundamental: o verdadeiro lugar da política não é aquele que a gente achava que era. O lugar da política está em todo lugar. O lugar da política é a sociedade.

Mas não há uma contradição entre a constatação de que o fracasso de maio de 68 vem de uma incapacidade de instituir e, por outro lado, a crítica das formas institucionais existentes, sejam elas as instituições do Estado ou os partidos políticos instituídos?

Só há contradição se confundirmos essas instituições existentes com toda instituição possível. O fracasso – mais exatamente, o *limite* – de maio de 68 foi a incapacidade de instaurar novas instituições, instituições outras: outras certamente não apenas quanto ao nome, mas quanto à essência. Dizer que sem a destruição do aparelho de Estado e sem a dissolução dos grupos dominantes e das instituições consubstanciais a sua dominação não pode haver entrada numa nova fase da vida social não quer dizer que uma sociedade autônoma seja uma sociedade sem instituições. Uma sociedade sem instituições não existe; o reino do puro desejo, por exemplo, equivale essencialmente ao desejo da morte do outro.

Que se pode dizer, desde já, das instituições de uma nova sociedade, de uma sociedade autônoma? Em todo caso, o seguinte: que encarnarão a autonomia, ou seja, a autogestão, a auto-organização, o autogoverno coletivos em todos os domínios da vida pública. Isso significa também que essas instituições não estarão dadas de uma vez por todas, que não estarão alheias à atividade instituinte da sociedade. É por isso, a meu ver, que o problema político central – e até único, no limite – é o da auto-instituição *explícita, consciente*, da sociedade. Sua solução implica tanto instituições *novas* como *um novo tipo de relação* entre a sociedade e suas instituições.

É desse ponto de vista que é preciso se colocar para se situar no tocante aos movimentos de que falamos: será que eles representam formas novas, autônomas, de organização coletiva? Será que se instaura um *outro tipo* de relação entre as pessoas e sua organização coletiva, fazendo com que elas a controlem *efetivamente*? Esse é o critério essencial. Não condenamos o Partido Comunista, ou qualquer outra organização burocrática, por ser uma instituição; mas por ser uma instituição *burocrática*, porque essa instituição, em sua forma, sua estrutura, sua organização, sua ideologia, é necessariamente heterônoma, alienada e alienante, sujeitadora de seus membros e dos outros.

Dito isso, há ainda outras distinções a fazer. É certo que enquanto a sociedade global continuar sendo o que é, é impossível que organizações plenamente autônomas existam em um setor ou lugar particulares. Pois nenhuma organização pode estar separada e isolada da sociedade global; está mergulhada nela, é influenciada por ela, sofre suas conseqüências. Mas isso tampouco significa que deva ser necessariamente, o tempo todo e 100%, apropriada pelo regime. Também aqui, devemos denunciar esse preconceito absolutista pseudo-revolucionário segundo o qual ou há um corte radical e total ou então o sistema se apropria 100% de nós. Isso não é verdade.

Resta um problema, precisamente a respeito desses movimentos de autogestão parcial, de criação social localizada: se não podem transformar radicalmente a sociedade sem destruir certo número de instituições centrais, como permitir que convirjam para fazê-lo? Qual é a lógica unificadora desses movimentos?

Para ver se existe tal lógica unificadora e qual seria ela, temos de ver como se coloca o verdadeiro problema da transformação da sociedade. Qual é a raiz do conflito social no regime atual, para além das simples oposições de interesses? A contradição fundamental da sociedade capitalista – seja ela capitalista burocrática fragmentada, como no Oeste, ou capitalista burocrática total e totalitária, como no Leste, nos países abusivamente chamados socialistas – é imanente à própria organização dessa sociedade, à divisão entre dirigentes e executadores. Essa divisão implica a exclusão das pessoas de sua própria vida, individual e coletiva. Falo de divisão entre dirigentes e executadores, não da velha oposição da filosofia política entre dirigentes e dirigidos. É possível ser dirigido, não é possível ser *puramente* executador. Ora, o regime tenta reduzir as pessoas a puros executadores – é obrigado a fazê-lo –, tenta excluí-las da direção de suas próprias atividades; e, ao mesmo tempo, não poderia sobreviver se conseguisse realizar plenamente esse fim, impor às pessoas uma total passividade. (Isso se percebe claramente no exemplo da organização do trabalho na empresa contemporânea.)

Agora, todos os movimentos de que falamos visam, de uma maneira ou outra, num grau ou outro, superar e abolir essa divisão entre dirigentes e executadores – entre direção e execução. Visto que não são simplesmente movimentos de explosão e de expressão, mas também movimentos de criação, de instituição social, traduzem e encarnam a aspiração das pessoas à autonomia. Assim, anunciam e preparam a única transformação radical da sociedade que existe: o advento de uma sociedade autônoma, que assuma pela primeira vez seu autogoverno, que formule ela mesma suas leis. A lógica unificadora desses movimentos e a ligação deles com o projeto da transformação radical da sociedade está no fato de que eles já encarnam, nem que seja de modo parcial, fragmentário, balbuciante, essas significações políticas centrais: autogestão, auto-organização, autogoverno, auto-instituição.

OS DESAFIOS ATUAIS DA DEMOCRACIA[1]

(...) As constituições modernas começam com declarações dos direitos cuja primeira frase ou é um credo teológico ou uma analogia: "A Natureza ordenou que..".., ou "Deus ordenou que..".., ou "Cremos que os homens foram criados iguais" – sendo esta última asserção falsa, aliás: a igualdade é uma criação dos homens que agem politicamente. As leis atenienses, em comparação, contêm um elemento de uma profundidade insuperável: elas sempre começam dizendo: "*Edoxe te boule kai to demo*", "Pareceu bom, a opinião em pesada do Conselho e do povo foi que..".., e depois se segue o texto da lei. Esse *edoxe* é fantástico, é realmente a pedra angular da democracia. Não temos uma ciência do que é bom para a humanidade e nunca teremos. Se houvesse uma, não seria a democracia que teríamos de buscar, mas antes a tirania daquele que possuísse essa ciência. Tentaríamos encontrá-lo para lhe dizer: "Bem, você vai governar porque possui a ciência política". Aliás, é isso o que dizem explicitamente Platão e muitos outros; e também o que diziam os bajuladores de Stalin: "Já que você conhece a história, a economia, a música, a lingüística... E viva o secretário-geral!" Ora, os atenienses diziam: "Depois de bem pesar, foi a opinião do Conselho e do povo decretar o seguinte...". Isso quer dizer que a democracia é o regime da *doxa*, isto é, da opinião bem considerada, dessa faculdade que temos de formar uma opinião sobre questões que escapam aos raciocínios geométricos.

Tomemos por exemplo a questão de saber com que idade se deve conceder o direito de voto aos cidadãos e às cidadãs. Há alguma ciência que possa responder a isso? Tal ciência será até mesmo concebível? É claro que não. A partir do momento em que uma sociedade se coloca essa questão, a resposta supõe uma escolha. E isso, seja qual for o regime político, mesmo sob a "ditadura do proleta-

1 <Trechos extraídos de uma conferência na universidade de Montreal, em 9 de abril de 1986, parcialmente publicada com o mesmo título em *Possibles* (Montreal), vol. 10, n° 3-4, 1986.>

riado": quem é proletário, e com que idade? É preciso e basta ser explorado para ter voz ativa? O ponto essencial é que em democracia não temos uma ciência da coisa política e do bem comum, temos as opiniões das pessoas; essas opiniões se enfrentam, são discutidas, argumentadas e depois, finalmente, o povo, a coletividade, toma uma posição e decide por seu voto. É disso que se trata no que tange ao processo de interrogação, de questionamento colocado pela democracia. Que não é um questionamento solto no ar: sabemos que o povo decide, melhor ainda, queremos que o povo decida. E sabemos ou deveríamos saber que o que o povo decidiu não é necessariamente a verdade última, que ele pode se enganar, mas que não há outro recurso. Ninguém nunca poderá salvar o povo dele mesmo, o que se pode é dar-lhe os meios institucionais, caso tenha se enganado, de ele mesmo se corrigir, de eventualmente voltar atrás de uma decisão errônea ou de uma lei ruim para modificá-la.

No começo, há autoconstituição do corpo político, sem nenhuma ajuda da ciência. Nós mesmos temos de traçar e fixar os limites, e nossa decisão não será demonstrável nem científica nem matematicamente. Dirão então, ao menos é o que espero, que participam da coletividade política todos aqueles que vivem habitualmente no território e são afetados por o que ali ocorre. Isso pode parecer evidente, mas não o é nem um pouco nas legislações existentes, onde só os "nacionais" do Estado considerado têm direito a voto (nos Estados Unidos, a naturalização é relativamente fácil, mas não na Europa). Deveríamos, portanto, dizer "aqueles que participam da vida da coletividade". Mesmo para determinar estes últimos, os critérios serão necessariamente um pouco arbitrários. Não diremos, acho, que um japonês ou um francês que faz escala em Montreal num dia de eleições pode ir votar. Não se ele ficar três horas. Mas se ele ficar três semanas, se alugar um apartamento? O que quero sublinhar com esses exemplos talvez menores é essa necessidade de autoposicionamento, de autoconstituição da coletividade política, que foi esquecida em toda a retórica teológico-filosófica dos dois últimos séculos. Que filosofia poderá alguma vez nos dizer a partir de que idade, de que duração de residência todos os direitos do homem se tornam automaticamente válidos?

Mas a autodefinição da coletividade também pode ser pensada a propósito da definição do povo, do poder e da igual participação de todos nesse poder. Uma sociedade democrática, do tamanho que for, está sempre formada por uma pluralidade de indivíduos que participam do poder visto que cada um tem, tanto quanto qualquer outro, a possibilidade efetiva de influir sobre o que acontece. O que absolutamente não é o caso na prática de nossas sociedades democráticas, que são antes o que chamaria de oligarquias eletivas e liberais, com estratos sociais bem entrincheirados em suas posições de poder. É certo que esses estratos não são totalmente estanques. É o famoso argumento dos liberais: "O sr. Coisa começou como vendedor de jornal e depois, graças a suas capacidades, acabou como presidente da General Motors". O que simplesmente prova que as camadas dominantes também sabem se renovar recrutando nos estratos inferiores os indivíduos mais ativos no jogo social tal como elas o organizaram. O mesmo se dá com a política, dominada pela burocracia dos partidos: pouca importa se estão no governo ou na oposição, se são socialistas ou conservadores, são em certo sentido cúmplices no que concerne às questões inamovíveis de poder. Não mudam em função de uma vontade popular qualquer, mas segundo as regras do jogo burocrático do aparelho partidário, que vão promover novos dirigentes. E o que resta de um pouco democrático na sociedade atual nada mais é que a subsistência dos resultados de lutas empreendidas durante séculos e séculos. Tudo isso não poderia fazer do povo o detentor efetivo do poder em nossas sociedades ditas democráticas, as sociedades liberais de oligarquia. O povo tem no máximo um vago veto eleitoral, a cada cinco ou dez anos – veto, como vocês sabem, mais fictício que real pela simples razão de que o jogo é marcado, não no sentido da fraude eleitoral, mas porque as escolhas oferecidas aos eleitores são sempre predeterminadas.

Isso não deveria fazer pensar, no entanto, que as oligarquias dominantes, capitalistas ou políticas, violentam sempre e em toda parte um povo inocente, à sua revelia. Os cidadãos se deixam levar pelo cabresto, se deixam ludibriar por políticos hábeis ou corruptos e manipular por mídias ávidas de furos, mas será que não têm nenhum meio de controlá-los? Por que ficaram tão amnésicos? Por que esquecem tão facilmente que o mesmo Reagan ou o mesmo Mitterrand, faz um ano, faz quatro anos, tinham um discurso completamente diferente... Terão sido zumbificados por espíritos maléficos? E se o foram, que podemos fazer? Mas não acho que estejam zumbificados, acho simplesmente que estamos atravessando uma fase histórica muito crítica na qual o problema da participação política está efetivamente colocado. Tudo se passa como se as pessoas recebessem com um cinismo extremo o que lhes contam – "Nenhum deles presta! Os políticos são todos uma mesma corja!" –, o que não necessariamente as impede de ir votar.

(...) A respeito da igual participação de todos no poder, gostaria inicialmente de eliminar a confusão entre igualdade e identidade. Dar a todos as mesmas possibilidades efetivas de participar do poder não significa de forma nenhuma torná-los idênticos, o que seria evidentemente um absurdo. A questão inicial: há um poder na sociedade; a tese democrática – que você pode contestar, tanto em termos absolutos como relativos –, é que esse poder tem de ser o poder de todos, de todos aqueles que querem participar dele. Aí, você me diz: "Mas talvez nem todos os cidadãos participem; sempre restará uma desigualdade entre os ativos e os passivos". Eu não disse que a democracia realiza essa igualdade; essa não é uma qualidade do regime, ainda que possa lhe pertencer no longo prazo, pela educação das pessoas, porque elas vão entender que a cidade é coisa delas... Eu disse: dar a possibilidade efetiva. Se as pessoas não quiserem, não há o que fazer. Tranqüilizem-se: voltaremos a estar sob o seu governo liberal e vai acontecer o que tantas vezes aconteceu, notadamente nos sindicatos. Não se pode salvar a humanidade dela mesma. E ninguém pode protegê-la nem da loucura nem do suicídio. Afirmo que a democracia implica cidadãos ativos, que querem realmente participar. Mas não podemos tomá-los como se fossem um dado absoluto, independentemente do regime em que vivem, do que o regime faz deles e do que podem fazer do regime.

Por outro lado, a possibilidade efetiva de todos participarem do poder exclui, a meu ver, que um indivíduo ou que um grupo de indivíduos seja o único proprietário de fábricas que são o pão de duzentos mil operários. Isso me parece incompatível. Cabe à coletividade decidir. Da minha parte, oponho-me tanto à interdição das empresas individuais como às coletivizações forçadas, mas a partir do momento em que, numa sociedade moderna, você tem empresas importantes, elas são lugares de poder tanto político como econômico.

Que fazer com a minoria? É evidente que ela tem de ser livre para se exprimir, para se organizar etc. Aliás, ali onde a maioria pôde de fato se exprimir, ela nunca oprimiu as minorias. As minorias foram oprimidas e as maiorias também sempre que uma determinada minoria tomou o poder para exercê-lo em nome... do proletariado, da raça alemã, do que você quiser. Isso não é opressão das minorias pela maioria, mesmo se em 1933 43% dos alemães votaram a favor de Hitler. A idéia de que a maioria tenderia a eliminar a minoria não encontra exemplo concreto na história. Aqueles que eliminam as minorias são sempre minorias que se apossaram do poder. Em último lugar, é claro que concordo plenamente com vocês: em um regime democrático, as pessoas têm de ser livres para exprimir suas opiniões, sem impedimento nem perseguição. Não é algo que se possa negociar. Mas isso não é mais que uma conseqüência de um regime democrático. Porque uma democracia só pode funcionar com a discussão, a abertura, o conflito de opiniões; e ninguém irá discutir sabendo que põe em risco sua cabeça se o voto não lhe for favorável. É óbvio. Dito isso, um mínimo de senso de realidade lhes mostra que o que atualmente protege as minorias não são essencialmente as regras constitucionais. As constituições são feitas, podem ser desfeitas: 15 nações soberanas na Europa ocidental tiveram 50 constituições nos dois últimos séculos! O que, na constituição dos Estados Unidos, impede que uma maioria qualificada decida, sei lá, que todos os ruivos serão automaticamente escravos do Estado? A verdadeira proteção das minorias na sociedade contemporânea – e os acontecimentos dos anos 60 o mostraram amplamente no que concerne aos negros – não reside tanto, nem somente, nas regras escritas da constituição e sim na construção de um tipo de indivíduo democrático, que incorporou em si mesmo os componentes democráticos das instituições. E que, ele mesmo branco, não tolera que os negros nos estados do Sul não possam se inscrever em listas eleitorais e se mobiliza para obter o direito deles de voto. Um indivíduo que, embora respeite a lei comum, nem por isso sacraliza a autoridade, ousa se interpor quando um policial abusa dessa autoridade, anota o nome dele... E esse tipo de indivíduo não existe necessariamente em outro lugar, em todo caso não no Irã hoje, talvez tampouco na Rússia e sem dúvida cada vez menos em nossas sociedades contemporâneas.

"ESTAMOS ATRAVESSANDO UMA ÉPOCA DE BAIXA..."[1]

Você não saiu do "silêncio dos intelectuais" depois de 1981. Agora que a direita governa de novo, você sente a urgência de um kairos, esse momento crítico onde algo tem de ser dito ou feito?

Vários textos em *Encruzilhadas do labirinto 2: os domínios do homem* mostram que eu me exprimi sempre que pensei ser útil. Mas não era cabível participar dessa confusão cujas questões, atores e motivações eram trivialmente transparentes. Faz tempo que a clivagem esquerda-direita, na França assim como em outros lugares, já não corresponde nem aos grandes problemas de nosso tempo nem a escolhas políticas radicalmente opostas. Onde está a oposição entre Mitterrand e Chirac em assuntos militares, nucleares, africanos, de estrutura e de gestão do poder, de educação e até de economia? Durante cinco anos, os supostos socialistas dispuseram de um poder absoluto; utilizaram-no para gerir o sistema e – como durante a guerra da Argélia – fazer o que a direita queria e não ousava fazer. As políticas de Bérégovoy e Chevènement são os exemplos mais gritantes. As "reformas", desde 1981, resumem-se a três tipos de medidas: as que se referem a singularidades e a atrasos franceses (descentralização, pena de morte); as que exploravam de maneira útil uma dogmática paleo-socialista em benefício da burocracia do partido (nacionalização, substituindo os empresários antigos pelos "nossos"); por fim, aquelas destinadas a facilitar a maior penetração do aparelho de Estado pelo aparelho socialista. Por outro lado, uma "direita" que se diz liberal e acompanha cada uma de suas medidas de 15 cláusulas intervencionistas ou

1 <*Le Monde*, 12 de julho de 1986. Publicado com o título "Castoriadis, um déçu du gauche-droite" (Castoriadis: um decepcionado com a esquerda-direita). Depoimento colhido por Michel Contat.>

dirigistas; que, naturalmente, ataca as camadas menos favorecidas, as populações de imigrantes e outros estrangeiros e que sofre irremediavelmente da mesma falta total de idéias e de imaginação política.

Mal-entendido total, época aberrante.

Portanto, o cretinismo que você denuncia sem qualquer condescendência não seria próprio dos liberais?

Sabe-se que entre os liberais há mentes profundas e originais; entre outras, os pais fundadores americanos, Constant, Tocqueville, Mill. Nenhuma relação com os repetecos dos discursos "liberais" contemporâneos, nos quais não há nenhuma idéia nova, nem um único esforço para enfrentar os problemas do presente. A questão que se coloca diante dessa miséria é: de onde, então, veio a força desse pseudoliberalismo nos últimos anos? Acho que, em grande parte, ela vem do fato de que a demagogia "liberal" soube captar o movimento e o humor profundamente antiburocráticos e anti-estatais que agitam a sociedade desde o começo dos anos 60 (e que tinham escapado ao olhar penetrante dos dirigentes "socialistas").

É um grande mal-entendido ver em maio de 68 e nos outros movimentos dos anos 60 a origem do "individualismo" contemporâneo. Este resulta do fracasso de maio de 68 e esse fracasso *era interno*. O movimento – assim como seus análogos em outros países – trouxe muitos absurdos e não conseguiu ultrapassar a fase da manifestação subversiva, não conseguiu enfrentar positivamente a questão de seu autogoverno. Mas sua inspiração profunda era a aspiração à *autonomia*, tanto em sua dimensão social como individual. Hoje, como sempre, a tarefa política consiste em retomar e levar mais adiante a grande tradição emancipacionista do Ocidente: construir uma sociedade democrática, autogovernada, onde autonomia individual e autonomia coletiva se apóiam e se alimentam mutuamente. Mas isso não pode ser feito fora de um grande movimento democrático da população, que, precisamente, está ausente. O fracasso dos movimentos dos anos 60 convergiu com as tendências profundas do capitalismo burocrático moderno, levando as pessoas à apatia e à privatização.

Portanto, por enquanto falta o *kairos* como *kairos* político. Nada se pode fazer com relação a isso e não é uma perda sem qualquer compensação. Dá o tempo de pensar mais longe, de questionar mais profundamente, como tento fazer nos textos filosóficos de *Domínios do homem*.

Como explicar essa apatia?

Questão imensa; um dos núcleos do segundo volume de *Diante da guerra*:[2] por que e como uma cultura morre? Tão difícil quanto a outra: por que e como uma cultura se cria. Uma cultura se cria criando novas significações imaginárias e encarnando-as em instituições. O mundo está povoado de deuses e ninfas. Ou: o mundo e os humanos foram criados por um deus onisciente e onipotente. Ou ainda: o mundo nada mais é senão matéria inerte por meio da qual podemos realizar o que dá sentido à vida humana – a expansão ilimitada das forças produtivas, ou do controle, ou do poder. Eis significações imaginárias nucleares de algumas sociedades conhecidas – e não é difícil ver as instituições que as encarnaram ativamente. Essas instituições muitas vezes entram em crise; mas as sociedades possuem também uma enorme capacidade de auto-reparação. Esta depende essencialmente da vitalidade continuada dessas significações imaginárias, isto é, também e sobretudo de sua capacidade de formar, animar, inspirar, motivar os indivíduos: as sociedades ocidentais ainda acreditam num porvir indefinido cada vez mais cheio de "bem-estar", de riquezas e de "poder" técnico? Acreditam elas realmente que tal porvir vale a pena? Essa é uma idéia pela qual, por exemplo, se aceitaria morrer? Produzem elas os indivíduos capazes de algo mais que viver *à custa do* sistema?

O que você diz não é, de modo geral, muito estimulante ou mobilizador.

Antes de estar de acordo com os outros, prefiro estar de acordo comigo mesmo. E fico estupefato, por momentos arrasado, ao ver o estrago causado por um "realismo" pseudo-hegeliano; na verdade, por um oportunismo, de visão muito

2 <Obra inacabada do autor. "La crise des sociétés occidentales" (1982), retomada em *La Montée...*, dá uma idéia de qual teria sido seu conteúdo. Esperamos poder publicar um dia os capítulos da obra redigidos por Castoriadis.>

curta aliás, até mesmo entre jovens inteligentes e simpáticos. Saem-se com o seguinte argumento, num tom de comiseração: Isso, a gente dizia há dez anos, já não dá para dizê-lo hoje! Meu pobre amigo, é *por* isso estar em voga hoje que é muito provavelmente uma lorota. Hegel dizia: a história do mundo é o Juízo Final. Para a nossa época, o programa de tv desta noite é o Juízo Final. E, como esse programa é, por construção e com razão, esquecido na manhã seguinte, há Juízo Final todas as noites – em suma, não há mais nenhum juízo, nem final nem primeiro, nem memória, nem reflexão. Nos bons modos do microcosmo intelectual parisiense, tornou-se indecente lembrar (e até se lembrar) o que Fulano dizia o ano passado.

Por quanto tempo alguém aceitar ser minoritário?

Não sou minoritário; estou só, o que não quer dizer que esteja isolado. Estava só, estávamos sós durante todo o período de Socialismo ou Barbárie; os acontecimentos mostraram que não estávamos isolados. Talvez tudo o que digo e escrevo não sirva para nada. Existe contudo também outra hipótese, menos otimista: de que as pessoas hoje não têm nenhuma vontade de ouvir e de fazer o esforço exigido por um discurso que chama para a reflexão crítica, para a responsabilidade, para a recusa da atitude indiferente.

Você está muito pessimista?

Estamos vivendo a época em que inventaram esse termo supremamente derrisório de "pós-modernismo" para ocultar a esterilidade eclética, o reino da facilidade, a incapacidade de criar, a eliminação do pensamento em proveito do comentário, na melhor das hipóteses, do trocadilho ou, em geral, do arroto. Época de parasitismo e de pilhagem generalizada. O que hoje é tido como a última moda do "pensamento" e da "filosofia política" será visto, estou certo disso, com pena em uma, duas ou três décadas. Pois, no fundo, que dizem? Que a história parou, ou melhor, que ela acabou. Desde a Antiguidade grega, a Europa se define também pela filosofia, e nos dizem: fim da filosofia, resta-nos apenas "desconstruir". Faz 28 séculos que a Europa se define por suas lutas para modificar a instituição da sociedade, suas lutas sociais e políticas, sua criação da política, e nos dizem: a política (a verdadeira, a grande) acabou. A república parlamentar ou presidencialista (que também chamam de "democracia", faz tempo que se perdeu o respeito das palavras), é essa a forma por fim encontrada da sociedade humana. É certo que ainda restam por fazer algumas reformas: rever, por exemplo, os abonos de família dos guardas florestais. Mas, no essencial, a tarefa política, a tarefa instituinte da sociedade está terminada: Reagan, Thatcher, Kohl, Mitterrand/Chirac pelos séculos vindouros.

Ao evocar tamanho pesadelo, não há outra alternativa senão tornar-se irresistivelmente otimista. Pois, nessa perspectiva, há quase uma contradição interna. Essas pessoas são os subprodutos e os parasitas dos regimes contemporâneos, poderiam tê-los *criado* em hipótese alguma (assim como os "desconstrucionistas" de hoje só podem viver porque existiram filósofos). E, no longo prazo, elas nem mesmo poderiam conservá-los. Regimes produzidos pela luta dos povos por objetivos radicais num sentido totalmente outro: objetivos de *autonomia* verdadeira. A filosofia, o verdadeiro pensamento, não acabou, poder-se-ia quase dizer que está começando. E a grande política tem de ser recomeçada. A autonomia não é simplesmente um projeto, é uma possibilidade efetiva do ser humano. Não nos cabe prever ou decretar seu advento ou sua extinção, cabe-nos trabalhar por ela. Estamos atravessando uma época de baixa, só isso.

EXISTEM VANGUARDAS?[1]

A palavra "vanguarda" está associada a movimentos artísticos ou políticos. Numa outra ordem de idéias, fala-se da "pesquisa científica de ponta", de "técnicas de vanguarda". Que relações existem entre essas diferentes acepções? Que é uma vanguarda?

Em primeiro lugar, uma observação histórica: não acho que Sófocles, Shakespeare ou Bach eram vanguardas de suas épocas. Não porque tenha havido unanimidade em torno de suas obras: havia sem dúvida conflitos de opinião, de gosto, lutas entre escolas. Mas não se falava de "vanguarda". Essa idéia, essa metáfora militar de um corpo destacado adiante da sociedade que explora o terreno e deve ter os primeiros contatos com o inimigo é uma invenção relativamente recente. Implica que a história é e tem de ser "marcha para a frente", "progressão". Na melhor das hipóteses, a idéia se apóia em imensos pressupostos de filosofia da história. Na pior, a idéia é simplesmente absurda: o mais recente seria o melhor, o mais belo etc. Aliás, é esta última idéia que prevalece atualmente.

Onde e quando a vanguarda nasceu?

As primeiras manifestações do fenômeno provavelmente ocorreram na França, no fim da Restauração e sobretudo sob o Segundo Império: Baudelaire com a condenação das *Flores do Mal*, por razões de, digamos, moralidade pública, na verdade bem mais por razões estéticas, o escândalo criado pela *Olympia* de

1 <*L'Événement du jeudi*, 20-26 de agosto de 1987. Publicado com o título: "Cette course absurde vers le nouveau pour le nouveau..". (Essa corrida absurda atrás do novo pelo novo). Depoimento colhido por Michel de Pracontal. Utilizamos o texto datilografado por Castoriadis.>

Manet, Rimbaud etc. Quase de imediato isso se espalhou para os outros países europeus (Wagner proclama que escreve "a música do futuro"). Na Rússia de antes da Revolução, a partir de 1900, observa-se uma fantástica efervescência na pintura, na escultura, na poesia. Entre 1860 e 1930, os grandes criadores se afastam da sociedade e se opõem a ela. O que eles fazem é considerado subversivo e (ou) incompreensível – e eles mesmos são tidos, em geral, como inimigos da ordem estabelecida. É também nessa época que aparece, como *tipo* e não como caso individual, o gênio incompreendido e o artista maldito. Van Gogh morre na miséria, 80 anos depois um de seus quadros bate o recorde absoluto de preço de venda de um quadro.

Como você explica essa marginalização dos criadores?

Na sociedade burguesa madura opera-se, pela primeira vez na história, que eu saiba, uma dissociação cultural. A burguesia capitalista perde sua criatividade histórica, sua cultura atola no repetitivo. Seus grandes artistas são, então, os *pompiers*, que hoje estão sendo redescobertos no museu d'Orsay. A sociedade oficial, os ricos, o Estado que faz encomendas, só aceitam uma arte totalmente convencional. Os criadores autênticos são quase que necessariamente marginais, gozando apenas de um reconhecimento tardio ou póstumo. Depois de 1930 e, mais ainda, depois de 1945, essa história se repete, mas de modo cômico: há uma corrida atrás da inovação pela inovação, que agora, no entanto, se dá sob os aplausos (e com o dinheiro) do público "informado" que tornou seu este julgamento estúpido: deve ser bom, já que é novo, o que vem depois é obrigatoriamente melhor do que o que vem antes. As "revoluções" e as "subversões" que trazem lucros rápidos e abundantes sucedem-se em ritmo acelerado.

Finalmente, essa corrida absurda atrás do novo pelo novo se esgota e esvazia e desembocamos – a começar pela arquitetura – no famoso "pós-modernismo", proclamação ostensiva de que não se tem mais nada a dizer, a não ser recombinando o que já foi dito. Como declarou com orgulho um dos porta-vozes do pós-modernismo nos Estados Unidos: "Estamos finalmente livres da tirania do estilo". Confissão de esterilidade – a repetição do que já foi feito como programa –, mas também declaração de uma profunda verdade: a "modernidade" era grande e aberta (vide as "influências" japonesas, africanas, ameríndias sobre os impressionistas, sobre Picasso etc.). O "pós-modernismo" é superficial e invertebrado. Seu principal mérito foi ter feito compreender, por contraste, o quanto o período "moderno" era sublime.

Em suma: o surgimento e o valor de uma "vanguarda" na arte e na literatura foi um fenômeno ligado às características específicas e transitórias de uma época histórica.

Embora a vanguarda artística desemboque num impasse, não é o contrário que acontece no campo científico, onde a corrida pela novidade parece estar vinculada ao progresso dos conhecimentos?

Desde que entramos no desenvolvimento científico, primeiro com os gregos, depois e sobretudo no Renascimento, pensamos com razão que há sempre algo diferente a ser descoberto, que o que vimos até agora só é provisoriamente correto, só é correto em certo âmbito etc. Em ciência, é sempre possível ir mais longe. Ao passo que a idéia de ir mais longe não tem sentido no terreno da arte. Ninguém nunca irá mais longe que Ésquilo, que Beethoven, que Rimbaud. Ninguém nunca irá mais longe que *O castelo* de Kafka. Poderão ir para outro lugar, poderão ir de outro jeito, mas não mais longe. Nesse sentido, existe um desenvolvimento científico, ao passo que não se pode falar de desenvolvimento no terreno da literatura ou das artes. Mas atenção: esse desenvolvimento não é um simples acúmulo de conhecimentos que se somam uns aos outros. Ele é trabalhado por revoluções muito importantes. A relação entre o novo descoberto e o que já era aceito é mais que estranha. A passagem da física de Newton para a de Einstein coloca, do ponto de vista de sua significação filosófica, imensas questões.

Não se pode dizer que a primeira "se encaixa" na segunda?

Não. As questões importantes resultam precisamente do não-encaixe. O cientista médio crê que Newton fornece uma primeira aproximação e Einstein uma segunda, melhor, aproximação. Mas não é assim, há um problema de compatibilidade teórica (e não simplesmente numérica) das duas concepções. Em certo sentido, Newton está pura e simplesmente errado. Em outro sentido, não o está, abrange numa primeira aproximação 99% dos fenômenos. Portanto, existem revoluções científicas. Em certos momentos, emergem novos grandes esquemas imaginários que explicam melhor o real do que os esquemas anteriores. Foi este o caso com a relatividade ou com a física quântica. Como é acolhida a novidade? A teoria newtoniana não foi aceita de imediato; na França, por exemplo, os cartesianos se opuseram a ela durante décadas. A teoria de Einstein, mais precisamente a relatividade restrita, não provocou grandes tempestades; chegaram a dizer que tinha um espírito clássico – no entanto, não foi por ela que Einstein recebeu o prêmio Nobel. A relatividade geral, que, esta sim, destrói totalmente o quadro clássico, por muito tempo foi considerada pelos físicos uma curiosidade teórica sem grande alcance real; e ainda hoje tem-se a impressão de que eles não se dão conta de suas muito profundas implicações filosóficas e as aporias que elas levantam. A teoria quântica, ao contrário, destruía algo de imediatamente essencial para a física clássica, uma idéia que tanto os físicos como qualquer um de nós tinha bebido junto com o leite materno: a idéia do determinismo, a categoria da causalidade. Foi por isso que o próprio Einstein, Louis de Broglie, Schrödinger nunca a admitiram. Hoje, a teoria quântica é quase universalmente aceita. É como se nos tivéssemos habituado às inovações importantes. Apesar das imensas dificuldades teóricas da física contemporânea – a situação é propriamente caótica –, os cientistas apresentam as mais "loucas" teorias e as discutem. Entenderam que a realidade é menos "lógica", no sentido de nossa lógica familiar do dois mais dois são quatro, do que se pensava. Um famoso físico chegou a dizer sobre uma teoria nova: "Ela não é louca o suficiente para ser verídica".

Mas essa tolerância à novidade não está ligada a uma atitude estritamente pragmática? Os físicos não fazem uso da física quântica sem realmente tentar saber o que ela significa?

É plenamente verdade em termos gerais. Os físicos abandonaram a tentativa de dar sentido ao que dizem, de vinculá-lo tanto ao mundo cotidiano como às grandes interrogações filosóficas que estão na origem da ciência. Nem se preocupam mais em ser coerentes no nível das categorias que utilizam. Assim, categorias ainda mais fundamentais que a causalidade, as da *localidade* e da *separabilidade*, são questionadas pela teoria quântica. Não se pode mais dizer, em todos os casos, que uma coisa é "distinta" de outra, ou que essa coisa se encontra num local preciso e não simultaneamente quase em todo lugar e quase em nenhum lugar. Pois bem, os físicos continuam trabalhando tranqüilamente. Admitem que no nível mais profundo – o mais profundo alcançado até agora! – as coisas não são necessariamente localizáveis e separáveis. O que isso quer dizer? Mistério. Esse desinteresse pelo sentido e pela significação, a meu ver muito grave, marca a física contemporânea, assim como marca a época em geral. No longo prazo, isso talvez venha a ter resultados críticos.

Pode-se falar de uma vanguarda científica? Não acho que a expressão tenha qualquer sentido nesse caso. Alguns cientistas fazem um trabalho mais original que outros, mas não se trata de vanguarda. A distinção seria antes entre aqueles que trabalham nas fronteiras dos problemas e aqueles que continuam a labutar um campo já balizado da ciência.

E as vanguardas políticas?

No começo, encontramos sobretudo a ideologia leninista do Partido como "vanguarda" da classe operária. A idéia é sempre a da concepção vulgar: existe uma verdade política, nesse caso uma idéia ou teoria sobre a sociedade futura e sobre o caminho que a ela conduz, e há uma categoria particular, o Partido e seus dirigentes, que já detêm essa verdade em virtude de sua relação com a teoria revolucionária. Portanto, eles têm o dever de guiar a classe operária, de conduzi-la para a terra prometida. Lenin dizia que o Partido tem de estar sempre à frente das massas, mas apenas um passo à frente. É preciso entender o que isso quer dizer. Se estivesse no mesmo nível das massas, não seria mais uma vanguarda, e se estivesse três quilômetros adiante, ficaria totalmente isolado e quebraria a cara. O Partido não deve se isolar das massas, portanto, não deve apresentar todo o seu programa como imediatamente realizável. É preciso mostrar para as massas que suas reivindicações imediatas são adotadas e que não se quer levá-las longe demais – quando, na verdade, essas reivindicações são a isca destinada a fazê-las engolir toda a linha do Partido.

Se recusarmos a noção de um partido, de um grupo minoritário detentor da verdade, como pensar o papel político da vanguarda?

De minha parte, recusei a noção de vanguarda já faz muito tempo. Mas continuo, mais que nunca, profundamente convencido de que a sociedade atual não sairá de sua crise se não operar em si mesma uma transformação radical: nesse sentido, continuo sendo um revolucionário. E acho que essa transformação só pode ser obra da imensa maioria dos homens e mulheres que vivem nessa sociedade. A questão que surge então é: como conceber a relação entre uma população – francesa, inglesa ou americana – e aqueles que pensam, ou crêem pensar, um pouco mais, e sobretudo de maneira contínua, as grandes questões políticas e querem agir a partir desse pensamento? Essa relação passa inevitavelmente por fases totalmente opostas. Por exemplo, na fase atual, a população está numa apatia política total, na mais completa privatização (é o que glorificam sob o título de "individualismo"). Estado raramente perturbado por pequenas rugas superficiais (como o movimento estudantil de novembro-dezembro de 1986). Se pensássemos que tudo o que é real é racional, que o que acontece é o que tem de acontecer – idéia propriamente monstruosa –, diríamos que não há o que fazer. Cada um cuida dos seus negócios, escreve seus poemas, compra seu vídeo, sai de férias etc. Acho que durante um período como este, o papel daqueles que pensam a política e que têm uma paixão política (uma paixão pela coisa comum) é dizer em voz alta o que pensam à população, mesmo que poucos os escutem. Criticar o que existe, lembrar o povo de que também houve fases em sua história em que ele mesmo foi diferente, em que ele agiu de uma maneira historicamente criativa, em que agiu como *instituinte*.

Suponhamos agora que, de repente, quando se acreditava que nada mais podia acontecer, a partir de um incidente menor, uma parte da população se põe a inventar demandas, reivindicações, formas de ação e de organização. É exatamente o que aconteceu em maio de 68. (...) Numa fase desse tipo, a verdadeira criação histórica está em andamento e é preciso entender que o que se tem para aprender do movimento em curso é provavelmente muito mais importante do que o que se poderia ensinar a ele, supondo que se lhe possa ensinar algo. Por conseguinte, aqueles que, antes, tentavam falar ou agir na condição de muito minoritários – a "vanguarda" – têm de passar a se considerar apenas como um dos componentes de todo esse movimento.

Portanto, o que se pode dizer não é que um indivíduo ou um grupo formam uma "vanguarda", mas que eles representam, conforme o caso, um fermento positivo relativamente ao estado da massa da sociedade durante certo período. Mas isso nunca é definitivo. No momento em que a história se põe realmente a funcionar de novo, em que a sociedade volta a ser instituinte, esses indivíduos ou esses grupos passam a compor as fileiras ou, no melhor dos casos, tornam-se os porta-vozes do movimento coletivo. É um pouco este o papel que Dany Cohn-Bendit desempenhou durante os vinte primeiros dias de Maio. Na história, contudo, encontraremos também pessoas que souberam desempenhar de modo mais duradouro esse papel feliz de porta-voz de um movimento coletivo.

Portanto, não se deve recusar a noção de líder?

É de bom tom, na tradição esquerdista ou de esquerda, condenar (mas apenas verbalmente) a noção de líder, que parece ser uma idéia "de direita". É uma posição hipócrita e falsa. Alguns indivíduos têm, conjunturalmente, às vezes duradouramente, a capacidade de exprimir bem melhor que outros o que todos sentem ou mesmo de inventar coisas nas quais os outros se reconhecem. São líderes.

Como você vê o papel dos líderes na sociedade atual?

Enquanto continuarmos na apatia, na privatização, no pseudo-individualismo, não pode haver movimento criador da coletividade e tampouco um indivíduo politicamente criativo, cujo papel fizesse surgir questões com relação aos outros. Banalidade, mas ao mesmo tempo, como a maioria das banalidades, verdade profunda: uma sociedade tem os líderes que merece. Que vemos hoje em dia? Um senhor que nunca vi mais gordo, cuja existência descubro certa manhã no meu jornal, está em terceira ou quarta posição nas pesquisas de opinião dos franceses sobre os chamados "políticos". Esse senhor se chama François Léotard. Quem é o sr. Léotard? Não sei. O que ele fez? Não tenho a menor idéia. Ele descobriu a América, inventou um teorema matemático, ganhou a Volta da França, apresentou alguma geringonça no concurso Lépine de inventores, fundou uma empresa que deu certo, escalou o Himalaia? Não. Ele alguma vez teve alguma idéia pessoal, ainda que mínima? Se teve, escondeu-a cuidadosamente em seu diário íntimo; toma o cuidado de não dizer mais que as mais inofensivas banalidades. Mas, pelo que entendi, conseguiu constituir um pequeno aparelho (*apparat*, como se diz no Leste). É um *apparatchik* que entendeu bem como funciona a era das mídias e conseguiu convencer os homens da tv a torná-lo fotogênico. Dessa forma, o sr. Léotard é um líder político – e um líder completamente apropriado para a França de 1987, precisamente porque não tem nenhuma idéia na cabeça – uma idéia que seja nova, que seja dele. O sr. Léotard é a expressão adequada da França tal como ela é. Do ponto de vista hegeliano, deveria ser eleito presidente da República em 1988. Não o será, o que prova mais uma vez, felizmente, que a história não é de todo racional. Felizmente o povo francês não é somente o que é, como, aliás, cada um de nós. É próprio do homem não ser o que ele é e ser o que não é (Hegel, ainda). Há mais e diferente. Só que, por ora, esse mais, esse diferente, está adormecido.

Essa apatia política não vem acompanhada de uma confiança exagerada no poder da ciência e da técnica?

É fato que a passividade do homem contemporâneo repousa na seguinte significação imaginária: a tecnociência pode resolver os problemas no lugar dele. Entre 1950 e 1980, a principal mistificação era a da tecnicidade dos homens políticos: eles sabem, é complicado demais, como entender de assuntos nucleares, quantas bombas os russos têm etc. Um indivíduo comum não conseguiria, aparentemente, entender o que quer dizer que os russos têm duas mil bombas e os americanos mil e quinhentas, isso os supera, é preciso ser especialista – e não especialista nuclear, mas especialista em "política"! – para entendê-lo. Ou esse mesmo indivíduo não conseguiria entender por que o Estado francês tem de atirar pelos ares 800 milhões de dólares por aviões que farejariam petróleo a cinco quilômetros de altitude; para entender a necessidade disso é preciso ser politécnico, ter feito a Escola Nacional de Administração e ser Giscard. Essa farsa da tecnicidade dos homens políticos reinou durante todo um período.

Atualmente, coexistem dois elementos. Fabius,* por exemplo, ainda encarna a mistificação da tecnicidade: é o "expert". Léotard** encarna o outro pólo, criado por Reagan, mesmo que não tenha atuado em westerns, e...

* Laurent Fabius, primeiro-ministro da França, de 1984 a 1986, socialista. [N. da T.]

** François Léotard, ministro da cultura no governo Mitterand, de 1986 a 1988 e depois ministro da defesa. [N. da T.]

... ele corre a maratona.

Pronto. Somos um país de cultura clássica, a maratona é o western de Léotard. As pessoas o acham charmoso, agradável de ver na tv, ele transmite segurança... Em suma, podemos resumir a atitude das pessoas para com os líderes políticos em três pontos: 1. de qualquer modo, não há o que fazer; 2. de qualquer modo, a tecnociência resolve cada vez mais os problemas; 3. enquanto isso, a gente toma um coquetel de tecnopolíticos com videopolíticos, os primeiros, supostamente, para administrar os negócios e os segundos para contar histórias que nos permitam continuar a dormir. Isso talvez pareça um pouco prematuro como descrição da situação na França; não acho que o seja. Em todo caso, é algo que se percebe claramente com Reagan nos EUA. A videopolítica. As histórias que permitem dormir. "Vou restaurar a grandeza da América". "Vou acabar com o déficit orçamentário, o desperdício etc". "Vou restaurar a moralidade nos assuntos públicos". Ora, até agora, todos os atos de política externa de Reagan fracassaram ou, no melhor dos casos, não deram em nada. Atingiu-se um déficit orçamentário enorme, com o qual nenhum keynesiano jamais teria ousado sonhar. O déficit das contas externas tornou-se quase inacreditável e os Estados Unidos transformaram-se, graças a Reagan, num dos principais países devedores do mundo. Uma em cada duas pessoas que rodeia Reagan está envolvida, de uma maneira ou outra, em escândalos de tráfico de influência. E Reagan continua muito simpático, conservando uma maioria de opiniões favoráveis. Foi preciso o Irangate para que isso mudasse um pouco. E durante esse tempo, o avanço autônomo da tecnociência continua a destruir o meio ambiente terrestre e a criar imensos riscos para um futuro cada vez mais próximo.

O que é preciso fazer para que isso mude? Parar tudo?

No contexto atual, não há muito o que fazer. Se você vive para ter cada vez mais objetos, é preciso continuar a fazer o que você faz. Se você vive para esquecer que é mortal, pode continuar a dormir enquanto espera a série de milagres médicos que elevarão a esperança de vida ao nascer de 72,1 para 72,3 anos. Seria preciso um contexto diferente – resultante de uma transformação radical da sociedade. E, nesse contexto, seria preciso, primeiro, tomar profundamente consciência do fato de que nenhuma atividade tecnocientífica é garantia inocente. O momento em que o matemático descobre um teorema é inocente, mas ninguém sabe se esse teorema não será um dia de uma importância crucial na fabricação de uma bomba. Um grande e muito respeitável matemático inglês, Hardy, pacifista durante as duas guerras, dizia ter escolhido a matemática porque ela nunca poderia servir para matar seres humanos. Absurdo. Uma das primeiras equações que aprendemos a resolver em cálculo diferencial chama-se a equação dos artilheiros, pois serve para calcular as parábolas de tiro.

Não existe inocência científica, nem mesmo no paraíso: já está claramente dito no *Gênese*. Primeiro, é preciso que todos se apropriem profundamente dessa conclusão. Por outro lado, nos setores onde aparecem riscos causados pela pesquisa, seria preciso instaurar moratórias efetivas e não apenas no papel. Mas isso não passaria de um frágil paliativo. O que tem de ser mudado são as atitudes do homem contemporâneo, da sociedade contemporânea, sua idéia dos fins da vida, do que é importante, do que somos e devemos ser uns para os outros. A verdadeira política é isso – e nesse sentido a verdadeira questão da época é a questão política, e isso num grau tanto mais agudo quanto mais ruidosamente se proclama o contrário.

O QUE É UMA REVOLUÇÃO[1]

Que há num acontecimento-ruptura, revolucionário, que faz dele o portador do novo, do irreversível? O que faz com que não seja a simples retomada, como alguns pensam hoje, de uma herança antiga?

Em primeiro lugar, seria útil desfazer a confusão em torno do próprio termo "revolução". Revolução não significa nem guerra civil nem derramamento de sangue. A revolução é uma mudança de certas instituições centrais da sociedade pela atividade da própria sociedade: a autotransformação explícita da sociedade, condensada num tempo breve. Se o rei da Inglaterra tivesse sido mais bem aconselhado, a Revolução Americana não teria tido nenhuma dimensão militar ou violenta; nem por isso deixaria de ser uma revolução. A "revolução" de Clístenes em Atenas – da qual, em certo sentido, continuamos sendo os herdeiros – não foi violenta. A revolução de Fevereiro de 1917 na Rússia tampouco foi violenta: no segundo ou terceiro dia, os regimentos do tzar se recusaram a atirar contra a multidão e o antigo regime caiu.

A revolução significa a entrada da parte essencial da comunidade numa fase de atividade *política*, ou seja, *instituinte*. O imaginário social instituinte se põe a trabalhar e volta-se explicitamente para a transformação das instituições existentes. Visto que topa com a resistência das antigas instituições, portanto também do poder estabelecido, é compreensível que se volte para as instituições do poder, ou seja, para as instituições políticas em sentido estrito. Faz parte da natureza das coisas que esse despertar do imaginário social instituinte ponha em questão uma grande quantidade de outras dimensões, formalmente instituídas ou não, da vida social. Isso, ademais, é necessário uma vez que na sociedade tudo está

1 <Entrevista de 24 de novembro de 1987 com François Dosse publicada na revista *EspacesTemps. Réfléchir les sciences sociales*, nºs 38-39, 1988, com o título: "L'auto-constituante". Transcrição de F. Dosse relida por Castoriadis.>

interligado. É claro que – como em *qualquer* ação humana, por sinal –, há o risco de derrapar. Sabe-se a que monstruosidades foram levados supostos "revolucionários" movidos pela ilusão da tábula rasa e pela vontade de controlar *in actu* a totalidade das manifestações da vida social. Não se pode transformar por meio de leis e decretos, e menos ainda pelo terror, a família, a linguagem, a religião das pessoas. A alteração dessas instituições, caso venha a ocorrer, pertence a um outro tipo de trabalho da sociedade consigo mesma, um processo que tem seus próprios ritmos, sua própria temporalidade. Desse processo, a revolução é um nó – simultaneamente resultado e mediação para que a autotransformação da sociedade possa prosseguir.

Quanto à "simples retomada da herança antiga", não é uma discussão realmente interessante. Nenhuma revolução se faz sobre uma tábula rasa, nem pode, ainda que quisesse, produzir uma tábula rasa. É social e historicamente preparada, se dá em condições dadas, geralmente prolonga tendências já existentes – ou volta a cair nelas. Nada disso nos permite desconsiderar o momento – os momentos – de criação sócio-histórica que a revolução encarna sob uma forma breve e densa. Pode-se continuar a repetir que a Revolução Francesa, por exemplo, "nada mais fez que" prolongar e levar a termo o processo de centralização iniciado muito tempo antes pelo Antigo Regime. Por que, então, evitam perguntar: em que teria dado esse processo, para onde teria ido, *sem* a Revolução? Será possível reduzir ao processo de centralização as idéias – as significações imaginárias sociais – de soberania do povo, de democracia, de direitos do homem, de liberdade religiosa, de educação popular etc., e as instituições em que, bem ou mal, elas se encarnaram? É certo que, por intermédio de uma absolutização de certo modo mecânica da idéia de universalidade, sobretudo durante o movimento jacobino, o processo de centralização também saiu ganhando com a Revolução. Mas a Revolução está longe de poder se reduzir a isso.

Então, você não acha que o acontecimento 1789 inauguraria um movimento da história que leva a um terror inevitável e negador das idéias iniciais?

Se tivesse tempo, gostaria muito de fazer um trabalho em torno de alguns eixos de reflexão que, a menos que minha informação esteja seriamente incompleta, parecem estar sendo desconsiderados. Em primeiro lugar, a preparação de 1789 nas profundezas da sociedade. O que é que se infiltra, o que é que se espalha da agitação intelectual, das idéias dos "filósofos", e como isso é retomado e reelaborado nas camadas do povo, no interior etc.? Não basta saber que Robespierre tinha lido Rousseau. Seria preciso, por exemplo, retomar sob esse ângulo os "cahiers de doléances"* em suas sucessivas formulações, comparar o que ali se encontra com o que sabemos agora sobre o desenrolar do movimento etc. Um segundo eixo seria o estudo da imensa criação institucional que começa em 1789 e que, aliás, não cessa nem mesmo sob a ditadura jacobina. O Código Napoleônico é o produto de todo o trabalho legislativo preparado pelos convencionais, isso se sabe, mas o mesmo pode ser dito das transformações na administração, na educação, na organização militar etc. Tudo isso começa a ser modificado desde o período de 1789-1792; é um fantástico trabalho de auto-instituição explícita da sociedade, que, pelo que sei, não conheceu equivalente em outra parte. A Federação me parece ter uma importância decisiva nesse processo: o país indica sua vontade de se reinstituir, recompondo-se a partir de seus "elementos naturais" ou que assim parecem, as comunidades locais. A Federação é um símbolo magnífico da irrupção do instituinte e de sua auto-simbolização. Tudo isso constitui a época fecunda da Revolução. Depois, como se sabe, em função de certo número de fatores, e não porque seria uma fatalidade interna inscrita em qualquer revolução, o povo começa a se retirar de cena, mesmo o povo de Paris. Já muito antes do 9 de Thermidor, os jacobinos já não conseguem mobilizar as seções. A partir daquele momento e, em conseqüência de uma retração do povo, constitui-se um poder absolutista, que evidentemente acentua ainda mais, por seus efeitos, essa retração.

Não se pode, contudo, dizer que esse processo de mobilização das massas é necessariamente seguido, tanto aqui como em qualquer lugar, por um movimento de retração, de perda de fôlego, de desmobilização das forças ativas do processo revolucionário?

É verdade que, afora as revoluções americana e inglesa, e olhe lá, conhecemos nos tempos modernos sobretudo revoluções derrotadas ou que – e os resultados

*Registros das queixas dirigidas aos Estados Gerais. [N. da T.]

às vezes foram piores – deram errado. (O que de forma nenhuma resolve a questão de sua significação ou de seus efeitos, como já dissemos antes.) E é verdade que a cada vez houve essa retração da população; dizer que ela não é inevitável não quer dizer que não tem sentido e que não levanta uma enorme questão. Essa questão – a da "degenerescência" da revolução, ou melhor, de seu confisco por grupos que emergem no processo revolucionário e visam instaurar seu próprio poder – me preocupa faz 40 anos, e faz 40 anos escrevo que para que essa questão não se pode dar uma resposta teórica *a priori*. Pode-se dizer tão-somente o que se deve fazer em geral: lutar a favor de instituições que ampliem as possibilidades de autogoverno coletivo, combater todas as tendências que a elas se opõem. A Revolução Francesa, a partir de um determinado momento, conhece uma ruptura entre as assembléias parisienses, elas mesmas, de resto, rapidamente alteradas pela manipulação, e o resto do país, cada vez mais ausente do processo. Estão dadas aí as condições da ditadura jacobina e do Terror.

Como se sabe, Hegel vê nisso, em *a Fenomenologia do espírito*, um desenrolar necessário: a vertigem da liberdade que se quer absoluta conduz ao Terror como forma suprema onde a liberdade se transforma em seu contrário. Bonito esquema filosófico – sem relação com a efetividade histórica e as questões profundas da democracia, como liberdade individual e coletiva. A idéia de liberdade *absoluta* é evidentemente uma fantasia. Porém, é verdade que a liberdade não conhece limites que lhe sejam impostos de fora, não pode repousar sobre uma norma já dada de uma vez por todas. Assim como no plano individual, também no plano coletivo e político isso significa que a liberdade é inseparável do risco – e desse risco ela não pode se defender instaurando a monarquia constitucional, só pode se defender dele pela *autolimitação*. A democracia só pode existir na e pela autolimitação. E a democracia é um regime trágico: nunca tem de antemão a certeza de um "final feliz" e sua própria *hubris* está sempre à espreita: vide os atenienses em 413 (Sicília) e em 406 (Arginusas).[2] Mas a *hubris* também me espreita – e nem por isso me refugio na escravidão.

2 <Sobre essas duas derrotas, exemplos da *hubris* (excesso transgressivo) do imperialismo ateniense, ver Tucídides, *A Guerra do Peloponeso*, livro VI, e Xenofonte, *Helênicas*, livro I, cap. VI e VII.>

A respeito de 1789, o que você pensa da idéia de que "a revolução terminou"?

Evitemos os mal-entendidos. Acho que quando François Furet escreve: "a Revolução Francesa terminou", a ênfase está na palavra: francesa. Queria dizer, ao menos é o que acho, que o ciclo histórico iniciado com 1789 estava terminado, que os franceses deviam parar de representar seus combates políticos com as vestimentas de 1789. Temos, contudo, de considerar a situação contemporânea e isso em escala mundial. Será que alguém acha que todas as questões colossais que se colocam hoje para a humanidade podem ser resolvidas pelas instituições existentes? Se disséssemos isso – e é a isso que equivale a idéia de que a era das revoluções, ou seja, das mudanças institucionais importantes, terminou –, diríamos na verdade que a história política da humanidade terminou. Vemos, com efeito, pessoas que incriminam a metafísica que teria levado ao totalitarismo e que recusam qualquer filosofia da história professarem, sem explicitá-lo, uma metafísica e uma filosofia da história segundo as quais finalmente encontramos a forma da comunidade política na "democracia" presente. Porém, essa "democracia" (na verdade o regime de oligarquia liberal), longe de representar um estágio final da história, está morrendo devido à privatização (gloriosamente batizada de "individualismo"), à apatia das pessoas, à inimaginável degradação dos políticos. Esses países "democráticos" não representam, aliás, mais que 12% da população mundial – e 6% daqui a 25 anos. E constatamos que mesmo o modelo "liberal" é incapaz de se propagar espontaneamente por toda parte. A grande problemática européia, a da emancipação, do autogoverno das coletividades políticas, continua existindo. Direitos e liberdades foram certamente conquistados – conquistados mediante longas lutas –, mas essa conquista é qualitativamente insuficiente. A Grécia e a Europa são os lugares históricos onde nasceu um projeto de autonomia, tanto social como individual. Esse projeto está longe de estar realizado; e suas condições estão novamente ameaçadas hoje por novas formas de dominação, burocrática e manipuladora, que produzem a atomização da sociedade e dela se nutrem, e que entregues a si mesmas podem, no longo prazo, fazer desaparecer lentamente até mesmo as conquistas das lutas passadas.

O desbloqueio da sociedade, o advento dessa autonomia criativa, passam inevitavelmente pela política?

Não só, mas certamente passam também pela política. Sei que espalharam, há dez anos, a idéia de que era preciso, ou quase, deixar o Estado em paz e tentar criar, "ao lado" do Estado, "espaços de liberdade" que ignorassem o Estado (e que o Estado, sem dúvida, ignoraria, acontecesse o que acontecesse?). Mais uma vez, trata-se da renúncia diante do problema da política: o problema do poder como coletivo e que tem raízes profundas na essência da filosofia política ocidental. Postulado essencial: o poder só poder existir na forma-Estado e com o Estado, não há o que fazer. Um abismo separa esse pensamento da filosofia política grega. Filosofia que não está ali onde, por um mal-entendido enorme e verdadeiramente risível, costumam buscá-la: em Platão e Aristóteles, mas que se exprime na prática e nas instituições das cidades democráticas, em particular dos atenienses. Essa prática ignora a distinção entre os cidadãos, o coletivo dos cidadãos e o "Estado". Não há "Estado". Há o *demos* ou o *koinon* dos atenienses. "Atenas", para os gregos, para Tucídides por exemplo, é uma expressão geográfica, não política. A entidade política é sempre designada como: os atenienses, os lacedemônios, o Grande Rei. Para os modernos, porém, desde pelo menos o século XVII, o postulado central da filosofia política é a existência, inquestionável, de um monstro intocável, do Leviatã, do poder tutelar como diz Tocqueville. A sociedade não pode se autogovernar, está condenada a ser governada por um Estado separado dela. Desse Estado, desse Minotauro, pode-se, no melhor dos casos, limitar os movimentos, cercá-lo de paliçadas (de papel), fornecer-lhe periodicamente jovens rapazes e moças para que com eles se sacie por um tempo – mas só isso. Nada disso muda quando, a cada quatro, cinco ou sete anos, ocorre essa misteriosa alquimia mediante a qual, durante o domingo, o poder "se dissolve" e, à noite, volta a se encarnar (a Eucaristia?), voltando a ser a "hipóstase" do povo na pessoa de seus "representantes". A política não dá e não pode dar resposta para tudo – mas não pode haver transformação essencial da sociedade que não inclua a dimensão do poder. A estrutura atual do poder é alienante, atomizante, remete cada um a sua vida privada e à infantilização.

De onde pode vir uma ruptura global, uma vez que ela continua sendo pensável? Haveria algum motor?

Formular a pergunta em termos de motor não tem mais sentido. Faz tempo que penso e escrevo que não há portador privilegiado do projeto de autonomia, alguma "classe" destinada à hegemonia. Os problemas que se colocam para a nossa sociedade concernem a 90% ou 95% da população. Essa população voltará a entrar numa fase de atividade política? Evidentemente não sei e é certo que no que a isso se refere estamos atravessando uma fase muito sombria. (...)

Que você pensa das concepções segundo as quais a verdade do movimento de maio de 68 estaria no advento do individualismo e do hedonismo?

O que agora chamam de "individualismo" é essencialmente o que chamei, desde 1959, a privatização. Estava presente bem antes de maio de 68. O movimento de maio de 68 foi, ao contrário, uma reação contra essa evolução. Depois do interlúdio de maio, a privatização ressurgiu com mais intensidade. As ideologias da morte do sujeito, da morte do sentido, que até então se propagavam entre a rue de Lille e a rue d'Ulm,** inundaram o mercado popular das idéias: isso porque eram formas de teorização do fracasso do movimento.

Que você pensa do movimento dos estudantes de 1986? Estava em continuidade com o de 1968?

O movimento de 1986 estava totalmente de acordo com o espírito da sociedade atual; ao passo que o movimento de maio de 68 questionava o conteúdo do ensino, a relação professor-aluno, a relação do ensino com a vida da sociedade... Nada parecido com isso em 1986. Muito pelo contrário, os

** Circuito universitário parisiense. [N. da T.]

estudantes nada tinham a dizer sobre os programas, nunca evocavam sua situação privilegiada, fingiam ignorar os problemas gerais e políticos. Logo em seguida, houve decerto uma sensibilização política, pela qual só podemos nos felicitar – mas que sobrou dela? E que sobrou de todo esse movimento? Nada – ao passo que vivemos numa sociedade que maio de 68 influenciou profundamente, apesar de seu fracasso. Luc Ferry e Alain Renaut inverteram a ordem dos números: *Pensée 68*[3] é na verdade o pensamento 86. A tentativa de 68 de levantar a questão da educação está ausente em 86; o questionamento da totalidade dos problemas sociais em 68, ausente em 86; o apoio da sociedade em 68 está ausente em 86, quando o movimento permanece sendo minoritário. Maio de 68 foi um dos últimos movimentos até hoje que se inscreveu na grande tradição dos movimentos de emancipação no Ocidente – a questão nem mesmo se coloca no que tange a 86.

E o que você acha da tendência atual à autocomemoração?

Toda sociedade se comemora – mas hoje a comemoração de 89 é como o falso neoclássico de Bofill atrás da estação Montparnasse. Comemoração pós-moderna – ou seja, falsa. Alguém precisaria tentar usá-la para lembrar o que foi o espírito e a contribuição da Grande Revolução. Alguém precisaria fazer disso um estardalhaço. Mas quem o fará?

3 <*La Pensée 68. Essai sur l'antihumanisme contemporain*, Paris, Gallimard, "Monde actuel", 1985 ; reed. "Folio essais", 1988.>

NEM NECESSIDADE HISTÓRICA, NEM EXIGÊNCIA SOMENTE "MORAL": UMA EXIGÊNCIA POLÍTICA E HUMANA[1]

Numa entrevista recente, você disse: "Não se nota nenhuma vontade dessa sociedade quanto ao que ela quer ser amanhã – nenhuma vontade além da salvaguarda medrosa e queixosa do que existe hoje". Não é esse o estado corriqueiro de qualquer sociedade?

Esse foi o estado corriqueiro quase sempre em quase todo lugar nas sociedades tradicionais. Mas não foi esse o caso nas sociedades de *nossa* tradição, onde surgiu o projeto de liberdade, de autogoverno, de autonomia – nas cidades democráticas gregas, na Europa Ocidental moderna. Estas puseram em questão sua própria ordem, sua própria instituição, em nome de um projeto de autonomia individual e social. É esse questionamento que está se esgotando hoje. Pode-se na certa afirmar que esse estado de apatia é desejável. Foi o que os pensadores reacionários sempre fizeram. Isso também significa dizer que o estado presente das coisas é perfeito – ou o menos imperfeito humanamente acessível. Aliás, é engraçado escutar isso hoje, da parte de neoliberais – às vezes ex-revolucionários – que afirmam que a busca de uma sociedade melhor conduz ao totalitarismo e que esta sociedade aqui é na verdade a melhor possível. Evidentemente, aqueles dentre nós que assumem sua história não podem parar de lutar por uma outra sociedade, uma sociedade livre, autônoma, em que as pessoas se autogovernem coletivamente e onde esse autogoverno se articule com a autonomia individual. *Autogoverno* significa evidentemente autogestão no plano da produção e do trabalho.

[1] <Publicado em *Alternatives économiques*, janeiro de 1988, com o título: "Une exigence politique et humaine"; depoimento recolhido por Philippe Frémeaux e Pierre Volovitch.>

Ora, depois dos grandes movimentos dos anos 60 e 70, vemos, um condicionando o outro, uma onda de despolitização, de privatização renovada e aprofundada e, simultaneamente, um retorno maciço das camadas dominantes, conseguindo impor o que nem sonhavam há 20 ou 30 anos. Conseguiram fazer com que a população aceitasse taxas de desemprego de 10 a 12% ou mais; nos Estados Unidos, foram firmados contratos de trabalho em que os sindicatos aceitaram reduções de salário. Tudo isso graças, em parte, à "crise" (abundantemente explorada para esse fim) – mas essa própria "crise" traduz uma regressão no interior das camadas dominantes, incapazes de administrar o sistema. Para além das flutuações conjunturais, estamos atravessando uma época de decomposição das sociedades ocidentais, incluindo todas as classes, onde o que as mantinha juntas se desagrega num ritmo acelerado.

Dito isso, o estado atual – privatização, apatia – não é sustentável para essa sociedade no longo prazo. A "república liberal", isto é, o regime de oligarquia liberal, não pode funcionar de modo permanente na base do cinismo e do "individualismo". As pessoas que têm de fazê-la funcionar não podem ser todas totalmente cínicas – se assim for, o regime cairá. Nada, porém, no discurso "liberal" ou nos "valores" da época explica por que – exceto a ameaça do Código Penal – um juiz não deveria vender suas sentenças ou um presidente utilizar seu cargo para encher os bolsos. Mas o próprio Código Penal precisa de juízes *íntegros* para funcionar. De resto, não há mais "política" das camadas dominantes. Há uma demagogia (no sentido clássico) permanente, admiravelmente ilustrada pelas entrevistas televisivas com sondagem de opinião contínua simultânea, que não sei mais qual cretino ousou chamar de uma realização da democracia direta.

Em suas origens, o sindicalismo pretendia abolir o trabalho assalariado. Os sindicatos atuais não estão reivindicando a manutenção do trabalho assalariado? Qual pode ser o lugar do sindicalismo hoje numa ação por uma sociedade de indivíduos autônomos e responsáveis?

A reivindicação de abolição do trabalho assalariado, que efetivamente existiu na origem, foi rapidamente posta de lado. Faz tempo que os sindicatos são elementos de integração da força de trabalho ao sistema. Há décadas que os operários, nos Estados Unidos, na Inglaterra e até na França ou na Itália, quando querem lutar realmente, são obrigados a deixar de lado as estruturas sindicais e inventar formas de organização autônomas. Há um outro elemento em jogo, no tocante ao papel dos sindicatos: a fantástica redução quantitativa do proletariado "clássico" na população e até, de modo mais geral, das camadas salariais reivindicativas tal como as conhecemos. O aumento do emprego, quando ocorre, só se dá no setor de serviços. Quanto ao resto, assistimos à destruição acelerada, à desindustrialização, ao desaparecimento do mapa das grandes regiões tradicionais da indústria, de países inteiros. Até os Estados Unidos estão, de fato, num processo de desindustrialização. Mas a crise do sindicalismo começou bem antes disso: os operários, na realidade, tiveram a experiência da transformação burocrática e conservadora dos sindicatos.

Que forças sociais representam atualmente uma alternativa? Ou é a própria idéia de um vínculo entre uma alternativa e forças sociais precisas que é incorreta?

Com efeito, essa idéia é incorreta, em todo caso para as sociedades modernas. Não se pode mais dizer que o "proletariado" está historicamente encarregado da transformação da sociedade, quando esse proletariado se torna uma pequena minoria, nem que as "camadas assalariadas" o estejam, pois hoje quase todo o mundo é assalariado. A transformação da sociedade exige hoje a participação de toda a população, e toda a população pode ser sensibilizada para essa exigência – com exceção, talvez, de 3 a 5% de indivíduos inconvertíveis. Devemos sublinhar uma outra idéia incorreta, profundamente enraizada no movimento "de esquerda": a idéia de um privilégio político-histórico dos pobres. É uma herança cristã. A lógica e a experiência histórica mostram que a idéia de tal privilégio é absurda, que os verdadeiros "pobres" tenderiam, antes, a se curvar ante os dominantes.

Hoje não há mais grupo capaz de se autoconstituir...

Com efeito, essa questão se coloca hoje em termos universais. O exemplo de maio de 68 é muito chamativo a esse respeito. Os estudantes mais ativos estavam imbuídos de uma ideologia arcaica, achavam que não eram nada, que tinham de mobilizar a classe operária, fazer piquetes em torno das fábricas etc., enquanto a classe operária, em sua maioria, permanecia dominada pelo PC-CGT. Ao mesmo tempo, os estudantes mostravam por seu próprio movimento que as reivindicações mais radicais, as mais importantes, não eram mais feitas pela classe operária, mas por eles mesmos e por outras camadas que se mobilizavam naquele momento.

Mas, se não há mais necessidade histórica, o que define a esquerda além de uma exigência moral?

Não é uma exigência apenas "moral", é uma exigência política e humana: quero ser livre, quero ser responsável, participar das decisões que me afetam, não quero que meu destino seja decidido por outros.

O liberalismo, a empresa, também podem ser valores positivos, de auto-afirmação, de afirmação da individualidade, corresponder à reivindicação de ser autônomo. Talvez o pessimismo que você demonstra não se justifique?

Não sou pessimista, tento entender o que acontece, constato uma decomposição do tecido social e dos valores que o mantinham coeso. Os "valores individualistas" de que você fala são ilusórios. [Bernard] Tapie "venceu" mas, por definição, só pode haver um Tapie em cada cinqüenta mil pessoas, uma vez que vivemos e continuaremos a viver em uma economia de grandes unidades de produção. A idéia é: eu vou abrir minha lojinha e não estou nem aí para a sociedade. Mas a sociedade está aí para você, ela lhe impõe a poluição, o barulho, os impostos, talvez a guerra. O "individualismo" é um infantilismo. Em nenhuma sociedade que eu conheça as pessoas estiveram tão imersas no social como hoje. Quinze milhões de lares giram na mesma hora os mesmos botões para ver a mesma coisa. Não me faça rir.

Não é aí que reside uma das forças de manutenção do modo de consumo atual?

Evidente que sim. Não sou pessimista, como você dizia agora mesmo, mas a situação é efetivamente grave. Tudo o que acontece não acontece à revelia da sociedade: as pessoas querem esse modo de consumo, esse tipo de vida, querem passar tantas horas por dia diante da tv e jogar nos computadores domésticos. Há nisso mais que uma simples "manipulação" pelo sistema e pelas indústrias que lucram com isso. Há um enorme movimento – deslizamento – em que tudo está interligado: as pessoas se despolitizam, se privatizam, se voltam para a sua pequena esfera "privada" – e o sistema lhes fornece os meios para fazer isso. E o que elas encontram nessa esfera "privada" as desvia ainda mais da responsabilidade e da participação política.

A força do liberalismo é que, na sociedade tal como ela é, o consumo é uma das formas de expressão da liberdade pela possibilidade de escolha; com relação a isso, o projeto de uma outra sociedade aparece como totalitário. Que crítica do consumo é possível hoje que recuse efetivamente o que há de terrível no modo de consumo atual e não nos conduza a uma regulamentação autoritária do consumo?

Uma sociedade autônoma é uma sociedade de verdadeira *soberania* do consumidor. A mera "liberdade" do consumidor de que nos falam é a possibilidade de escolher entre os produtos que lhe oferecem (aliás, nem mesmo isso é verdade). Mas a soberania do consumidor é a possibilidade que ele tem de dizer (e isso, essencialmente, só tem sentido coletivamente hoje): são estes os produtos que eu gostaria de consumir. Assim como no plano político, tampouco aqui há verdadeira liberdade sem soberania. A soberania consistira em os consumidores poderem dizer, por exemplo: "Não quero uma cidade que esteja constantemente congestionada, constantemente afeada pelos carros, quero um desenvolvimento dos transportes coletivos ou um outro tipo de carros ou de gestão coletiva dos carros".

Por trás do que você diz não está a idéia de que o mercado não é ruim em si mesmo e que o que é ruim é certo número de condições sociais, de desigualdades etc.?

Com certeza. A teoria liberal apresenta o mercado como um "voto" dos consumidores. É um voto evidentemente fraudado: o "voto" de qualquer grande financista que quer um jato pessoal vale um milhão de vezes mais que o voto de um desempregado ou de um imigrante que morre de fome. Por outro lado, há no marxismo a idéia absurda de que o mercado como tal, a mercadoria como tal, "personificam" a alienação; absurda, pois as relações entre os homens, numa sociedade ampla, não podem ser "pessoais", como numa família. São e serão sempre socialmente mediadas. No âmbito de uma economia minimamente desenvolvida, essa mediação se chama o *mercado* (a troca). Criando-se certos pressupostos, de que falei em *Le Contenu du socialisme*,[2] o mercado pode se tornar uma espécie de referendo permanente, ratificando ou invalidando as decisões tomadas no tocante à produção. É o que o discurso liberal diz que o mercado faz atualmente – e é o que não acontece na realidade.

2 Paris, UGE, "10/18", 1979.

QUANDO O LESTE PENDE PARA O OESTE[1]

Durante muito tempo você afirmou que não era possível sair de um regime comunista depois que este estivesse estabelecido. Gorbatchev parece contradizê-lo.

O surgimento de Gorbatchev, sua capacidade de se manter e introduzir certo número de modificações foram para mim uma grande surpresa. Excluía essa possibilidade por uma consideração do que é a burocracia. Mas às vezes o que é extremamente improvável acontece. Em segundo lugar, o acontecimento tem de ser interpretado. Acho que ficou evidente para uma parte das camadas dirigentes que não se podia mais responder à pressão ocidental, ao relativo rearmamento ou superarmamento dos Estados Unidos, com uma economia tão debilitada. Os militares devem ter sentido a necessidade cada vez maior de uma indústria civil que funcionasse com a mesma eficácia que o aparelho industrial-militar. Tudo o que sabemos hoje confirma, aliás, e vai até além do que eu dizia em *Diante da guerra*: Sakharov declarou, numa entrevista para o *Le Monde*, que a população operária dispõe de apenas 30% do produto interno. Para onde vai o resto? Não pode ser investido integralmente em dachas e caviar para a burocracia. E as despesas militares continuam aumentando 3% por ano – ao passo que as despesas americanas desde 1985 estão estáveis ou diminuem. No tocante a isso, a política exterior de Gorbatchev, muito astuciosa, tem não só consideráveis efeitos de publicidade, mas também lhe permite ganhar a simpatia de seu *establishment* industrial-militar já preparando uma reorganização das despesas militares – e passando do quantitativo para o qualitativo.

---

1 <Entrevista com Jean-François Duval, publicada com esse título em *Construire* (publicação da cooperativa suíça Migros), nº 44, 1º de novembro de 1989.>

Mas isso não é tudo. Há também, como sempre ocorre periodicamente na Rússia, a vontade dessas camadas dirigentes de se civilizarem, de se ocidentalizarem. Há a enorme defasagem que elas sabem existir entre a vida na Rússia e o que acontece aqui. Desse ponto de vista, Gorbatchev é uma espécie de czar civilizador. Mas será que a via que ele escolheu conseguirá levá-los para algum lugar? Fala-se de *auto*-reforma, mas veja o que acontece na Hungria. Se nenhuma pressão externa for exercida nos próximos anos (afora a filiação ao Pacto de Varsóvia), no que se transformará a Hungria? Numa república parlamentar capitalista. Com a Polônia é um pouco menos claro. Em ambos os casos, contudo, não é uma reforma, mas um desmoronamento do sistema. Na URSS, não se tem uma reforma, mas um recuo contínuo com relação a ele sem que se veja esboçar claramente a fisionomia de um novo sistema – apesar de enormes mudanças como a *glasnost*, as eleições, o novo Soviet Supremo, os debates televisionados do Parlamento etc. Está claro que, por enquanto, o regime – que deixou de ser um verdadeiro totalitarismo desde a morte de Stalin – está evoluindo para uma espécie de absolutismo muito temperado, com um autocrata, Gorbatchev, que faz o que quer, aceitando que uma grande parte das coisas seja determinada pelo Soviet Supremo.

Mas, que vai acontecer? Não vale a pensa passar em revista os enormes problemas que existem – as nacionalidades, o Leste Europeu, o regime político etc. O buraco negro de tudo é, evidentemente, a economia. Desse ponto de vista, a situação se agrava a cada dia, sem que haja qualquer saída no horizonte. Quando se diz: haverá dois, três ou quatro anos difíceis de passar, são palavras vazias. Não se vê o que mudará em dois ou quatro anos se continuarem nessa direção.

Fala-se do fim do comunismo. Mas o que viria no lugar? A seu ver, existe uma incapacidade de imaginar o futuro, de se dar instituições verdadeiramente novas?

Esse é o ponto crucial. Sempre achei que uma revolução na Rússia, no sentido verdadeiro e forte do termo, não só não está excluída, como é uma das prováveis saídas. Em todo caso, não vejo um retorno duradouro de um regime de tipo brejneviano. Mas em que sentido as reformas de Gorbatchev poderiam dar certo, se no terreno mais duro, o da economia, nem dá para perceber o que ele quer e em que isso consistiria? Quando uma sociedade está diante de problemas urgentes, aparentemente insolúveis, temos a definição de uma situação pré-revolucionária. Ninguém vê a solução, todos sabem que é preciso dar uma, e a coisa explode. Por enquanto, não há sinais disso, exceto a greve dos mineiros, onde as pessoas mostraram capacidades de organização e de abnegação notáveis.

No caso de haver tal reanimação da sociedade, a questão é saber se haverá um despertar da imaginação política. O que me impressiona e entristece na evolução dos países do Leste, embora evidentemente me alegre com o fim do comunismo, é a total falta de criação política – ainda que cause nossa admiração a genialidade tática das pessoas na Polônia ou na Hungria e o sucesso delas diante de regimes de ditadura militar. Mas quando passamos para a reconstrução da sociedade, que vemos? A volta às receitas supostamente testadas do capitalismo liberal, mercado, Parlamento etc. Não há idéias novas. Vemos ali a mesma pobreza de pensamento que no Ocidente. As instituições, porém, são obra da criatividade humana, uma obra do imaginário radical que funda toda sociedade. O fato de que os hebreus vivessem para adorar Deus e que nós vivemos para aumentar o produto interno não decorre nem da natureza, nem da economia, nem da sexualidade... São posições imaginárias primeiras, fundamentais, que dão um sentido à vida.

Essa é uma de suas idéias centrais.

Certamente. Há entre nós um vazio assustador dos discursos políticos. O discurso neoliberal é vazio: um lamentável achatamento do que diziam os grandes liberais de antigamente. O discurso socialista é inexistente. Há um regime político que chamam de democracia, mas que não é a democracia. Qualquer filósofo político clássico teria dito que esses regimes são oligarquias. São as mesmas pessoas, nem mesmo 1% da população, que dirigem, que são cooptadas, de modo quase hereditário. A transmissão hereditária do dinheiro, das posições, das relações, continua desempenhando um enorme papel. Temos um sistema político que eu chamo de oligarquia liberal. Que tem como condição e como efeito uma apatia da população no tocante à coisa pública, o desaparecimento de todo verdadeiro conflito, social ou político.

Os conflitos sociais tornaram-se puramente corporativistas. A população vota uma vez a cada cinco anos, corrige um pouco se os dirigentes exageram; pode despachá-los e pôr outros no poder, mas esses outros são parecidos. Isso se percebe na França e logo se perceberá na Inglaterra com a queda de Thatcher e a chegada dos trabalhistas.

Como se sabe, as pessoas desinvestiram as instituições, os sistemas, os partidos políticos...

Há uma atitude essencialmente cínica que vem junto com o que chamaram tão inapropriadamente de individualismo, hedonismo, narcisismo etc. Mas é ridículo falar de individualismo quando todas as noites às oito horas 20 milhões de lares apertam o mesmo botão e vêem o mesmo programa. Não! Há o que chamei faz 30 anos uma *privatização* sem precedentes em nossa história. Ou seja, a busca de pequenos prazeres em um mundo que não oferece às pessoas nenhum projeto, nenhuma perspectiva, exceto seu pequeno bem-estar individual – o que chamo o onanismo consumista e televisual. Não vai além disso.

Nessa situação, a atitude para com as instituições é obscura: ao mesmo tempo de tolerância e de reivindicações perpétuas. O Estado não somos nós, mas assim que aparece um problema, é para ele que a gente se volta – o que vem junto com o corporativismo de que falava. Vivemos em uma sociedade de *lobbies* e *hobbies*. É como se a sociedade fosse uma sopa, uma maionese que tivesse desandado: o que se mantém coeso não depende mais de uma atividade das pessoas que se interessam pelo todo social. Encha o mais possível os bolsos e tente aparecer na tv, é essa a filosofia e a moral do sistema. Que tipo de indivíduo, de pessoa humana isso pode produzir? Mas é assim que funciona, com um pseudomercado – dominado por monopólios, com uma intervenção estatal fantástica, já que em todos os países o Estado controla 50% do produto interno, direta ou indiretamente. Funciona, mas até quando? Não se deve esquecer que o enorme sucesso do capitalismo se apóia, entre outras coisas, numa destruição irreversível dos recursos biológicos que três bilhões de anos acumularam sobre a Terra. Há aí uma espécie de barreira contra a qual somos lançados a toda velocidade.

No fundo, você deseja um corpo social capaz de um trabalho de auto-análise e de elucidação análogo ao do analisando deitado no divã de seu analista...

De certa forma, sim, embora não goste muito desse tipo de paralelo. Mas há afinidades mais profundas. A verdadeira democracia nasce no Ocidente precisamente como a tentativa do povo de se autogovernar, ou seja, de fazer sua própria lei. Para isso, porém, a sociedade precisa incorporar em si mesma uma enorme dose de reflexividade, de reflexão sobre si mesma. A verdadeira democracia é o regime da reflexividade. Isso não quer dizer que seja o regime do saber absoluto ou da transparência. Pode se enganar, assim como nós podemos nos enganar, por mais reflexivos que sejamos. Mas não agimos ao acaso, tentamos ser prudentes. Deliberamos com nós mesmos. E a verdadeira democracia é um regime reflexivo porque é um regime deliberativo. Implica a libertação da atividade coletiva, uma paixão pela coisa pública. E a instauração de um regime verdadeiramente democrático exigiria o desenvolvimento em grande escala dessa atividade e dessa paixão. Mas não há sinais disso (exceto durante os anos 60 e 70). Fenômeno ainda mais angustiante porque, uma vez mais, corremos contra esse bloco de granito que é o impasse ecológico. A menos que a humanidade volte a tomar posse de si mesma, corre o grande risco de topar com um regime totalitário.

A Europa?

Todos os passos rumo à superação do Estado-Nação são bem-vindos. Mas não podemos aprovar o caminho capitalista e burocrático atualmente trilhado.

MERCADO, CAPITALISMO, DEMOCRACIA[1]

(...) Ouve-se cada vez mais dizer nos meios de esquerda: "Como o plano não funciona, seremos obrigados a voltar ao mercado. Numa sociedade complexa, é preciso haver formas de mediação impessoais e formas impessoais de regulação coletiva" – em suma, na linguagem de Habermas, é a distinção entre o sistema e o mundo da vida. Habermas diz que, embora os sistemas devam em última instância estar sob o controle do mundo da vida, não podemos abolir o sistema como tal. Sempre haverá o mercado e certas formas de regulação administrativo-burocrática da sociedade. Esse é o fundamento da crítica dele a Marx: haveria em Marx a idéia de uma absorção de todas as relações sociais na imediatez do mundo da vida. Parece que boa parte de sua inspiração vem, ainda que de modo indireto, do jovem Marx. Onde é que sua idéia de autonomia o situa com relação a esse debate?

Marx estava certamente equivocado ao crer que todas as mediações impessoais deviam ser abolidas. No entanto, é a isso que se resume sua crítica da mercadoria ou do dinheiro. Rompi com essa posição em 1957, num texto de *S. ou B.* chamado "Sobre o conteúdo do socialismo" que publiquei depois. Para mim, é algo evidente: não pode haver uma sociedade complexa sem, por exemplo, meios impessoais de troca. O dinheiro cumpre essa função, e ele é muito importante nesse sentido. O fato de retirar do dinheiro uma de suas funções nas economias capitalista e pré-capitalista, a de instrumento de acumulação individual de riquezas e de

1 <Extraído de uma entrevista publicada em *Radical Philosophy*, n° 56, outono de 1990, pp. 35-43. Depoimento recolhido na universidade de Essex por Peter Dews e Peter Osborne em fevereiro de 1990. Tradução para o francês dos organizadores deste livro.>

aquisição de meios de produção, é outra coisa. Mas como unidade de valor e meio de troca, o dinheiro é uma grande invenção, uma grande criação da humanidade. Vivemos em sociedade; há uma coletividade anônima; exprimimos nossas necessidades e preferências dispondo-nos a gastar tanto por tal objeto e não por aquele outro. Não creio que isso seja um problema. Mas é preciso tomar cuidado quando se fala de "mercado", não é? Repito que nesse texto de 1957 eu disse que a sociedade socialista será a primeira sociedade onde haverá um verdadeiro mercado, porque o mercado capitalista não é um mercado. Um mercado capitalista não é um mercado, não só se você o comparar com o mercado dos manuais de economia política, onde ele é transparente e onde o capital é uma espécie de fluido que passa imediatamente de um setor de produção para outro porque nele é possível lucrar mais – o que é absurdo –, mas também porque nele os preços não têm, por assim dizer, nada a ver com os custos. Numa sociedade autônoma, você terá um autêntico mercado no sentido de que nele haverá tanto supressão de todas as posições de monopólio e de oligopólio como correspondência entre os preços dos bens e os custos sociais reais.

Mas haverá também um mercado de trabalho?

Com efeito, aí temos um problema. Minha posição sobre isso é que você não pode ter mercado de trabalho no sentido de que não poderia haver sociedade autônoma se você mantém uma hierarquia de salários e de ganhos. Manter essa hierarquia é manter todas as motivações do capitalismo, do *Homo economicus* e voltaremos a cair na "imundície anterior".

Isso não vai reduzir a eficácia do mercado?

Não vejo por quê. Não há nenhum verdadeiro argumento econômico e racional que lhe permita dizer: "Uma hora de trabalho desse homem vale três vezes a hora de trabalho daquele outro homem". Nisso consiste todo o problema da crítica da teoria do valor e da crítica do que fundamenta a teoria do valor, ou seja, a idéia de que pode haver imputação do resultado da produção a esse ou aquele fator, de modo definido. Na verdade, tal imputação é impossível: o produto é sempre um produto social, e um produto histórico. É preciso sempre levar em conta o fato de que, qualquer que seja a imputação dos custos que você faça, trata-se sempre de uma imputação relativa, em função de necessidades sociais e em função do futuro – embora deva ter, é claro, alguma relação com os custos históricos e com a realidade. Mas não pode haver diferenciação do custo da mão-de-obra que tenha alguma justificação racional ou até simplesmente sensata. Isso, pelo visto, é duro de engolir.

Portanto, você parece achar que não há nenhuma racionalidade na distribuição capitalista do trabalho social por intermédio da relação salarial, no que tange à produtividade. Haveria nisso apenas um fator político?

Isso mesmo. A distribuição atual dos rendimentos, tanto entre os grupos como entre os indivíduos, é apenas o resultado de uma relação de forças. Nada mais. Isso cria, evidentemente, problemas no que concerne, por exemplo, à disciplina do trabalho. Se a coletividade dos trabalhadores não for capaz de criar uma solidariedade e uma disciplina suficientes para que todo o mundo trabalhe aceitando certas normas coletivas, chegamos ao verdadeiro cerne, que é político, do problema. Nesse caso, não há o que fazer; assim como não há o que fazer no terreno da democracia política se as pessoas não quiserem ser responsáveis pelas decisões da coletividade, participar ativamente etc. Isso não quer dizer que se deva manter estruturas burocráticas e hierárquicas na produção – ao contrário. A divisão de tarefas e a distribuição do poder não são uma única e mesma coisa.

Passei muito tempo analisando o funcionamento das fábricas capitalistas. E cheguei à conclusão que, a metade do tempo, a planificação capitalista da produção na fábrica é absurda. A fábrica funciona porque os trabalhadores violam a organização capitalista da produção. Trabalham contra as normas, ou apesar das normas, e é assim que as coisas acontecem. Se aplicassem as normas, a produção pararia imediatamente. É por isso que a "operação padrão" é um dos modos mais eficazes de fazer com que nada mais funcione. É isso o que tem de ser muito bem entendido no que concerne à organização capitalista da produção. A partir do momento em que há uma hierarquia, há uma opacidade fundamental na esfera da produção, porque há divisão entre os que dirigem e os que executam; e os trabalhadores, por definição, têm de esconder a realidade dos dirigentes. Isso atinge proporções delirantes numa sociedade totalmente burocrática, mas é algo que vemos em praticamente todo lugar. Cabe à coletividade tomar as decisões fundamentais. Ela pode delegar, mas cabe a ela eleger seus delegados e destituí-los caso queira.

Isso supõe um nível muito alto de cultura e de atividade política.

De fato, é preciso que as pessoas se sintam realmente responsáveis, não há dúvida disso. Você não poderá ter uma coletividade realmente democrática, não só a autogestão na produção, mas no nível puramente político, sem uma verdadeira atividade das pessoas. Contudo, tampouco se trata de ser fetichista a esse respeito: podem haver instituições que facilitem essa participação. Hoje, para ser responsável, para tentar participar, é preciso dar prova de um verdadeiro heroísmo dia e noite. É preciso criar uma situação em que você possa participar sem ser heróico 24 horas por dia.

Isso significa uma redução do tempo de trabalho.

Com certeza. Mas que também ocorreria por outros motivos. O que se faz no tempo de trabalho? Nos Estados Unidos, a produção praticamente duplicou durante a Segunda Guerra Mundial. E os operários não deviam passar mais de quatro horas por dia realmente trabalhando na fábrica. O resto do tempo, faziam de conta, jogavam cartas ou então "trabalhavam para o governo", como dizem os americanos (*government job*). "Deixe-me em paz, estou trabalhando para o governo": o que quer dizer que se está fazendo algo que se vai levar para casa; é o que os franceses chamam de "perruque". Você conhece a enorme importância que esse fenômeno tem na Rússia. Acho que podemos afirmar que, com outras condições de participação dos trabalhadores, a produção atual poderia ser obtida com quatro ou seis horas de trabalho em vez de oito.

Você seria favorável àquilo que às vezes é chamado de planificação indicativa, com um contexto democrático geral no nível social?

Oh, não apenas indicativa. Não creio haver contradição entre mercado e planificação no tocante a isso. Numa sociedade autônoma, é preciso haver um verdadeiro mercado, e não só uma liberdade, mas uma *soberania* do consumidor: cabe aos consumidores decidirem quais são os bens específicos que devem ser produzidos para o consumo, por meio desse voto diário que são suas compras e em que cada voto vale o mesmo que o dos outros. Hoje, o voto de um grande financista como o sr. Trump vale um milhão de vezes mais que o do americano médio. Não é isso que chamo um verdadeiro mercado. Mas é preciso haver decisões de ordem geral sobre dois pontos pelo menos: a distribuição do produto interno ou da renda nacional, entre consumo e investimento, e a parte respectiva, no consumo global, do consumo privado e do consumo público – em suma, que parte a sociedade quer destinar para a educação, para os transportes, para a construção de monumentos ou para qualquer outro empreendimento público e que parte decide destinar ao consumo dos indivíduos, que farão com ela o que quiserem. A respeito disso, é preciso haver uma decisão coletiva. São necessárias propostas e debates, e que as conseqüências das decisões estejam claras para todos.

Nesse sentido, é necessário haver uma planificação, porque é necessário prever as conseqüências da decisão relativa ao investimento e ao consumo. É preciso poder dizer: se vocês decidirem que é preciso haver tal nível de investimento, eis quais serão aproximadamente os níveis de consumo com os quais poderão contar nos próximos anos. Se vocês quiserem mais investimento, terão de consumir menos. Mas talvez possam consumir mais daqui a cinco anos. Se quiserem mais educação, é preciso entender que haverá um preço a pagar. Terão de dedicar recursos à educação e terão de decidir de onde irão tirá-los. Vão cortá-los do consumo privado? Ou vão retirá-lo do investimento, ou seja, do crescimento futuro de instrumentos de produção? Vocês estão preocupados com um crescimento qualquer das capacidades de produção, ou querem se contentar em renovar o capital existente? Tudo isso tem de ser apresentado claramente e não poderia ser decidido de maneira ponderada pelo mero jogo de forças do mercado.

Isso faz pensar no tipo de debate que está ocorrendo atualmente na União Soviética.

Pode ser... Mas não aceito a idéia daqueles que, como Habermas, acham que a partir do momento em que você tem um sistema você deve aceitar certo tipo de alienação ou de heteronomia. Não digo que você possa controlar tudo, não pode e de qualquer modo o problema não é esse. O verdadeiro problema é poder olhar para trás, mudar as coisas e estabelecer mecanismos que façam com que as pessoas possam controlar o funcionamento da sociedade, mesmo que este não possa nunca ser totalmente transparente, é claro. (...)

UMA "DEMOCRACIA" SEM A PARTICIPAÇÃO DOS CIDADÃOS[1]

Quando se levanta a questão da democracia hoje, trata-se sempre da democracia representativa, seja para elogiá-la ou para criticá-la. Não avançamos mais que isso. Será que podemos, junto com você, levar a interrogação mais adiante, por exemplo para a forma da democracia participativa?

Prefiro falar de *democracia direta*. Dizer que se os cidadãos não participam da vida pública nada é possível, é algo evidente. Mas não basta repetir: participação, participação. A pergunta é: e por que, diachos, os cidadãos participariam? Se não participam hoje, deve certamente haver motivos.

É porque na democracia representativa ninguém pede que o façam. Além disso, a maioria deles não se considera livre para fazê-lo.

Como dizia Rousseau sobre os ingleses, eles só são livres no dia das eleições. Mas será que mesmo nesse dia eles são livres? As cartas estão marcadas, as pseudo-opções são predeterminadas pelos partidos – e, além do mais, vazias. Que são os "programas" dos partidos políticos hoje, na França, na Inglaterra ou em outros lugares?

Talvez as diferenças entre eles não estejam, de fato, muito claras... Então, a respeito da democracia contemporânea...

Ela está organizada, concebida de modo tal que a participação dos cidadãos seja *de fato impossível*. Depois disso, os políticos ficam chorando devido a sua crise

[1] Entrevista com Anne-Brigitte Kern, publicada em *Transversales Sciences/Culture*, nº 7, fevereiro de 1991, com o título: "Où en sommes-nous de la démocratie?".>

de representatividade. Agora mesmo o sr. Fabius está se lamentado depois de descobrir várias Américas: a privatização das pessoas, o desinteresse dos cidadãos, o vazio do "programa" de seu partido. Ou esses deputados socialistas que, depois de terem descrito o vazio da "política" contemporânea, inclusive a do partido deles, terminam convidando-nos a manter firme a "linha do Presidente".[2] Já faz tempo que neste país ninguém mais morre de ridículo.

Os cidadãos acreditam não poder fazer nada contra esse estado de coisas.

Dentro do regime atual, realmente não podem fazer nada. Para que as pessoas participem, precisam ter a certeza, constantemente comprovada, de que sua participação ou sua abstenção farão alguma diferença. E isso só é possível se participar for participar na tomada de decisões efetivas, que afetam a vida delas.

Mas isso não pode ser feito por indivíduos isolados. Somente coletividades têm condições de defender ações que implicam em decisões.

Com certeza. A participação tem de se enraizar primeiro em lugares onde as pessoas são levadas, quer queiram quer não, a se associar. Esses lugares existem, ao menos formalmente: são as empresas, os serviços públicos, as comunas, os bairros das grandes cidades, por exemplo.

Você disse: formalmente. Deve-se entender que é algo que não se dá automaticamente.

Sim. O capitalismo burocrático, que rege as empresas e o conjunto da vida social, assim como a evolução global de nossa cultura, aquilo que chamo o imaginário social instituído, tendem a destruir os lugares tradicionais de socialização e de associação ou a fazer deles cascas vazias. As estruturas burocrático-hierár-

2 *Le Monde*, 11 de dezembro de 1990 ("Manifesto" de doze deputados socialistas).

quicas destroem as solidariedades. A cultura leva freneticamente para uma privatização dos indivíduos, que não só perdem o interesse pelos assuntos comuns, como vêem os outros como objetos ou inimigos em potencial que os impedem de avançar no engarrafamento geral. Dito isso, a instauração de uma verdadeira democracia exige muito de todo o mundo.

Porque põe em jogo a autonomia individual...

Ela pressupõe a autonomia do indivíduo, isto é, sua lucidez, sua reflexividade, sua responsabilidade. Pressupõe também a compreensão por parte do indivíduo de que, ao contrário do que dizem as mistificações disseminadas pelo liberalismo, seu destino é radicalmente solidário do de todos os outros, de que pertence ao mesmo planeta que seus semelhantes e que, junto com seus semelhantes, o estão atualmente destruindo.

Mas muitas das questões que se colocam para a coletividade parecem abstratas para o cidadão. Sem compreendê-las, acha que sua exclusão das decisões é inevitável.

É a ilusão tecnicista, a *ilusão da expertise*. Mas ninguém conta mais as decisões absurdas tomadas há 30 anos pelos peritos ou com base no parecer deles, dos abatedouros de la Villette ao excesso de equipamento nuclear da EDF [Électricité de France]. Temos agora, ou teremos em breve, peritos capazes de modificar o genoma humano; deveremos deixar que eles decidam a esse respeito? Os peritos estão quase sempre divididos, não são eles que decidem; quando os dirigentes querem que uma "perícia" vá em certo sentido, encontram sempre peritos para produzirem um relatório idôneo. Não creio que, num referendo, o povo francês teria votado a favor da construção de aviões farejadores.[3] Era preciso ser engenheiro e grande perito em economia, como Giscard, para acreditar naquilo.

3 <Em 1976, com base em relatórios fantasiosos, a empresa Elf assinou um contrato de muitas centenas de milhões de francos para comprar a licença de uma técnica que supostamente permitiria que aviões detectassem à distância jazidas de petróleo.>

A evolução tecnológica permitiria pôr a perícia a serviço da democracia. Permitiria a organização de amplos debates públicos, aos quais os peritos, controlados democraticamente, submeteriam por exemplo as opções possíveis, os argumentos essenciais para cada uma delas, suas respectivas implicações e conseqüências. Assim, as pessoas poderiam decidir com conhecimento de causa – em vez de se verem assaltadas, como hoje, pelos efeitos de decisões tomadas em sua ausência e totalmente às escuras. Mas tudo isso pressupõe uma mudança radical de um grande número de estruturas dessa sociedade.

A começar pelo sistema educacional onde se continua aprendendo apenas a obediência...

Obediência *e* anarquia, *uma ou outra, uma e outra,* e isso nos remete a características essenciais da crise da cultura ocidental. Cada ministro produz uma "reforma" do sistema educacional, trituram interminavelmente – e muito superficialmente – os currículos e a soma de tudo isso é igual a zero. Por que o sistema educacional está se decompondo? Há três elementos fundamentais dos quais nunca se fala. Em primeiro lugar, não pode haver educação se os alunos não estiverem interessados no fato de aprender e no que aprendem. Atualmente, somos incapazes de fornecer uma resposta a essa questão; a única resposta real, derrisória, aliás, é: com seu diploma, você poderá conseguir trabalho – o que nem mesmo é verdade. A escola torna-se assim uma fábrica de produção de certificados de aptidão profissional. Em segundo lugar, a questão dos professores. Lecionar não é uma profissão como as outras, não é uma profissão para "ganhar a vida". Lecionar é ensinar as crianças a gostarem de aprender e, para isso, é preciso gostar de lecionar e gostar das crianças. Não se consegue transmitir nada se não se estiver imbuído desses dois amores e se não se for capaz de inspirar amor.

É desde a escola que se fabrica um ser humano, um cidadão. É lá que se aprende a entender, a escolher...

Certamente. E isso me leva ao terceiro ponto. Escolher exige ser capaz de se orientar e ter uma hierarquia de valores. *Onde estão esses valores na sociedade atual?* Numa sociedade que na verdade afirma como único valor o dinheiro – e que, mesmo nesse plano, é incoerente, já que precisa de técnicos em informática a quem paga 30 ou 40 mil francos por mês assim que saem da faculdade, ao passo que só dá 15 aos professores deles? Quem irá se tornar professor de matemática amanhã? E por que um juiz, que pode ter de decidir assuntos que envolvem centenas de milhões, irá continuar íntegro?

Se seguirmos em tudo o modelo americano...

Mas nós o seguimos: como dizia Marx sobre a Inglaterra de sua época, é o espelho onde podemos ver nosso futuro. É conhecida a lamentável situação do sistema educacional americano nos primeiro e segundo graus. Era, muito parcialmente, compensada pelo sistema universitário. E agora as estatísticas mostram que essas universidades com suas maravilhosas bibliotecas, seus laboratórios de sonho etc. têm de recrutar quase uma maioria de professores estrangeiros e doutorandos e pós-doutorandos estrangeiros. Os Estados Unidos nem conseguem reproduzir sua elite cultural.

Tudo isso para dizer que a democracia é uma questão que vai além da política. É uma questão total. A sociedade está dominada por uma corrida louca, definida por estes três termos: *tecnociência, burocracia, dinheiro*. Se nada a detiver, haverá cada vez menos democracia. A privatização, o desinteresse, o egoísmo, estarão por toda parte – acompanhados de algumas explosões selvagens dos excluídos, minoritários e incapazes de ter uma expressão política.

Mas o sonho de controle, de domínio geral do sistema que os burocratas e os capitalistas alimentam não se realiza!

Claro que não. Quanto mais se espalham conhecimentos técnicos e poderes técnicos parciais, mais se afirma uma *ausência de poder* generalizada. A situação não está dominada nem controlada por ninguém.

Talvez seja a chance da humanidade, nossa chance de alcançar uma maior sabedoria...

É preciso haver sabedoria, e é preciso haver vontade.

A GUERRA DO GOLFO SEM RODEIOS[1]

Devemos rejeitar a pergunta de se era preciso ou não fazê-la enquanto não se tiver claro o caráter do conflito, os motivos reais de uns e outros, os possíveis efeitos dos desfechos previsíveis.

Saddam Hussein não está nem aí com os palestinos ou com o Alcorão. Lembrou-se tanto de um como dos outros quando, depois das reações violentas à anexação do Kuait, precisou encontrar com urgência aliados. A conquista do Kuait responde estritamente a objetivos territoriais, financeiros, de poder. Se as fronteiras do Kuait são artificiais, artificiais também são as do Iraque e de todos os outros países da região (e de muitas outras). Em 1980, Saddam não tinha atacado o Irã para libertar os palestinos, e sim para ampliar seu território e seus recursos e se fazer armar até os dentes pelos ocidentais e pelos soviéticos. Ele não representa os pobres contra os ricos, nem o Sul contra o Norte. Domina um país naturalmente rico que ele arruinou para se armar e manter um regime de terror. Ele corta os oponentes em pedacinhos e lança gás sobre a minoria curda. Só os "progressistas" estão dispostos a esquecer tudo isso, porque Saddam completa com felicidade a coleção de carrascos (Stalin, Mao, Fidel, Pol Pot etc.) que eles sempre defenderam com ardor.

Os ocidentais falam de "direito". Estranha a idéia de defender o direito e os direitos do homem ao lado de Assad e do rei Fahd. Falam também do "direito internacional". Esse direito infinitamente elástico estava e continua estando adormecido quando se trata da Cisjordânia, do Líbano, de Chipre, de Granada, do Panamá. Ninguém é contra a autodeterminação dos kuaitianos. Então também é preciso exigir a autodeterminação dos palestinos, dos curdos (massacrados conjuntamente por Saddam, pelos iranianos e por nossos aliados, os turcos), do povo do Timor e de alguns errantes grupos bálticos, armênios, georgianos...

1 <Publicado com esse título no jornal *Libération* de 5 de fevereiro de 1991.>

Os ocidentais também dizem que não se devia permitir que o poder de Saddam crescesse desmesuradamente, para evitar vê-lo controlar direta ou indiretamente (impondo os preços) uma grande parte dos recursos mundiais de petróleo, dominar o Oriente Médio, atacar a Arábia Saudita e/ou Israel. Porém, supondo que o Iraque seja esmagado, ter-se-á instaurado uma superpotência regional ainda mais temível, o Irã, e tornado mais ameaçadora a Síria, com seus projetos para o Líbano e suas contas a acertar com Israel.

Ao contrário do que se diz, os objetivos reais da guerra dos Estados Unidos pouco concernem ao petróleo: acima de 25 dólares o barril, outras fontes de energia tornam-se rentáveis no médio prazo. Traduzem essencialmente a vontade deles (muito míope) de impor sua "ordem". Isso passa pelo esmagamento do Iraque. Suponhamos que esse esmagamento se realize. Disso resultará, na região e em todos os países muçulmanos (com exceção da Turquia por enquanto), um caos ainda maior. A idéia de que uma "Conferência Internacional" poderia resolver o que quer que seja é uma história da carochinha. O ódio e o ressentimento das populações não apenas árabes, mas muçulmanas (vide o Paquistão), são desde já paroxísmicos. Aconteça o que acontecer, Saddam será – já o é – transformado em herói. Assim é o parentesco do fanatismo religioso com os sistemas paranóicos: vencedor, Deus o fez triunfar; vencido, ele lhe concedeu a auréola do mártir. Os efeitos teriam sido mais ou menos equivalentes se tivessem deixado Saddam digerir o Kuait. Os ocidentais estavam e continuam estando presos numa armadilha em ampla medida fabricada por eles mesmos, ao armarem Saddam, ao deixarem a questão palestina se deteriorar etc. Criam agora uma situação cujos efeitos abomináveis se farão sentir por décadas.

O fanatismo cresceu tanto que até um Aït Ahmed,* que provavelmente tem sua opinião a respeito, sente-se obrigado a fornecer, no canal de televisão Europa 1, todas as garantias possíveis ao "arabismo". Chama a atenção que os poucos intelectuais árabes que até então acreditávamos imbuídos dos valores da crítica e da reflexão participam agora ativamente de uma mitologização da história árabe, na qual os árabes são, faz treze séculos, pombas brancas e todos seus males lhes são infligidos pela colonização ocidental. (Foi sem dúvida por causa de Wall Street que foram subjugados por quatro séculos por seus correligionários turcos?

* Líder da Frente das Forças Socialistas da Argélia. [N. da T.]

É o imperialismo ocidental que explica por que agora uns subjugam os curdos, os outros os bérberes e os árabes da Mauritânia os negros de seu país?)

Os palestinos continuam perdedores. No nível dos Estados, a solidariedade árabe é uma piada. Todos os governos árabes não só não ligam para os palestinos, como têm todo interesse de que a questão da Palestina não se resolva. Ao preço de alguns dólares para uns, de declarações verbais para os outros, esses regimes podres conseguem a bom preço um inimigo externo demonizado para o qual desviar a paixão e o ódio das populações. Israel não quer devolver os territórios e nunca os devolverá voluntariamente. Se quisesse fazê-lo, já o teria feito. As argúcias sobre a representatividade ou falta de representatividade da OLP só servem para os mercados árabes. Eleições internacionalmente supervisionadas nos territórios teriam mostrado quem é representativo e quem não é. O que a "direita" israelense quer e aquilo a que a "esquerda" não ousa se opor de fato é a anexação definitiva da margem direita do Jordão, primeiro passo para o "grande Israel". O fato de que este último objetivo seja delirante não muda nada. Os ocidentais são incapazes de entender (embora eles mesmos estivessem mergulhados nisso há três décadas ou três séculos) o que pode ser um nacionalismo com recheio religioso (tanto entre os israelenses como entre os árabes).

A ilusão tecnomilitar, a guerra eletrônica e a vitória Nescafé:** vinte dias depois do início das operações, os iraquianos continuam capazes de abater alguns aviões da coalizão, e uma coluna iraquiana penetra, sem que ninguém note durante dezenas de horas, trinta quilômetros para dentro do território saudita. Pode ser que alguma noite quatro coronéis iraquianos esvaziem seus revólveres em Saddam ou que a infantaria do Kuait debande. Pode ser também (é o mais provável) que os iraquianos resistam por muito tempo. Os estrategistas apressaram-se em proclamar que o Iraque não é o Vietnã e que, por falta de floresta onde se esconder, os iraquianos se dobrarão sob os bombardeios. Mais uma vez, os estrategistas cometeram sua besteira favorita: esquecer os homens. A floresta e o deserto são diferentes, mas até prova em contrário, o Iraque e o Vietnã são semelhantes de um ponto de vista decisivo: em ambos os casos, uma grande massa de homens capazes

** "Democracia Nescafé" é uma expressão proposta por Octavio Paz para descrever a imensa ilusão que consiste em querer exportar integralmente "sistemas políticos democráticos" sem considerar condições políticas, sociais e culturais dos países capazes ou não de importá-los. [N. da T.]

de se deixar matar antes de se render (o fato de que suas "razões" sejam ou não sejam loucas não muda nada). Quando tiverem de fazer os iraquianos sair de seus abrigos na ponta da baioneta e o número de perdas humanas da coalizão começar a subir verticalmente, será sociologicamente interessante estudar a evolução das opiniões publicas tanto no Ocidente como no Magrebe.

Com raríssimas exceções, até agora os intelectuais ocidentais não se comportam muito melhor que seus colegas muçulmanos. A grande maioria se cala. Entre aqueles que se exprimem, uns cedem à chantagem do "arabismo", do "Islã", da "culpa do Ocidente", ou se entregam a seu ódio estúpido contra a América do Norte independentemente do que ela faça, quando não à fascinação vergonhosa que sobre eles exercem os tiranos e a força bruta. Os outros, obnubilados pelo horror absoluto que de fato representam Saddam, seu regime e o fanatismo que ele mobiliza, dispõem-se a fazer vista grossa para os motivos e objetivos de guerra dos ocidentais, suas alianças vergonhosas, a hipocrisia da invocação do "direito", o modo como Bush conduziu a todo vapor para a guerra, as práticas e atitudes intoleráveis do governo israelense.

Se, como disseram com razão, entre as principais vítimas da guerra estão as chances (de qualquer modo frágeis) da democracia e da laicidade no mundo muçulmano, a guerra também lança uma luz crua sobre o funcionamento da famosa "democracia" ocidental. Como era de esperar, o "executivo" "executou" tudo, o papel dos cidadãos na definição dos fins e dos meios foi nulo. Dirão que as pesquisas de opinião revelam um apoio importante das populações à política governamental. Falemos disso. Alguns dias antes do início das hostilidades, as pesquisas afirmavam que mais de três quartos dos franceses consideravam que "nenhuma causa, por mais justa que seja, justifica o recurso à guerra". Posição monstruosa: se esse belo princípio tivesse sido aplicado sempre, esses mesmos franceses teriam permanecido servos e paus para toda obra. Pouco importa: o governo não se preocupou muito com esse resultado. Com razão: alguns dias depois do início das hostilidades, mais de dois terços dos mesmos franceses aprovavam a guerra. Essa reviravolta não pode ser devida a uma reflexão suplementar (todos os dados já estavam disponíveis desde o começo de janeiro), nem à artificialidade das pesquisas. É triste dizer, mas as pessoas rapidamente se puseram do lado do mais forte, fascinadas pelo grande pênis americano, aerotransportado e eletrônico. Essa "democracia" fabrica esse tipo de "cidadãos".

O conflito já ultrapassou amplamente o caso do Iraque e de Saddam Hussein. Está se transformando em enfrentamento entre sociedades sobre as quais a influência do imaginário religioso continua tenaz e até é reforçada reativamente, e as sociedades ocidentais, que bem ou mal se livraram desse imaginário, mas se revelaram incapazes de transmitir ao resto do mundo outra coisa além de técnicas de guerra e de manipulação da opinião. Nessa incapacidade, as duas partes estão colocadas em causa. O que nos importa é que o estado atual de nossas sociedades torna-as inaptas para exercer outra influência além da influência material. Uma sociedade destinada ao culto do consumo e do zapping televisivo não consegue corroer a influência antropológica do Alcorão ou do hinduísmo. Cidadãos apáticos, encolhidos em seu mundinho privado, entregando o poder às oligarquias políticas, econômicas, culturais, aos aparelhos dos partidos e à mídia, não servem de exemplo a imitar ou de incitações para refletir para povos que, perdidos no mundo moderno, agarram-se a sua identidade religiosa.

Portanto, que é preciso fazer? É preciso mudar de povo, como dizia o outro? É claro que não. É preciso mudar o povo? Mas quem o mudará? É preciso que o povo mude a si mesmo. Para essa mudança, cada um pode contribuir, em si mesmo e a sua volta sempre que puder falar. Antes dessa mudança, nunca haverá nada além de falsas respostas para problemas monstruosamente mal formulados.

GORBATCHEV: NEM REFORMA, NEM RETROCESSO[1]

Em 1987, você escreveu um texto intitulado "L'intervalle Gorbatchev"[2] onde mostrava claramente o impasse de uma reforma vinda de cima na União Soviética. O que hoje tem se confirmado.

Sejamos justos, na época eu achava que Gorbatchev não iria poder abandonar o império externo. Contudo, ele foi obrigado a fazê-lo. As tentativas de pequenas reformas nos países como a Alemanha Oriental ou a Hungria fracassaram completamente: ele acabou sendo obrigado a se retirar e o exército vermelho teve de aceitar isso. Por quê? Porque as camadas dirigentes russas perceberam que tinham, como se diz em inglês, "mordido mais do que podiam mastigar". Estavam, portanto, acuadas. Em contrapartida, eu tinha razão a respeito da impossibilidade de uma reforma econômica profunda na Rússia. Que vemos surgir no caos atual, depois da total derrocada do imaginário totalitário, da ideologia marxista-leninista? A única coisa que se mantém de pé é o que os jornais chamam o complexo industrial-militar, isto é, o que eu chamava os elementos estratocráticos da sociedade soviética: o exército, a KGB, os comedores de aço.

Desde a reforma governamental de janeiro último, quatro novos cargos muito importantes estão sendo ocupados por altos dignitários da indústria militar. A KGB e a estratocracia privilegiada, que estão presentes um pouco por toda parte, evidentemente não vão ceder seus privilégios, nem pôr em jogo sua existência

1 <Entrevista com Philippe Thureau-Dangin, publicada em *Dynasteurs*, n° 7, março de 1991, com o título: "En Russie, réformer l'économie est impossible. Revenir en arrière également" [Na Rússia, reformar a economia é impossível. Voltar atrás, também.>

2 Retomado em *La Société bureaucratique*, Paris, Bourgois, 1990.

social. Portanto, é uma situação completamente caótica e as três previsões que formulei no final de meu texto estão se confirmando ao mesmo tempo: Gorbatchev é destituído porque não tem poder; além disso, põe água na fervura no que tange às reformas; por fim, as populações entram em cena e o exército intervém.

A gente se pergunta por que Gorbatchev nunca tentou reformar nem a KGB nem o exército, e por que, apesar de tudo, essas forças o deixaram fazer o que queria por quatro anos?

Temos de nos livrar da ilusão de que a história real é o resultado das decisões racionais e planejadas das pessoas. Nada disso estava previsto ou era previsível. Gorbatchev sem dúvida tomou o poder com o apoio da KGB e do exército. E isso, com a idéia de reformar o sistema para torná-lo viável. No começo, não pensa em outra coisa e não quer outra coisa. Ainda na primavera de 1988, em suas declarações no Congresso do Partido Comunista Tchecoslovaco, Gorbatchev explica que a ideologia marxista-leninista é "a pedra de toque" do sistema. Nesse período, uma tentativa de reforma lançada de cima revela-se impossível e fracassa. O que é desencadeado naquele momento são as reações nacionalistas dentro da "prisão dos povos", como a Rússia era chamada na época dos czares. E as coisas se aceleram.

O grande ponto de interrogação nessa história, colocando-nos na ótica de Gorbatchev, é: por que a *glasnost* foi necessária? Por que abriram as janelas? Por que deixaram publicar todas aquelas coisas sobre o período stalinista? Por que deram certa liberdade para os jornais? Inicialmente, foi para desacreditar qualquer tendência reacionária. Por outro lado, era a vontade de Gorbatchev e dos que o rodeavam civilizar a Rússia, ocidentalizá-la um pouco. Mas, a partir de certo momento, desenvolveu-se uma dinâmica social incontrolável que agora Gorbatchev e seus próximos tentam deter. Talvez seja um pouco tarde demais.

Essa dinâmica conduz, como muitos pensam, a uma lógica de ditadura?

O desenvolvimento atual pode ir até uma ditadura militar, mas evoluções irreversíveis ocorreram. Notadamente a pulverização definitiva da ideologia marxista-leninista, do imaginário totalitário, que já não funcionava de fato, mas que apesar disso era uma espécie de cadáver representando um papel teatral. Irreversível também a afirmação das nacionalidades.

Para sobreviver, o regime tem de ser obedecido pelas repúblicas. O equilíbrio atual entre o poder central e a Rússia, a Ucrânia e as outras repúblicas é sustentável?

Não, pois o poder atual não controla a situação. Geralmente, quando você dava uma ordem numa fábrica ou num ministério, havia o que Clausewitz chamava "fricções", ou seja, atrasos, desvios. Em termos gerais, porém, a ordem era executada. Atualmente, as alavancas de comando não são nem mesmo de borracha, elas são de geléia. Gorbatchev pode até continuar gesticulando para o Kremlin, assinando decretos, fazendo declarações, não acontece nada. Quais são as únicas alavancas de comando que funcionam? É a KGB e o exército, mas eles estão cada vez mais autônomos. Se a Ucrânia viesse a declarar sua independência e Gorbatchev dissesse ao exército "não intervenham", será que seria obedecido?

Mas que querem hoje a KGB e o exército? Voltar ao statu quo ante? Manter a URSS no estado em que está?

Não gosto muito do termo URSS, pois não se trata nem de uma união, nem de sovietes, nem de repúblicas, nem de socialismo. A situação atual é caótica, pois nenhum dos atores parece ter algum projeto. Que busca Gorbatchev? Ele quer um sistema liberalizado pela metade, uma economia planificada com pequenas injeções de liberalismo? Isso não pode dar certo. O exército pode, sem dúvida, tomar o poder. Para fazer o quê? Será possível fazer as máquinas das fábricas girarem metralhando os operários? Voltar ao sistema de 1980 do ponto de vista econômico, não creio que seja possível. Aquele sistema funcionava bem ou mal porque cada um, durante décadas, dava o seu jeitinho, trapaceava com as normas de produção, mas passava metade de seu tempo produzindo (estando a outra metade dedicada à "perruque",* como se diz na França). Em suma, cada um se virava, fingia, apesar de tudo, trabalhar. Agora, já nem fingem mais. A gente se pergunta como ainda há eletricidade na Rússia, trens que funcionam, aviões que decolam nos aeroportos.

Se as privatizações se multiplicarem, pode-se excluir o surgimento de um movimento social?

O mais espantoso é que na URSS ou nos países satélites ainda não haja movimento social. Já fazem, contudo, cinco anos que a tampa foi levantada um pouco. Tampa que percebemos ser composta de mil pedaços presos com esparadrapo. A grande greve dos mineiros em 1989, algumas pequenas greves e só. Os grandes movimentos que observamos são nacionais, não sociais. Mesmo na Rússia, vemos Boris Yeltsin explicar que a Rússia é, na União, a nação mais explorada de todas. Mas não se constata movimento social, nem, aliás, movimento político. Os deputados reformistas querem que o poder seja reformado, mas não têm nem programa nem perspectiva. É verdade que a sociedade civil, a sociedade mercantil, a sociedade agrária foram reduzidas, pulverizadas por 70 anos de regime leninista-stalinista. Stalin destruiu fisicamente o campesinato russo. Ainda hoje o rebanho é inferior ao que era em 1930. Falta na Rússia a base antropológica de hábitos, comportamentos, mentalidades, pequenos saberes sobre a qual podem se apoiar as reformas. Por outro lado, os tchecos, os eslovacos, os poloneses podem pensar: "Vamos sofrer por dois, três, quatro anos, mas apesar disso teremos conseguido algo. Livramo-nos dos russos e nossa nação será independente". Que é que os povos da Rússia podem pensar para continuar a apertar o cinto? Nada.

O historiador húngaro Janos Szucs distinguia "três Europas":[3] uma Europa do Oeste, uma Europa do Centro-Leste um pouco híbrida e uma Europa do Leste (a Rússia, a Romênia). Esta nunca conheceu outra coisa além da tirania dos boiardos, dos czares, do partido?

---

* Utilizar o tempo e o material da fábrica em proveito próprio. [N. da T.]

3 *Les Trois Europes*, Paris, L'Harmattan, 1985.

Eu não falaria de três mas de duas Europas. É evidente que há uma diferença entre a França, a Holanda, a Alemanha e a Polônia. Mas a Polônia, a Tchecoslováquia, a Hungria, a Eslovênia e os países bálticos participaram em maior ou menor medida do movimento da Europa. Havia elementos de atraso, mas esses países tiveram um papel no grande movimento europeu de emancipação. Em contraposição, a segunda Europa, que compreende a Rússia, a Bulgária, a Romênia, a maior parte da Iugoslávia, a Albânia e até a Grécia, essa Europa nunca entrou nesse movimento europeu de emancipação. Se você olhar os contornos desse conjunto verá que ele corresponde à zona de expansão da religião ortodoxa, tal como foi constituída por Bizâncio, depois pela Rússia e tal como permaneceu vigorosa nessa zona. A religião ortodoxa é a verdadeira religião cristã no sentido de que é teocrática, ou seja, que não se pode dizer nada contra o que diz o imperador, porque o imperador é encarnação de Cristo na Terra.

Nesse cesáreo-papismo, não é o papa que exerce o poder, mas César que nomeia e destitui o patriarca de Constantinopla. Em seguida, na Rússia, como o czar temia que o patriarca de Moscou tivesse poder demais, ele o substituiu por um Santo Sínodo submetido a ele. Em todos esses países, o que chamo de imaginário social dominante sempre foi um imaginário religioso nacional.

Portanto você concorda com à idéia de uma continuidade entre o poder dos czares e o poder comunista?

A glaciação stalinista substituiu o imaginário religioso pelo imaginário totalitário. Agora, César não é mais o representante de Deus na Terra, mas o representante das leis da história. Em certo sentido, a ação de Gorbatchev inscreve-se nas tentativas de reforma vindas de cima realizadas por Pedro, o Grande, Catarina, Alexandre II, Stolypin etc. Essas reformas nunca deram realmente certo, mas criaram uma academia, universidades, sobretudo uma indústria pesada com finalidade essencialmente militar. Nunca transformaram profundamente a sociedade russa. Permanece portanto essa tradição muito profunda, enraizada na alma das pessoas, que é a obediência à autoridade do czar ou de seu sucessor.

O modelo ocidental de emancipação continua tão forte quanto era há um século? O que as sociedades ocidentais mos-

tram delas mesmas hoje é forte o suficiente para incitar os russos a mudar?

É uma questão que de fato se coloca, tanto no tocante à Rússia e ao mundo ortodoxo, como também perante o islamismo e a religião hindu. O que o Ocidente propõe? Engenhocas, objetos de plástico. Ninguém corrói a influência do Alcorão vendendo Madonna! A democracia ocidental tornou-se uma concha – não digo uma concha vazia –; os direitos do homem têm um caráter defensivo, negativo, é o *habeas corpus* e o *habeas opinionem*. A população tornou-se completamente passiva. Cada um olha apenas para seu círculo pessoal estreito e que a Terra morra! É isso que chamo a privatização. Segundo uma pesquisa de opinião recente, 70 ou 80% dos franceses afirmam que nenhuma causa – por mais justa que seja – justifica uma guerra. É incrível. Essas pessoas não percebem que se assim fosse, ainda seriam servos. Para obter as liberdades que lhes são próprias no Ocidente, houve montanhas de cadáveres, rios de sangue, pessoas queimadas pela Inquisição, depois aprisionadas na Bastilha, operários fuzilados durante greves etc.

Não há, tanto na Rússia como no Ocidente, uma renúncia dos intelectuais, uma incapacidade de pensar de outro modo, de continuar o movimento de emancipação?

Desde os anos 20, quase todos os intelectuais ocidentais apoiaram o comunismo, fosse apenas por certo tempo: Romain Rolland, H. G. Wells, Sartre etc. No Leste, em contrapartida, os intelectuais tiveram um papel oposto, crítico: os melhores deles opuseram-se a um regime sinistro. Uma vez terminada essa fase, é como se eles não tivessem mais nada para dizer. Não é algo que se lhes possa imputar. Vivemos um período em que o marxismo, o liberalismo e a ideologia do progresso se esgotaram. Dito isso, é evidente que o capitalismo como o conhecemos no Ocidente é infinitamente preferível à "não-planificação" soviética que na verdade era a anarquia total.

Você falava da falência do liberalismo. Que entende por isso?

Ninguém mais acredita realmente no progresso. Todo o mundo quer ter algo a mais no ano que vem, mas ninguém acredita que a felicidade da humanidade esteja no crescimento de 3% ao ano do nível de consumo. O imaginário do crescimento certamente continua existindo: aliás, é o único que subsiste no mundo ocidental. O homem ocidental não acredita em mais anda, exceto em que poderá em breve ter uma televisão de alta definição.

Não se trata de minimizar a importância do mercado como regulador da demanda e portanto da oferta, mas a glorificação atual do mercado pelos neoliberais é insensata. Parecem ter esquecido que a ideologia liberal já foi demolida por economistas acadêmicos nos anos 30: Keynes, Robinson, Chamberlin etc. Fingem esquecer que a economia atual é uma economia de oligopólios, não uma economia de concorrência. A lógica do mercado exigiria, por exemplo, que se possa encontrar uma base racional para o preço do capital, ou seu verdadeiro valor. Isso, porém, é impossível, não existe "valor objetivo" do capital. O preço do petróleo, por exemplo, corresponde a quê? Ao equilíbrio entre oferta e demanda? À verdadeira escassez do petróleo? Em 1991, ou em 2050 quando não houver mais petróleo? O preço do petróleo reflete portanto o custo para a humanidade do esgotamento das reservas? É absurdo pensar isso. Reflete apenas rendas oligopolistas. Mas esse preço intervém como *input* na formação de todos os preços das mercadorias. Portanto, se o preço do petróleo não corresponde a nenhuma racionalidade, o mesmo vale para os outros preços. Fato que os neoliberais calaram alegremente! Na verdade, estamos serrando o galho sobre o qual vivemos... Seria necessária uma gestão frugal dos recursos do planeta em escala mundial, e não indivíduos obcecados unicamente com a extensão de seus supostos gozos.

Diante dessa ideologia do crescimento, a única coisa que parece resistir, tanto no Leste como no Oeste, é a idéia de nação. Pode-se ver nela algo mais que uma lembrança nostálgica de como era antes do grande mercado?

Também aí constatamos a falência das interpretações clássicas, tanto marxistas como liberais. Para as duas ideologias, a nação não deve existir. Iria se dissolver pelo progresso das Luzes e do mercado. Para Hobbes, Montesquieu, Benjamin Constant, o "doce comércio" deveria substituir a guerra. Mesma coisa para os marxistas, para quem o capitalismo iria unificar o mundo e levar os proletários a se confraternizarem. Não foi assim que as coisas aconteceram: a nação permaneceu como um caroço indigesto. O imaginário nacional resiste ainda mais à medida que todas as outras crenças desmoronam. A nação é o último pólo de identificação. Ainda assim, parece bem frágil. No início dos anos 80, quando a ameaça russa ainda estava presente, uma maioria de franceses achava que se deveria negociar em caso de invasão. Os "verdadeiros" nacionalistas assistem mais ou menos impotentes às conseqüências da difusão mundial do capitalismo. Primeiro, os centros de decisão podem cada vez menos ser nacionais. Depois, as culturas nacionais se dissolvem numa salada mundial, que por enquanto é atroz, mas que poderia e deveria ser outra coisa. As identidades nacionais se diluem cada vez mais, sem que nada venha substituí-las. Sobrevivem portanto numa afirmação tensa: "somos franceses", "somos alemães" etc. A nação é uma forma que de direito está historicamente ultrapassada, mas que de fato não o está nem um pouco. Essa é a grande antinomia da época.

GUERRA, RELIGIÃO E POLÍTICA[1]

A guerra do Golfo é uma peripécia ou uma data importante nas relações Norte-Sul?

A guerra do Golfo certamente não é uma peripécia. Faz aparecer com intensidade alguns fatores fundamentais da situação mundial contemporânea. Por um lado, a evolução – ou não-evolução – do terceiro mundo. Saddam Hussein e seu regime são casos extremos, mas também típicos. Existem tiranozinhos e regimes militares às dezenas na África, no sudeste asiático, na América Latina. Por outro lado, pela primeira vez desde o Vietnã, os ocidentais – quer dizer, os Estados Unidos – impõem pela força sua concepção da "ordem mundial" ("nova"). Não se trata de direito ou de humanismo, mas da constelação de forças através do planeta. Por isso, ninguém se preocupa com as incontáveis outras violações dos direitos humanos ou das resoluções da ONU, e os etíopes podem continuar a se massacrar e a morrer de fome sem temer um desembarque russo ou norte-americano destinado a restabelecer a ordem. O objetivo da operação do Golfo não era tanto o petróleo quanto mostrar quem manda. E isso, numa região que é, sob múltiplos aspectos, muito importante. Isso não impede que, para além do curto prazo, a política norte-americana continue cega. Se houve algum efeito psicológico importante no esmagamento do Iraque, é que os problemas da região se exacerbaram (curdos, Líbano, palestinos) e a política do governo de Israel tornou-se ainda mais intolerável.

"O colonialismo foi o maior pecado do Ocidente. Todavia, com relação à vitalidade e à pluralidade das culturas, não vejo que com seu desaparecimento se tenha dado um grande salto para a frente", afirma Claude Lévi-Strauss em De près et de loin.[2] Sua opinião?

---

1 <Entrevista com Pierre Ysmal (1º de maio de 1991), publicado em *Humanisme. Revue des francs-maçons du Grand Orient de France*, n° 199/200, setembro de 1991, com o título "Péripéties et illumination..".. Utilizamos a versão datilografada revista pelo autor.>

2 <Claude Lévi-Strauss e Didier Eribon, *De près et de loin*, Paris, Odile Jacob 1988; reed. "Poches Odile Jacob", 2001.[*De perto e de longe*, São Paulo, Cosac&Naify, 2005]>

A asserção é historicamente falsa. Os gregos, os romanos, os árabes todos realizaram e tiveram sucesso em imensas operações de colonização. Mais que isso, assimilaram ou converteram – espontaneamente ou à força – os povos conquistados. Os árabes apresentam-se agora como as eternas vítimas do Ocidente. É uma mitologia grotesca. Os árabes foram, desde Maomé, uma nação conquistadora, que se espalhou pela Ásia, África e Europa (Espanha, Sicília, Creta) arabizando as populações conquistadas. Quantos "árabes" havia no Egito no começo do século VII? A atual extensão dos árabes (e do islamismo) é produto da conquista e da conversão, mais ou menos forçada, ao islamismo das populações submetidas. Depois, eles foram por sua vez dominados pelos turcos por mais de quatro séculos. A semicolonização ocidental só durou, no pior dos casos (Argélia), 130 anos, nos outros bem menos. E quem primeiro introduziu o tráfico de negros na África, três séculos antes dos europeus, foram os árabes.

Tudo isso não diminui o peso dos crimes coloniais dos ocidentais. Mas não se deve escamotear uma diferença essencial. Bem cedo, desde Montaigne, começou no Ocidente uma crítica interna do colonialismo, que já no século XIX resultou na abolição da escravatura (que na verdade continua existindo em alguns países muçulmanos) e, no século XX, na recusa das populações européias e norte-americanas (Vietnã) de lutar para conservar as colônias. Nunca vi um árabe ou um muçulmano qualquer fazer sua "autocrítica", a crítica de sua cultura desse ponto de vista. Muito pelo contrário: vide o Sudão atual ou a Mauritânia.

Qual é a utilidade da ONU? Local de decisões ou local de tagarelice?

A ONU é um lugar onde as superpotências se esforçam, quando isso lhes convém, para acertar suas diferenças sem violência. Enquanto o conflito América do Norte-Rússia estava em primeiro plano, a ONU era um fórum de tagarelices ou de demagogia. Agora, com o recuo da potência russa, encaminha-se para um papel análogo ao da Santa Aliança de 1815 a 1848 ou do acordo entre as potências depois do Congresso de Berlim de 1878.

O complexo industrial-militar que você tantas vezes denunciou ainda tem dias venturosos pela frente?

Com certeza. Na Rússia, após um relativo eclipse depois de 1985, volta a se erguer e a pesar sobre os acontecimentos. Nos Estados Unidos não vimos, apesar da enorme mudança da situação internacional esses últimos anos, qualquer redução significativa das despesas militares. Na França tampouco – e estão preparando um novo avião de combate; contra quem? Os argelinos não têm o que comer, mas pedem ajuda para os chineses para construir uma usina de tratamento de plutônio para fabricar sua bomba nuclear. Contra quem? Quem os ameaça?

O imaginário islâmico e, em termos mais gerais, o imaginário religioso pode aceitar a idéia de progresso?

Caso se trate de progresso na fabricação de armas ou de objetos de consumo, certamente que sim. O que não podem aceitar é a emancipação humana, a autonomia individual e social. O movimento de emancipação, o projeto de autonomia – surgido na Grécia, retomado bem mais amplamente na Europa Ocidental –, liberam a criatividade dos indivíduos e da coletividade tornando assim possível sua auto-alteração refletida. Ora, no tocante a isso, as religiões sempre constituíram um formidável fator de conservação e de reação. Isso é compreensível, no nível filosófico, porque elas sempre invocam uma fonte da lei e da instituição *exterior* à sociedade, que, portanto, escapa e *tem de* escapar à ação humana (a religião grega é, pelo que sei, uma exceção única desse ponto de vista). E isso é facilmente ilustrado no plano histórico. Vê-se claramente hoje a que ponto o fechamento das sociedades islâmicas está ligado a sua religião, que quer sempre dirigir a sociedade política e civil em nome de uma lei revelada. Mas não foi diferente com o cristianismo. Ali onde a teocracia cristã não foi questionada, as sociedades ainda pagam as conseqüências: Bizâncio e toda a sua descendência (Rússia, Bálcãs, incluindo a Grécia moderna). Na Europa Ocidental, a evolução só foi tão diferente porque o imperador, os reis e a maioria das cidades resistiram encarniçadamente às pretensões do papado a exercer um poder temporal. Mas o verdadeiro cristianismo ocidental é o da verdadeira Idade Média – e a sociedade da Idade Média ocidental (séculos V – XI) é uma sociedade fechada. Nela, a história era vista como um processo de decadência, o novo e a inovação – *novum, novatio* – eram termos denegridores. Quando um autor queria propor uma idéia nova, apressava-se em atribuí-la, falsamente, a um autor do passado.

Ainda hoje, sempre que a pressão diminui, os velhos demônios eclesiásticos ressurgem. O arcebispo de Paris emite diversos rumores sobre a laicidade e denuncia o filme de Martin Scorsese sobre Cristo. Na Polônia, reintroduziram o ensino religioso nas escolas e a Igreja exige a proibição do aborto.

De modo geral, o que você pensa das religiões?

Questão ampla! As religiões foram uma peça central na instituição de todas as sociedades heterônomas – ou seja, de praticamente *todas* as sociedades. Forneceram às instituições uma fonte exterior à sociedade, imaginária, sagrada, que as tornava incontestáveis; foram ao mesmo tempo fundamento da validade das instituições e origem do sentido da vida humana, do mundo, do ser. Mas as religiões não teriam podido se manter por tanto tempo e, sobretudo, suscitar e habitar as grandiosas criações culturais que elas alimentaram se não tivessem ao mesmo tempo tido um outro papel: apresentar aos humanos, sob diferentes feições e disfarces, o Abismo, o Caos, o Sem-Fundo que o ser é. Esse Abismo, elas simultaneamente o mostram e o ocultam com seus simulacros. O sagrado é o simulacro instituído do Abismo. Nesse sentido, a religião é sempre uma formação de compromisso – e, por certo, também uma idolatria em última instância. Mas sem esse segundo elemento da religião, não haveria nem as catedrais romanas ou góticas, nem Giotto, nem El Greco, nem Bach, nem o *Requiem* de Mozart.

A partir do momento em que surgem a filosofia e a política, a dimensão ilusória da religião aparece claramente. Fica evidente que a sociedade e sua instituição não têm fundamento transcendente, mas que a sociedade é ela mesma a fonte de sua lei. A auto-instituição da sociedade (que decerto sempre ocorreu) torna-se explícita: nós fazemos nossas leis. A partir daí, também aparece o problema central da democracia, o de sua autolimitação. Não existe lei divina, não existe norma extra-social. Portanto, temos de impor a nós mesmos limites, que não estão traçados de antemão em nenhum lugar. Autonomia quer dizer rigorosamente autolimitação. No Ocidente contemporâneo, há por certo um imenso recuo da religião; mas há também crise do projeto de autonomia. O capitalismo conseguiu instituir como único sentido da vida o consumo (ilusório em muitos aspectos), despolitizar e privatizar os indivíduos quase por completo.

Que é uma sociedade autônoma?

Uma sociedade cujas instituições, uma vez interiorizadas pelos indivíduos, facilitam o máximo possível o acesso delas à autonomia individual e sua participação efetiva em todo poder explícito existente na sociedade.

O comunismo ainda existe?

A ideologia comunista (o marxismo-leninismo) está pulverizada. Mas os aparelhos comunistas subsistem, às vezes no poder (China, Coréia do Norte, Cuba), às vezes nos partidos comunistas que estranhamente sobrevivem. Estranhamente também, persiste uma vaga influência ideológica – na América Latina, por exemplo. Na própria Europa, faz apenas quinze anos, Habermas se propunha como objetivo a reconstrução do materialismo histórico.[3]

A primavera dos povos do Leste Europeu não foi apenas um lampejo?

Foi uma revolta vitoriosa contra a tirania totalitária. Movimentos espontâneos foram capazes, por meio de manifestações pacíficas, de fazer cair regimes armados até os dentes. Foram de uma audácia, inteligência estratégica e tática magníficas. Mas não foram além da derrubada da tirania totalitária. Nenhuma nova organização, nenhuma forma institucional, nenhum novo passo rumo à autonomia apareceu. Depois que a tirania foi derrubada, o movimento se volatilizou, dando lugar a uma adoção cega das instituições do capitalismo liberal. O sonho de uma sociedade de consumo... sem consumo. Como um indicador local da despolitização mundial característica da época.

3 <Cf. Jürgen Habermas, *Zur Rekonstruktion des historischen Materialismus*, Frankurt/ Main, Suhrkamp, 1976, trad. fr. de Jean-René Ladmiral e Marc B. de Launay, *Après Marx*, Paris, Fayard, 1985.>

A imigração não irá se tornar o problema explosivo da França e da Europa?

Talvez se torne. O problema evidentemente não é econômico: a imigração não deveria criar problemas nos países de demografia declinante, como os países europeus, muito pelo contrário. O problema é profundamente político e cultural. Não creio nas tagarelices atuais sobre a coexistência de quaisquer culturas na diversidade. Isso foi – pouco, aliás – possível no passado em um contexto político totalmente diferente, essencialmente o da limitação dos direitos daqueles que não pertenciam à cultura dominante: judeus e cristãos em terra do islamismo. Mas proclamamos a igualdade dos direitos para todos (na realidade as coisas não são bem assim). Isso implica que o corpo político partilha um chão comum de convicções fundamentais: que fiéis e infiéis estão em pé de igualdade, que nenhuma Revelação e nenhum Livro sagrado determinam a norma para a sociedade, que a integridade do corpo humano é inviolável etc. Como "conciliar" isso com uma fé teocrática, com as disposições penais da lei alcorânica etc.? Temos de abandonar a hipocrisia generalizada que caracteriza os discursos contemporâneos. Os muçulmanos só podem viver na França se aceitarem, de fato, não ser muçulmanos numa série de pontos (direito familiar, direito penal). Nesse plano, uma assimilação mínima é indispensável e inevitável – e, ademais, ela ocorre de fato.

A laicidade é um valor perdido?

A laicidade não é de forma nenhuma um valor perdido, é mais importante que nunca. Faz parte dos fundamentos filosóficos da democracia (origem humana e não divina da lei) e é uma das garantias da autonomia individual: o corpo político se proíbe intervir nas crenças privadas. Já dissemos: ela está ameaçada pelo ressurgimento das pretensões políticas da Igreja.

O racismo não é a peste contemporânea?

O racismo existe faz muito tempo, se não desde sempre. Mas é preciso entender o que renova atualmente sua virulência. Há uma crise geral de civilização, uma crise das significações, que o vazio da sociedade de consumo evidentemente não consegue superar. As pessoas buscam, confusamente, sentido. Algumas voltam para a religião, outras vão para o racismo. A falta de sentido do racismo tem uma aparência de sentido: quando a pessoa não consegue se definir positivamente, ela se define pelo ódio ao outro. Isso vale tanto no público como no privado.

Voltaire nota em seu Ensaio...: "A única maneira de impedir os homens de serem absurdos e maus é esclarecê-los". Em 1991, os homens são mais esclarecidos do que no século XVIII?

Podem estar mais informados; não necessariamente mais esclarecidos, pois ser esclarecido não é um estado passivo. É preciso querer ser esclarecido. As Luzes não podem ser fornecidas a partir de uns poucos faróis a uma humanidade passiva. A recepção das Luzes é tão criativa quanto sua criação. O receptor tem de sacudir-se suficientemente para poder ser esclarecido. Hoje, diante do excessivo acúmulo de informações de todo tipo, o público permanece a maior parte do tempo passivo – e não podemos inocentá-lo pura e simplesmente.

Quem encarna a cultura contemporânea? Cornelius Castoriadis, Michel Serres, Bernard-Henri Lévy?

Do ponto de vista sociológico, a cultura contemporânea é dignamente encarnada por B.-H. Lévy, Jean-Edern Hallier, Sulitzer, Séguéla e Madonna.

"Tudo já foi dito. Tudo sempre tem de ser dito novamente. Esse fato maciço poderia por si só conduzir ao desespero". Sua constatação o transformou em desesperado?

Certamente não, como mostra o fato de que ela introduz um texto[4] que convoca a reagir contra a corrida louca da tecnociência autonomizada.

4 <"Voie sans issue?" (1987), retomado em *Le Monde morcelé. Les Carrefours du labyrinthe III*, Paris, Seuil, 1990, pp. 71-100.

COMUNISMO, FASCISMO, EMANCIPAÇÃO[1]

O comunismo e o fascismo parecem ser dois modos de resolver os problemas da época moderna e das sociedades de massa. O que você pensa sobre isso? E que pensa sobre a opinião corrente de que não há distinção entre comunismo e fascismo?

O comunismo e o fascismo não são precisamente dois modos, por mais monstruosos que sejam, de resolver os problemas da época moderna. Os dois destroem as sociedades de que tomam conta e só podem durar enquanto se sustentar sua combinação de mentira e terror. Os fatos mostram que a perpetuação desses regimes é muito improvável: são regimes que não conseguem se reproduzir e se conservar.

A opinião corrente que não distingue entre fascismo (ou, melhor, nazismo) e comunismo não é totalmente falsa. Do ponto de vista do simples cidadão, o resultado dos dois regimes é idêntico: a escravidão. Também são profundamente similares em sua natureza totalitária. Em ambos os casos, a distinção entre o público e o privado é abolida, a esfera privada de cada cidadão é absorvida pelo poder e a própria esfera pública torna-se "propriedade privada" e secreta do grupo dominante. O pensamento e a alma dos seres humanos têm de ser modelados para se tornarem conformes às idéias do Partido, não pode haver na sociedade outra verdade além da "verdade" oficial.

Contudo, há entre os dois regimes diferenças importantes, que vão em sentido oposto. Por um lado, o nazismo é, do ponto de vista cosmo-histórico, menos perigoso que o comunismo: o comunismo tem uma vocação universalista, poderia ter se apoderado de todos os países; ao passo que o nazismo, proclamando a missão dominadora de uma única raça, estava fadado ao fracasso rápido. Oitenta milhões de alemães não podiam dominar

1 <Entrevista publicada no *Unità* de 28 de setembro de 1991. Baseado na versão francesa datilografada por Castoriadis.>

cinco bilhões de indivíduos. Por outro lado, o imaginário nazista, embora certamente monstruoso e absurdo, não comporta contradição interna. Com poucas exceções, o nazismo diz o que faz e faz o que diz. O comunismo está condenado a dizer uma coisa e fazer o contrário: fala de democracia e instaura a tirania, proclama a igualdade e realiza a desigualdade, invoca a ciência e a verdade e pratica a mentira e o absurdo. É por isso que rapidamente perde sua influência sobre as populações que domina. Mas é também por isso que os adeptos do comunismo, em todo caso antes de sua chegada ao poder, são movidos por motivações muito diferentes das dos nazistas. Estão possuídos por uma "ilusão revolucionária", em geral acreditam que o Partido Comunista visa realmente instaurar uma sociedade democrática e igualitária. É por isso que um comunista que descobre a monstruosidade do comunismo realizado pode desmoronar psicologicamente, ou tornar-se social-democrata, ou manter um projeto de transformação social radical livre do messianismo marxista-bolchevique. Um fascista ou um nazista não consegue encontrar, em suas crenças anteriores, nada que o incite a mudá-las.

Considerando-se os resultados, o comunismo representou para nossa época uma utopia progressista ou reacionária? Qual é o seu legado?

O comunismo realizado representou uma monstruosa apropriação do movimento operário revolucionário. Pôs no poder uma nova classe dominante, a burocracia do Partido-Estado que explorou e oprimiu a população como nenhum outro regime conhecido na história fez; pois nenhum outro regime dispunha de meios técnicos e ideológicos de terror, intervenção na vida cotidiana das pessoas, manipulação ideológica comparáveis. Destruiu o movimento operário dos outros países, subordinando-o à política imperialista da Rússia. Corrompeu e prostituiu, de maneira irreversível, as idéias e o vocabulário do movimento revolucionário, desconsiderou a idéia de uma transformação social; fez com que o regime capitalista aparecesse para as populações como o paraíso na Terra. Quando, hoje, num país ex-comunista, queremos criticar o capitalismo, as pessoas saem da sala (tive essa experiência junho passado na Hungria). Seu único legado é que mostrou em todos os aspectos, absolutamente todos, o que não se deve fazer, aquilo em que consiste o contrário absoluto de uma política de emancipação.

Numa entrevista para nosso jornal o ano passado,[2] você comentou que a cada regime político corresponde um tipo antropológico, um tipo de espírito público. Qual foi esse tipo nos países "socialistas" do Leste Europeu?

O regime comunista tentou criar um novo tipo antropológico que lhe corresponde: o indivíduo – ou membro do Partido – disciplinado como um cadáver, simultaneamente entusiasta e passivo. Esse esforço logo fracassou diante da realidade do sistema. A partir daí, criaram-se dois tipos humanos diferentes: o burocrata cínico, mentiroso, manipulador obcecado com o poder, e o simples cidadão, apático, medroso, fugindo de toda responsabilidade, trapaceando sempre que podia para conservar um nicho de vida miserável. Em ambos os casos, os germes de atitudes democráticas, que poderiam ter existido antes, foram destruídos, e não sabemos quando nem como poderão ser recriados. Esse também é um dos legados mais pesados dos regimes comunistas. E é também um dos motivos pelos quais o nacionalismo e o chauvinismo emergem novamente com tamanha força em todos esses países. Pois aparecem, no descalabro geral, como a única referência identificatória à qual as pessoas ainda podem se agarrar.

Você acha que as revoluções democráticas no Leste Europeu vão mudar a idéia da revolução, e em que sentido?

As revoluções democráticas no Leste Europeu mostraram mais uma vez o que sempre soubemos: quando um movimento radical abarca a grande maioria da população, não tem nenhuma necessidade de recorrer à violência. A identificação da revolução com a violência, o terror etc., é um espectro mistificador fabricado pela propaganda conservadora, que pôde arrumar argumentos nos putschs comunistas, a começar pelo putsch bolchevique de outubro de 1917. Mas

2 <Abril de 1990.>

também devemos destacar um outro aspecto das revoluções do Leste Europeu. Na mesma medida em que a população se mostrou decidida, heróica, capaz de se auto-organizar com uma eficácia incrível para derrubar a tirania comunista, uma vez derrubada essa tirania, a população praticamente abandonou toda atividade política, voltou para casa e deixou o destino da sociedade nas mãos dos profissionais, velhos e novos. É claro que se pode explicar essa atitude pela enorme desilusão da população diante do que ela foi levada a considerar como sendo "a política", mas esse é um fator que já vem pesando muito na situação social e política desses países.

Após o fim do comunismo, que resta como teoria da mudança social? Como fazer o melhor uso do grande legado das lutas dos comunistas e socialistas de esquerda, que contribuíram para a constituição das democracias ocidentais?

O movimento emancipatório não precisa de uma "teoria da mudança social". Essa teoria não pode existir; a sociedade e a história não estão submetidas a leis com as quais se pudesse fazer a teoria. A história é o terreno da criação humana; essa criação está submetida a certas condições, mas essas condições traçam um contorno para ela, não a determinam. A idéia de que possa existir uma "teoria" da mudança social é uma das ilusões catastróficas de Marx; leva à monstruosa idéia de *ortodoxia*, que o marxismo foi o primeiro a introduzir no movimento operário. Porém, onde há ortodoxia, há dogma; onde há dogma, há guardiões do dogma, ou seja a Igreja, o Partido. E se há guardiões do dogma, há Inquisição, há KGB.

Isso não significa que qualquer coisa possa acontecer, nem que estejamos cegos diante dos acontecimentos. Podemos e devemos elucidar o que acontece, e o que é impossível. Mas cada ação humana cria novas possibilidades e, se for importante, novas formas de ser sócio-histórico.

Não queremos a mudança social pela mudança social. Queremos uma transformação radical da sociedade porque queremos uma sociedade autônoma feita por indivíduos autônomos; e porque a sociedade capitalista contemporânea, mesmo em sua forma pseudodemocrática, é uma sociedade dominada por uma oligarquia (econômica, política, estatal, cultural) que condena à passividade os cidadãos, que só têm liberdades negativas ou defensivas. É o que chamo o projeto de autonomia individual e social.

Esse projeto vem de muito longe (das cidades democráticas da Grécia antiga) e ressurgiu sob múltiplas formas na Europa Ocidental moderna. Os elementos democráticos que subsistem hoje nas sociedades ocidentais ricas não são produto do capitalismo, mas resíduos das lutas democráticas dos povos e muito particularmente do movimento operário. Mas, a partir de um momento, esse movimento foi desencaminhado pelo marxismo e depois pelo marxismo-leninismo, que introduziram nele a idéia de ortodoxia, a idéia do papel dirigente (e na verdade da ditadura) do Partido, um messianismo mistificador e pseudo-religioso, o desprezo pela atividade criativa do povo e o imaginário tipicamente capitalista do caráter central da economia e da produção. Se tudo o que lhe interessa é o aumento da produção e do consumo, pode ficar com o capitalismo; ele consegue fazer isso bastante bem. Se o que lhe interessa é a liberdade, tem de mudar de sociedade.

O legado do movimento operário, no tocante a isso, é precioso tanto positiva como negativamente. As lutas operárias mostraram as imensas capacidades de auto-organização que o povo possui, criaram formas que conservam para nós um valor de exemplo; é o caso dos conselhos operários. Mas também mostraram o que não se deve fazer: alienar sua soberania e sua iniciativa a um Partido, acreditar que possam existir funcionários da humanidade desinteressados.

A ECOLOGIA CONTRA OS COMERCIANTES[1]

A idéia de que a ecologia seria reacionária repousa seja numa ignorância crassa dos dados da questão, seja em resíduos da ideologia "progressista": elevar o nível de vida e... seja o que Deus quiser! É verdade que nenhuma idéia está, por si mesma, protegida das perversões e dos desvios. Sabemos que temas, que só aparentemente estão ligados à ecologia (a terra, o vilarejo etc.), foram e continuam sendo utilizados por movimentos reacionários (nazismo ou o Pamiat na Rússia atual). A invocação desse fato pelos antiecologistas lembra-me antes os amálgamas stalinistas.

A ecologia é subversiva pois questiona o imaginário capitalista que domina o planeta. Rejeita seu motivo central, segundo o qual nosso destino é aumentar sem parar a produção e o consumo. Mostra o impacto catastrófico da lógica capitalista sobre o ambiente natural e sobre a vida dos seres humanos. Essa lógica é absurda em si mesma e leva a uma impossibilidade física em escala planetária, já que desemboca na destruição de seus próprios pressupostos. O que ocorre é não só a dilapidação irreversível do meio e dos recursos não renováveis. Há também a destruição antropológica dos seres humanos transformados em animais produtores e consumidores, em zapeadores embrutecidos. Há a destruição de seus meios de vida. As cidades, por exemplo, maravilhosa criação do final do neolítico, são destruídas no mesmo ritmo que a floresta amazônica, fraturada em guetos, subúrbios residenciais e bairros de escritórios mortos depois das oito da noite. Não se trata, pois, de uma defesa bucólica da "natureza", mas de uma luta para salvaguardar o ser humano e seu hábitat. Está claro, a meu ver, que essa salvaguarda é incompatível com a manutenção do sistema existente e que ela depende de uma reconstrução política da sociedade, que fizesse dela uma demo-

[1] <Texto inserido em um dossiê sobre a ecologia publicado por *Le Nouvel Observateur* de 7-15 de maio de 1992, com o título "L'écologie est-elle réactionnaire? Sauvons les zappeurs abrutis" (A ecologia é reacionária? Salvemos os zapeadores embrutecidos).>

cracia na realidade e não em palavras. Aliás, é sobre esse ponto que, a meu ver, a maioria dos movimentos ecologistas geralmente falham.

Por trás dessas evidências, contudo, surgem questões mais difíceis e mais profundas. O que hoje predomina é a autonomização da tecnociência. Ninguém mais se pergunta se existem necessidades que precisam ser satisfeitas, e sim se tal façanha científica ou técnica é realizável. Se o for, será realizada e fabricarão a "necessidade" correspondente. As conseqüências laterais ou as repercussões negativas são raramente levadas em consideração. Isso também tem de ser detido e é aí que começam as questões difíceis. Todos queremos – em todo caso, eu quero – o desenvolvimento do saber científico. Queremos portanto, por exemplo, satélites de observação muito eficazes. Mas eles implicam a totalidade da tecnociência contemporânea. Devemos então querê-la também? Não se pode propor restringir a liberdade da pesquisa científica. Mas os limites entre o saber puro e suas aplicações, eventualmente letais, são extremamente imprecisas, se não inexistentes. O grande matemático inglês Hardy, que se opôs às duas guerras mundiais, dizia que tinha se dedicado à matemática porque ela nunca poderia servir para matar um ser humano. O que prova que alguém pode ser um grande matemático e não saber raciocinar fora de seu terreno. A bomba atômica teria sido impossível sem a participação de vários grandes matemáticos "puros" e, desde a invenção do cálculo diferencial, serviram-se dele para calcular as parábolas de tiro dos canhões.

Como traçar o limite? Pela primeira vez, numa sociedade não religiosa, temos de enfrentar a seguinte questão: deve-se controlar a expansão do próprio saber? E como fazê-lo sem cair numa ditadura sobre as mentes? Creio que podemos formular alguns princípios simples: 1. Não queremos uma expansão ilimitada e irrefletida da produção, queremos uma economia que seja um meio e não o fim da vida humana; 2. Queremos uma expansão livre do saber, mas não podemos mais fingir ignorar que essa expansão contém em si mesma perigos que não podem ser definidos de antemão. Para fazer frente a isso, precisamos daquilo que Aristóteles chamava a *phronesis*, a "prudência" (segundo a má tradução latina do termo). A experiência mostra que a tecnoburocracia atual (tanto econômica como científica) é orgânica e estruturalmente incapaz de possuir essa prudência, pois só existe e é movida pelo delírio da expansão ilimitada. Precisamos, portanto, de uma verdadeira democracia, que instaure processos de reflexão e de deliberação os mais amplos possíveis, dos quais participe a totalidade dos cidadãos. Isso, por sua vez, só é possível se os cidadãos dispuserem de uma verdadeira informação, de uma verdadeira formação e de oportunidades para exercer na prática seu juízo. Uma sociedade democrática é uma sociedade autônoma, mas autônoma quer dizer também e sobretudo autolimitada. Não somente face aos eventuais excessos políticos (quando a maioria não respeita os direitos das minorias, por exemplo), mas também nas obras e atos da coletividade. Esses limites, essas fronteiras, não se pode traçá-las de antemão – é por isso que a *phronesis*, a prudência, é necessária. As fronteiras existem e quando as tivermos transposto será, por definição, tarde demais – como os heróis da tragédia antiga só aprendem que estão na *hubris*, no excesso, quando a catástrofe já ocorreu. A sociedade contemporânea é fundamentalmente imprudente.

A FORÇA REVOLUCIONÁRIA DA ECOLOGIA[1]

Que é a ecologia para você?

A compreensão do fato fundamental de que não pode haver vida social que não dê uma importância central ao ambiente em que ela se desenvolve. Curiosamente, essa compreensão parece ter sido bem maior antigamente, nas sociedades arcaicas ou tradicionais, do que hoje. Na Grécia, nos anos 70, ainda havia vilarejos que reciclavam quase tudo. Na França, a manutenção dos cursos d'água, das florestas etc., é uma preocupação permanente faz séculos. Sem "saber científico", as pessoas tinham uma consciência "ingênua" mas correta de sua dependência vital para com o meio ambiente (ver também o filme *Dersu Uzalá*). Isso mudou radicalmente com o capitalismo e a tecnociência moderna, baseados num crescimento contínuo e rápido da produção e do consumo, provocando na ecosfera terrestre efeitos catastróficos, já visíveis. Se as discussões científicas o aborrecem, basta olhar as praias ou respirar o ar das grandes cidades. Por isso, não é mais possível conceber uma política digna desse nome sem preocupação ecológica central.

A ecologia pode ser científica?

A ecologia é essencialmente política, não é "científica". A ciência, como ciência, é incapaz de fixar seus próprios limites ou suas finalidades. Se lhe pedem os meios mais eficazes ou mais econômicos de exterminar a população terrestre, ela pode (deve até!) fornecer uma resposta científica. Como ciência, não tem estritamente nada a dizer sobre o caráter "bom" ou "mau" desse projeto. Podemos,

[1] <Entrevista publicada com esse título num dossiê "La planète verte – L'écologie en question", na revista publicada pelo Bureau des élèves de l'Institut d'études politiques de Paris; depoimento recolhido por Pascale Égré nos dias 16 e 29 de novembro de 1992.>

devemos decerto, mobilizar a pesquisa científica para explorar as incidências dessa ou daquela ação produtiva sobre o meio ambiente, ou, às vezes, os meios de prevenir determinado efeito colateral indesejável. Mas a resposta, em última instância, só pode ser política.

Dizer, como dizem os signatários do "apelo de Heidelberg" (que eu, de minha parte, preferiria chamar de o apelo de Nuremberg), que a ciência e só ela pode resolver todos os problemas causa consternação. Dito por tantos Prêmios Nobel, traduz um analfabetismo elementar, uma falta de reflexão sobre sua própria atividade e uma amnésia histórica total. Falam essas coisas quando, não faz muitos anos, os principais inventores e construtores das bombas nucleares faziam declarações públicas de contrição, batiam no peito, declaravam sua culpa etc. – Oppenheimer ou Sakharov, para citar apenas eles. Não foram os filósofos que construíram as bombas nucleares – nem foram os cientistas que decidiram por sua utilização ou não.

Foi precisamente o desenvolvimento tecnocientífico e o fato de que os cientistas não têm e nunca terão nada a dizer quanto a sua utilização e mesmo quanto a sua orientação capitalista que criaram o problema do meio ambiente e sua gravidade atual. E o que constatamos hoje é a enorme margem de incerteza quanto aos dados e às perspectivas de evolução do meio terrestre. Margem que, evidentemente, se estende para ambos os lados. Minha opinião pessoal é de que as perspectivas mais sombrias são as mais prováveis. Mas a verdadeira questão não é essa; é o desaparecimento total da prudência, da *phronesis*. Uma vez que ninguém sabe dizer com certeza se o efeito estufa provocará ou não uma elevação do nível dos oceanos, nem em quantos anos o buraco de ozônio terá se estendido sobre toda a atmosfera, a única atitude a adotar é a do *diligens pater familias*, do pai de família consciencioso que pensa: como o que está em jogo é muita coisa, e mesmo se as probabilidades são muito incertas, procedo com a maior prudência e não como se nada estivesse acontecendo.

Ora, o que vemos atualmente, por exemplo por ocasião da palhaçada (chamada cúpula) do Rio,* é uma irresponsabilidade total. É a fúria de Bush e dos liberais que invocam precisamente ao contrário o argumento da incerteza (como não está "demonstrado", continuemos como antes...). É a monstruosa aliança en-

* Cúpula da Terra, realizada em 1992. [N. da T.]

tre protestantes de direita americanos e a Igreja Católica para se oporem a qualquer ajuda para o controle de nascimentos no terceiro mundo, embora a relação entre a explosão demográfica e os problemas ambientais seja manifesta. Ao mesmo tempo, cúmulo da hipocrisia, manifestam preocupação com o nível de vida dessas populações. Mas para melhorar esse nível de vida, seria preciso acelerar ainda mais a produção e o consumo destruidores dos recursos não renováveis...

Por ocasião da cúpula do Rio, duas convenções que alguns consideram históricas foram, apesar de tudo, adotadas: a convenção sobre as mudanças climáticas e a outra sobre a biodiversidade. Elas fazem parte da palhaçada?

Fazem, porque não propõem nenhuma medida concreta e não vêm acompanhadas de nenhuma sanção. São a homenagem que o vício presta à virtude.

Uma palavrinha sobre a biodiversidade. Deveriam lembrar para os signatários do apelo de Heidelberg que ninguém sabe atualmente quantas espécies vivas existem na Terra. As estimativas variam de dez a trinta milhões, mas chegaram a falar de cem milhões. Ora, dessas espécies, conhecemos apenas uma modesta parte. Mas o que se sabe com alguma certeza é o número de espécies vivas que fazemos desaparecer a cada ano, em particular pela destruição das florestas tropicais. E. O. Wilson estima que daqui a 30 anos, teremos exterminado cerca de 20% das espécies existentes, ou seja, com a estimativa mais baixa do total delas, em média 70 mil espécies por ano, 200 espécies por dia! Independentemente de qualquer outra consideração, a destruição de uma única espécie pode acarretar a quebra do equilíbrio e portanto a destruição de todo um ecótopo**...

Lendo alguns de seus textos, tem-se a impressão de que a ecologia é apenas a parte visível de um iceberg que mascara um questionamento não só da ciência, mas também do sistema político e do sistema econômico. Você é um revolucionário?

** Em inglês, *ecotope*. Termo proposto por Arthur Tansley para descrever o ecossistema de menor tamanho que merece ser tratado como paisagem. [N. da T.]

Revolução não significa rios de sangue, a tomada do palácio de Inverno etc. Revolução significa uma transformação radical das instituições da sociedade. nesse sentido, sou certamente um revolucionário. Mas para que haja tal revolução, precisam ocorrer mudanças profundas na organização psicossocial do homem ocidental, em sua atitude para com a vida, em suma, em seu imaginário. É preciso que a idéia de que a única finalidade da vida é produzir e consumir cada vez mais – idéia ao mesmo tempo absurda e degradante – seja abandonada; é preciso que o imaginário capitalista de um pseudocontrole pseudo-racional, de uma expansão ilimitada, seja abandonado. Isso, só os homens e as mulheres podem fazer. Um indivíduo sozinho ou uma organização só podem, no melhor dos casos, preparar, criticar, incitar, esboçar orientações possíveis.

Que paralelo poderia ser estabelecido entre o recuo do marxismo e das ideologias e a expansão da ecologia política?

É uma relação evidentemente complexa. Para começar, temos de ver que Marx já participa integralmente do imaginário capitalista: para ele, assim como para a ideologia dominante de sua época, tudo depende do aumento das forças produtivas. Quando a produção tiver atingido um nível suficientemente elevado, poderemos falar de uma sociedade verdadeiramente livre, verdadeiramente igualitária etc. Não encontramos em Marx nenhuma crítica da técnica capitalista, seja como técnica de produção ou como tipo e natureza dos produtos fabricados. A técnica capitalista e seus produtos são para ele parte integrante do processo de desenvolvimento humano. Ele tampouco critica a organização do processo de trabalho na fábrica. Critica decerto alguns de seus aspectos "excessivos", mas essa organização como tal lhe parece ser uma realização da racionalidade e ponto final. O essencial de suas críticas volta-se para a utilização que é feita dessa técnica e dessa organização: beneficiam apenas o capital, em vez de beneficiar a humanidade inteira. Não vê que é preciso fazer uma crítica interna da técnica e da organização da produção capitalista.

Esse "esquecimento" é estranho em Marx, pois na mesma época encontramos esse tipo de reflexão em muitos autores. Lembrem, para tomar um exemplo conhecido de todos, de *Os miseráveis* de Victor Hugo. Quando Jean Valjean, para salvar Marius, o transporta pelos esgotos de Paris, Hugo faz uma daquelas digressões de que ele tanto gosta. Baseando-se sem dúvida nos cálculos dos grandes químicos da época, provavelmente Liebig, diz que, por seus esgotos, Paris lança no mar todos os anos o equivalente a quinhentos milhões de francos-ouro. E contrapõe isso ao comportamento dos camponeses chineses, que adubam a terra com seus próprios excrementos. É por isso, diz ele aproximadamente, que a terra da China é hoje tão fecunda quanto no primeiro dia da Criação. Ele sabe que as economias tradicionais eram economias de reciclagem, ao passo que a economia contemporânea é uma economia de desperdício. Marx não leva nada disso em conta ou o transforma em algo periférico. E essa continuará sendo a atitude do movimento marxista até o fim.

A partir do fim dos anos 1950, vários fatores vão se conjugar para mudar essa situação. Primeiro, depois do XX Congresso do PC russo, da revolução húngara do mesmo ano (1956), seguida da Polônia, Praga etc., a ideologia marxista perde seu atrativo. Em seguida, começa a crítica da ideologia capitalista. Menciono de passagem que, em um de meus textos de 1957, "Sur le contenu du socialisme",[2] desenvolvo uma crítica radical de Marx, afirmando que ele deixou totalmente de lado a crítica da tecnologia capitalista, particularmente na produção, e que, a esse respeito, compartilha por completo a ótica de sua época. Ao mesmo tempo, começava-se a descobrir os estragos provocados pelo capitalismo sobre o meio ambiente. Um dos primeiros livros a exercer uma grande influência foi *Silent Spring* (A primavera silenciosa) de Rachel Carson,[3] que descreve os danos provocados pelos inseticidas no meio ambiente: os inseticidas destroem os parasitas das plantas, mas também os insetos – portanto os pássaros que deles se nutrem, exemplo claro de um equilíbrio ecológico circular e de sua destruição completa por destruição de um só de seus elementos.

Começa a se formar então uma consciência ecológica, que se desenvolve muito rápida uma vez que os jovens, descontentes com o regime social nos países ricos, não podem mais canalizar suas críticas pela via marxista tradicional, que se tornou praticamente derrisória. As críticas baseadas na pobreza não cor-

2 <"Sur le contenu du socialisme", retomado em *Le Contenu du socialisme*, Paris, UGE, "10/18", 1979.>

3 <*Silent Spring*, Boston, Houghton Mifflin, 1962.>

respondem a mais nada; não se pode mais acusar o capital de fazer os operários passarem fome quando as famílias operárias dispõem de um ou às vezes de dois carros cada uma. Ao mesmo tempo, opera-se uma fusão dos temas propriamente ecológicos com os temas antinucleares.

A ecologia é então a nova ideologia do fim do século?

Não, eu não diria isso, e, de qualquer modo, não se deve fazer da ecologia uma ideologia no sentido tradicional do termo. Mas levar em consideração o meio ambiente, o equilíbrio entre a humanidade e os recursos do planeta é uma evidência central para qualquer política verdadeira e séria. É algo que se impõe pela corrida desenfreada da tecnociência autonomizada e pela imensa explosão demográfica que continuará a se fazer sentir ainda por pelo menos meio século. Mas essa consideração tem de vir integrada a um projeto político, que necessariamente extrapolará a "ecologia". E, se não houver um novo movimento, um despertar do projeto democrático, a "ecologia" pode muito bem ser integrada a uma ideologia neofacista. Face a uma catástrofe ecológica mundial, por exemplo, é possível imaginar regimes autoritários impondo restrições draconianas a uma população apavorada e apática. A inserção do componente ecológico em um projeto político democrático radical é indispensável. E é ainda mais imperativa à medida que o questionamento dos valores e das orientações da sociedade atual, implicado em tal projeto, é indissociável da crítica do imaginário do "desenvolvimento" no qual vivemos.

Os movimentos ecológicos franceses são portadores de um tal projeto?

Acho que tanto entre os Verdes como na *Génération Écologie**** [Geração ecologia] o componente político é inadequado e insuficiente. Não vemos nenhuma reflexão ser elaborada sobre as estruturas antropológicas da sociedade contemporânea, sobre as estruturas políticas e institucionais, sobre o que se-

*** Partidos políticos ecologistas franceses. [N. da T.]

ria uma verdadeira democracia e as questões que sua instauração e seu funcionamento levantariam etc. Esses movimentos tratam exclusivamente das questões do meio ambiente e quase nada das questões sociais e políticas. É entendível que eles não queiram ser "nem de esquerda nem de direita". Mas esse tipo de questão de honra que implica em não tomar posição sobre as questões políticas candentes é muito criticável; tende a fazer desses movimentos uma espécie de lobbies.

E quando há tomada de consciência da dimensão política, ela me parece insuficiente. Foi o caso na Alemanha, onde os Verdes tinham instaurado uma regra de rotatividade/revogabilidade para seus deputados. A rotatividade e a revogabilidade são idéias centrais na minha reflexão política. Mas, separadas do resto, não querem dizer nada. Foi o que aconteceu na Alemanha onde, inseridas no sistema parlamentar, perderam toda significação. Pois o próprio espírito de um sistema parlamentar é eleger "representantes" por cinco anos para se livrar das questões políticas, é dirigir-se aos "representantes" para não ter de se ocupar mais do assunto, ou seja, o contrário de um projeto democrático.

Esse componente propriamente político de um projeto de mudança radical engloba também as relações Norte-Sul?

Claro que sim. É um pesadelo ver pessoas de barriga cheia assistirem pela televisão os somalis morrerem de fome e depois voltarem para a sua partida de futebol. Mas é também, do ponto de vista do mais reles realismo, uma atitude de visão terrivelmente curta. Fecham os olhos e os deixam morrer de fome. Mas no longo prazo eles não se deixarão morrer de fome. A imigração clandestina aumenta à medida que a pressão demográfica se eleva e podem ter certeza que nós ainda não vimos nada. Os *Chicanos* atravessam praticamente sem nenhum obstáculo a fronteira entre México e Estados Unidos – e em breve não serão mais apenas mexicanos. Hoje, no caso da Europa é, entre outros, o estreito de Gibraltar. E não são os marroquinos; são pessoas vindas de todos os cantos da África, até da Etiópia ou da Costa do Marfim, que suportam sofrimentos inimagináveis para chegar até Tanger e poder pagar os passadores. Mas amanhã, não será mais apenas Gibraltar. São talvez quarenta mil quilômetros de costas mediterrâneas margeando o que Churchill chamava "o ventre mole da Europa". Já há fugitivos iraquianos que atravessam a Turquia e entram clandestinamente na Grécia. Depois, há toda a fronteira oriental dos Doze. Vão instalar um novo muro de Berlim, de três ou quatro mil quilômetros de comprimentos para impedir os orientais esfomeados de entrar na Europa rica?

Sabemos que existe um terrível desequilíbrio econômico e social entre o Ocidente rico e o resto do mundo. Esse desequilíbrio não diminui, só aumenta. A única coisa que o Ocidente "civilizado" exporta como cultura para esses países são as técnicas de golpe de Estado, as armas e a televisão com a exibição de modelos de consumo inatingíveis para essas populações pobres. Esse desequilíbrio não poderá continuar, a menos que a Europa se torne uma fortaleza regida por um regime policial.

Que você pensa do livro de Luc Ferry[4] que explica que os Verdes são portadores de uma visão global do mundo que questiona as relações do homem com a natureza?

O livro de Luc Ferry se engana de inimigo e acaba virando uma operação diversionista. Num momento em que o circo está pegando fogo, em que o planeta está em perigo, Luc Ferry arruma um inimigo fácil na pessoa de certos ideólogos marginais que não são nem representativos nem ameaçadores, e não diz uma palavra, ou quase nenhuma, sobre os verdadeiros problemas. Ao mesmo tempo, opõe a uma ideologia "naturalista" uma ideologia "humanista" ou "antropocêntrica" totalmente superficial. O homem está ancorado em algo que não é ele, o fato de não ser um ser "natural" não significa que esteja suspenso no ar. Não adianta martelar na nossa orelha a finitude do ser humano quando se trata de filosofia do conhecimento e esquecer essa finitude quando se trata de filosofia prática.

Existiria um filósofo fundador da ecologia?

Não vejo qual o filósofo que poderíamos designar como fundador da ecologia. Há certamente, entre os românticos ingleses, alemães e franceses,

4 <Luc Ferry, *Le Nouvel Ordre écologique*, Paris, Grasset, 1992; reed. LGF, 1994, 2002.>

um "amor pela natureza". Mas a ecologia não é o "amor pela natureza": é a necessidade de autolimitação (ou seja, de verdadeira liberdade) do ser humano relativamente ao planeta no qual, por acaso, ele existe, e que ele está destruindo. Em contraposição, podemos decerto encontrar em várias filosofias certa arrogância, essa *hubris* como diziam os gregos, o excesso presunçoso, que entroniza o homem como "senhor e possuidor da natureza" – asserção a bem dizer propriamente ridícula. Não somos nem mesmo senhores do que faremos individualmente amanhã ou em algumas semanas. Mas a *hubris* sempre chama a *nêmesis*, a punição, e é isso que pode nos acontecer.

Uma redescoberta da filosofia antiga em sua dimensão de equilíbrio e harmonia seria salutar?

Uma redescoberta da filosofia em seu todo seria salutar, pois estamos atravessando um dos períodos menos filosóficos, para não dizer antifilosóficos, da história da humanidade. Mas a atitude grega antiga não é uma atitude de equilíbrio e harmonia. Ela parte do reconhecimento dos limites invisíveis de nossa ação, de nossa mortalidade essencial e da necessidade de autolimitação.

Poderíamos considerar o crescimento das preocupações com o meio ambiente como um aspecto do retorno do religioso sob a forma de uma fé na natureza?

Em primeiro lugar, não acho que haja, apesar do que dizem, um retorno do religioso nos países ocidentais. Depois, a ecologia corretamente concebida (e desse ponto de vista, isso é quase sempre assim) não faz da natureza uma divindade, e tampouco do homem, aliás. A única relação que eu consigo ver é muito indireta. Tem a ver com a influência da religião sobre quase todas as sociedades. Vivemos na primeira sociedade desde o começo da história da humanidade em que a religião não ocupa o centro da vida social. Por que um lugar tão grande para a religião? Porque ela lembrava ao homem que ele não era senhor do mundo, que vivia sobre o Abismo, o Caos, o Sem-Fundo, que havia algo além dele que a religião "personificava" de uma maneira ou outra, chamando-o tabu, totem, Amon-Rá, deuses do Olimpo – ou Moira –, Jeová... A religião mostrava o Abismo e ao mesmo tempo o mascarava, dando-lhe um rosto: é Deus, Deus é Amor etc. E desse modo também, dava sentido à vida e à morte humanas. É certo que projetava em potências divinas ou no Deus monoteísta atributos essencialmente antropomórficos e antropocêntricos e é precisamente nisso que "dava sentido" a tudo o que existe – o Abismo se tornava de certa forma familiar, homogêneo a nós. Ao mesmo tempo, porém, lembrava ao homem sua limitação, lembrava-lhe que o Ser é insondável e não pode ser controlado. Ora, uma ecologia integrada em um projeto político de autonomia deve, ao mesmo tempo, indicar essa limitação do homem e lembrá-lo de que o Ser não tem sentido, que somos nós que criamos o sentido por nossa conta e risco (inclusive sob a forma das religiões...). Há portanto de certo modo proximidade, mas também, de outro modo, oposição irredutível.

Portanto, mais que a defesa da natureza, você deseja a defesa do homem?

A defesa do homem contra ele mesmo, essa é a questão. O principal perigo para o homem é o próprio homem. Nenhuma catástrofe natural se iguala às catástrofes, aos massacres, aos holocaustos provocados pelo homem contra o homem. Hoje o homem continua sendo ou é mais que nunca o inimigo do homem, não só porque continua como sempre se entregando ao massacre de seus semelhantes, mas também porque está serrando o galho sobre o qual está sentado: o meio ambiente. É a consciência desse fato que deveríamos tentar despertar em uma época em que a religião, por bons motivos, não pode mais desempenhar esse papel. Trata-se de lembrar aos homens sua limitação, não só individual, mas social. E não é só que todo o mundo está submetido à lei e vai morrer um dia; é que todos juntos não podemos fazer qualquer coisa, temos de nos autolimitar. A autonomia – a verdadeira liberdade – é a autolimitação necessária não só nas regras de conduta intra-social, mas nas regras que adotamos em nossa conduta para com o meio ambiente.

Você é otimista com relação a esse despertar da consciência dos limites do homem?

Há nos homens uma capacidade criativa, capacidade de alteração do que existe, que por natureza e por definição é indeterminável e imprevisível. Mas, como tal, ela não é nem positiva nem negativa, e falar de otimismo ou de pessimismo nesse nível é leviano. O homem, como potência criadora, é homem tanto quando constrói o Partenon ou Notre-Dame de Paris como quando organiza Auschwitz ou o Gulag. A discussão sobre o valor do que ele cria começa depois (e é evidentemente a mais importante). Uma interrogação angustiante da atualidade é sem dúvida o afundamento da sociedade contemporânea numa repetição cada vez mais vazia; a ela se segue, supondo que essa repetição dê lugar a uma ressurgência da criação histórica, uma interrogação sobre a natureza e o valor dessa criação. Não podemos nem ignorar e calar essas interrogações, nem responder a elas de antemão. A história é isso.

UMA SOCIEDADE À DERIVA[1]

Você denunciava, já em 1979, ao se referir aos "novos filósofos", o aumento do despudor, a ausência de espírito crítico, de verdadeira reflexão política. Ora, essas tendências são hoje onipresentes...

O que ocorre na esfera "intelectual" está profundamente ligado à evolução de conjunto das sociedades ocidentais. O que mais impressiona, quando se compara a fase presente com as fases anteriores da história dessas sociedades, é o desaparecimento quase total do conflito, seja ele econômico-social, político ou "ideológico". Assistimos ao triunfo de um imaginário, o imaginário capitalista – "liberal" e ao quase desaparecimento da outra grande significação imaginária da modernidade, o projeto de autonomia individual e coletiva. Superficialmente, isso se traduz, desde o começo dos anos 80, pela vitória da contra-ofensiva dita "neoliberal" – simbolizada pelas políticas Thatcher-Reagan –, contra-ofensiva que impôs coisas que pareciam inconcebíveis antes. Por exemplo, redução pura e simples dos salários reais e às vezes até nominais; ou ainda níveis de desemprego que eu mesmo pensara, e escrevera em 1960, que já não eram possíveis, pois teriam provocado uma explosão social. Ora, nada aconteceu. Há alguns motivos para isso, alguns conjunturais – a ameaça, que é em grande parte um blefe, da "crise" ligada à "crise do petróleo" etc. –, mas outros bem mais profundos, de que logo falaremos. Em resumo, assistimos à dominação integral do imaginário capitalista: centralidade do econômico, expansão indefinida e pretensamente racional da produção, do consumo e dos "lazeres" mais ou menos planificados e manipulados.

Essa evolução não exprime apenas a vitória de camadas dominantes que gostariam de aumentar seu poder. A população em sua quase totalidade participa disso. Medrosamente recolhida em sua esfera privada, contenta-se com pão e

---

[1] <Publicado com esse título em *L'Autre Journal*, n° 2, março de 1993. Depoimento recolhido por Marc Weitzmann.>

espetáculos. Os espetáculos são garantidos sobretudo pela televisão (e pelos "esportes"); o pão, por todas as engenhocas disponíveis nos diversos níveis de renda. De uma maneira ou de outra, todas as camadas sociais têm acesso a esse conforto mínimo; apenas minorias sem qualquer peso estão excluídas. Tudo se passa como se tivessem descoberto o jeito de comprimir a quantidade geral de miséria gerada pela sociedade em 15 ou 20% da população "inferior" (negros e hispânicos nos Estados Unidos, desempregados e imigrantes nos países europeus). A grande maioria da população parece se contentar com lazeres e engenhocas, com algumas reações pontuais e corporativistas sem conseqüência. Não nutre nenhum desejo coletivo, nenhum projeto além da salvaguarda do *statu quo*.

Nesse clima, as garantias tradicionais da república capitalista vão caindo uma depois da outra. Não há mais controle da vida política; não há mais sanções, exceto no Código Penal, que, como mostraram os "escândalos", funciona cada vez menos. De qualquer modo, nessa situação coloca-se como sempre a pergunta: "E por que, diachos, os próprios juízes, ou seus 'supervisores', escapariam da corrupção geral, e por quanto tempo? Quem vigiará os vigilantes?" A ausência de garantias faz com que a irracionalidade inerente ao sistema se intensifique. Os dirigentes podem fazer tudo, ou quase tudo, com a condição de que o ibope político não reaja muito mal. De qualquer forma, não governam mais de fato, sendo sua única preocupação permanecer no poder ou chegar a ele. As ideologias tradicionais de "direita" ou de "esquerda" tornaram-se completamente vazias; nada de essencial separa os programas dos respectivos partidos. No tocante a isso, "fazer o balanço" da "esquerda" nem é necessário (onde estão as famosas "proposições" sucessivas de Mitterrand?). Mas o mesmo se aplica à "direita": quando esta proclama a catástrofe, não se consegue ver, nem com um microscópio, que o que essas pessoas propõem esteja à altura dessa catástrofe. Não existe nem mesmo programa "reacionário" ou conservador, não há nada. A única coisa que diferencia uns dos outros são seus nomes e suas siglas.

Não se poderia objetar a essa constatação de falência a emergência da ética, do humanitarismo, dos direitos humanos?

Esses fenômenos não são uma objeção à constatação, mas sua confirmação. Essas idéias são utilizadas como tapa-misérias do vazio político. Não devemos misturar a substância das idéias em si e a forma na qual foram postas em circulação. Quem seria "contra" os direitos humanos? Um número muito pequeno de pessoas. Mas quando é que se começou a falar deles? Foram invocados sobretudo contra as tiranias totalitárias do Leste. Muito bem. Mas quiseram fazer deles a substância de qualquer política, o que é uma aberração. Uma vez garantidos os direitos humanos, resta saber o que se vai fazer na sociedade e da sociedade. Há decerto uma resposta ultraliberal, que consiste em dizer: essa questão não é nem legítima nem sensata, cada um que faça o que quiser. Mas essa resposta ignora completamente a natureza profunda de toda sociedade. Uma sociedade não consegue viver se cada um faz o que quer dentro de alguns limites mínimos impostos pelo Código Penal – e tampouco um código penal pode ser redigido ignorando por completo alguns valores substantivos que ultrapassam em muito os "direitos do indivíduo".

Ou então a ética: também aí o ponto de partida foi sobretudo (existiram outros) a ação dos dissidentes dos países do Leste: Soljenitsin, Sakharov, os poloneses, Havel etc. Para eles, era um guia mínimo: "Na situação em que estamos – a da URSS e dos países do leste nos últimos 30 anos –, não sabemos o que fazer no plano político, mas existem garantias éticas que devem permitir às pessoas comportarem-se decentemente e, ao mesmo tempo, minar o regime". "Não mentir", por exemplo, dizia Soljenitsin. É compreensível, não só na situação deles, mas em geral: nenhuma política digna desse nome pode se basear na mentira. Mas é precisamente aí que fica claro que não se pode opor, como se faz cada vez mais, a ética à política. Mais que isso, e azar se isso provocar a ira de alguns: a grande política acaba prevalecendo sobre a ética, ela é, como diria Aristóteles, a mais arquitetônica. O "nunca mentir", por exemplo, não é sustentável em qualquer situação: Soljenitsyn não podia e, em todo caso, não devia dizer a verdade à KGB quando era interrogado sobre o esconderijo de seu livro *O carvalho e o bezerro*, ou sobre aqueles que o tinham ajudado a passar para o Ocidente *O Arquipélago Gulag*. A redação e a publicação desses textos eram atos políticos e nem tudo o que conduzia a sua realização podia ser medido exclusivamente pelo critério do "Não mentirás". O mesmo deve ser dito do "Não matarás". Pode-se erigi-lo em norma absoluta de comportamento? É evidente que não. Se um terrorista ameaça matar algumas dezenas de reféns, será que se deve proibir de modo absoluto, abatê-lo se isso for possível? Nesse mesmo sentido, quando hoje se defende uma intervenção armada na Bósnia para acabar com os massacres, será que ela poderá ser feita sem matar? Todas essas decisões são decisões políticas, das quais a ética é apenas um componente, de muito peso, sem dúvida. A ética dos Evangelhos é uma ética acósmica. Se nunca foi de fato aplicada na vida social, independentemente da hipocrisia das Igrejas, é também porque não podia sê-lo.

A propósito da Bósnia, aliás, os defensores de uma intervenção querem fazer uma guerra ética e não política.

É mais um absurdo. Não vou discutir se se deve ou não intervir militarmente na Bósnia. Mas, caso o façam, como evitar a questão dos objetivos políticos de tal intervenção? É preciso parar com a carnificina, está certo; e depois? Fica-se ali para todo o sempre? Coloca-se o país sob tutela? O problema é ainda mais flagrante no que concerne à Somália. Pois, na Iugoslávia, não é impossível imaginar que, terminada a carnificina (e, infelizmente, depois de realizada boa parte da limpeza étnica; isso já está quase feito), poderiam ser criadas três ou quatro entidades políticas que respeitassem ao menos o princípio mínimo de qualquer sociedade, a proibição do assassinato *ad libitum*. Mas, e na Somália? Ninguém sabe o que fazer. A ajuda humanitária é ótima, deve-se fazer de tudo para impedir que seres humanos morram de fome. Mas que fazer se a ajuda humanitária é sistematicamente pilhada e desviada por bandos armados? Dever-se-ia instaurar – impor? – uma sociedade política, mas qual, e por que meios? Que ética contém a resposta para essas perguntas? Sem uma concepção política, sem uma resposta para a pergunta: "Por que e como vivemos em sociedade, para quê, o que é importante para nós na vida?", pois bem, sem ela não há nem mesmo uma verdadeira resposta para as questões éticas; exceto talvez para um são Francisco de Assis.

Paradoxalmente, essas questões se colocam doze anos depois da chegada ao poder de uma esquerda que, através de seu programa, encarnava a razão política.

Nunca achei que os socialistas franceses fossem socialistas. O programa deles em 1981 já era um monumento arqueológico. Por exemplo, as "nacionalizações". Fazia décadas que pessoas, como eu, passavam o tempo mostrando que as "nacionalizações" não tinham nada a ver com o socialismo. De qualquer modo, o Estado francês sempre influenciou e até, de fato, dirigiu a economia, e sempre teria os meios para fazê-lo, fosse apenas por seu controle do crédito e do sistema bancário. Esse ponto do programa deles, como quase todas as medidas que eles tomaram fora da gestão normal dos negócios, eram puramente demagógicas – a única exceção, no estado atual de coisas, foi a instauração do RMI:* numa sociedade que continua sendo capitalista, é preciso haver uma rede de proteção social. Não se trata de filantropia: alguém que está morrendo de fome – e isso a gente vê nos Estados Unidos – não pode ser um cidadão, mesmo no sentido atual do termo. Os socialistas tentaram, em 1981-1982, uma "reflação" da economia e fracassaram de modo lamentável. Por quê? Porque – e essa constatação tem um valor mais geral – ignoravam as regras do jogo da sociedade que pretendiam reformar. Não se pode nem reformar nem conservar um sistema social sem ter em mente o todo; não se pode mover uma peça desse mecanismo imensamente complexo sem levar em conta as repercussões sobre outras partes do sistema. Os socialistas aprenderam, bem ou mal, as regras do jogo da economia capitalista – e as aplicaram com um entusiasmo transbordante. De modo que sua única glória foi ter introduzido e aplicado o programa do neoliberalismo na França. O que a população talvez tivesse dificilmente aceitado por parte da direita, ela aceitou, resmungando, por parte dos socialistas. É só por isso que entrarão para a história, e isso é extremamente risível.

A própria idéia de programa político ainda tem sentido?

Pode-se – eu posso – formular um programa político. Mas esse programa não valerá nada se a grande maioria da população não estiver pronta, não para votar a favor desse programa, mas para participar ativamente não só de sua realização, mas de sua divulgação, de seu desenvolvimento e, caso necessário, de sua alteração. Hoje, esse programa só poderia ser o projeto de uma sociedade

* Revenue minimum d'insertion, uma espécie de programa de renda mínima. [N. da T.]

autogovernada em todos os escalões – e é tautologicamente claro que tal projeto não tem nenhum sentido se as pessoas não tiverem o desejo e a vontade de se autogovernar e não fizerem o que é preciso para isso. Ora, não é isso o que constatamos hoje. Então é preciso desistir? Não acho. Não pode haver previsão séria em política e em história. Na véspera de maio de 68, Viansson-Ponté escrevia seu célebre artigo "La France s'ennui" (A França está entediada). De fato, ela estava tão entediada que explodiu algumas semanas depois. Com isso certamente não quero dizer que estamos na véspera de um novo maio de 68. Digo simplesmente que nenhuma pesquisa de opinião e nenhuma indução empírica pode prever o comportamento de uma população no curto prazo, e menos ainda no médio e no longo prazo.

Mas o desejo de participar supõe que se creia na possibilidade de participar.

Com certeza. É uma questão de crença, é também uma questão de vontade e as duas coisas são inseparáveis no terreno político. A história humana é criação. O surgimento de novas formas sócio-históricas não é previsível, pois não pode nem ser produzido nem ser deduzido a partir do que o precede. Um sociólogo-etnólogo-psicanalista marciano que aterrissasse na Grécia por volta de 850 a.C. certamente não podia predizer a democracia ateniense. Nem, em 1730, predizer a Revolução Francesa. Ora, dizer que essas formas resultam de uma criação não determinada dos seres humanos significa que a criação deles aparece, do ponto de vista da lógica habitual, como um círculo vicioso. Não é o camponês que venera seu senhor que participará dos movimentos que precederam e se seguiram à noite de 4 de agosto. Ao mesmo tempo que há um movimento coletivo, os indivíduos se transformam e, ao mesmo tempo em que os indivíduos mudam, emerge um movimento coletivo. Não faz sentido perguntar o que vem antes de quê: as duas pressuposições dependem uma da outra e são criadas ao mesmo tempo. É como o ovo e a galinha, ou, melhor, como o surgimento da primeira célula viva: o funcionamento do DNA celular pressupõe a existência dos produtos desse funcionamento. É como um elo que mantém juntas as partes e a nova criação só pode ser formulada na totalidade de sua complexidade. É verdade que as pessoas de hoje não acreditam na possibilidade de uma sociedade autogovernada, e isso faz com que essa sociedade seja, hoje, impossível. Não acreditam porque não querem acreditar, não querem acreditar nisso porque não acreditam. Mas se um dia o quiserem, acreditarão e poderão.

O desaparecimento das terras prometidas políticas deveria permitir uma maior autonomia e uma maior capacidade de criação política. Mas o que acontece é antes o contrário. Teoricamente, a época deveria ser fantástica.

E, na verdade, ela é nula. Isso mesmo. Não há uma verdadeira "explicação". Pode-se citar inúmeros fatores que tornam o fato um pouco mais compreensível ou elucidável, mas não será uma verdadeira explicação. Assim como as fases de criação, as fases de decomposição de uma sociedade são inexplicáveis. Em Atenas, nos séculos VI e V a.C., temos a criação da democracia, os grandes poetas trágicos, um monte de outras criações extraordinárias. No século IV, tudo isso já acabou e, por exemplo, não há mais um único grande poeta ateniense. Por quê? Por certo, a guerra do Peloponeso e a derrota ateniense tiveram alguma participação nisso. Tucídides escreveu páginas imortais sobre a corrupção generalizada provocada pela guerra (mas por que não pelas guerras anteriores?), inclusive a corrupção da língua, cujas palavras passaram a significar o contrário do que significavam inicialmente e a ser utilizadas em sentidos contraditórios pelas diferentes partes (isso não faz você lembrar nada nos dias de hoje? "democracia", por exemplo...). Mas a derrota não basta para "explicar". Por que o *demos*, o povo, não é mais o mesmo povo? Por que os indivíduos assim como as sociedades perdem seu poder de criação? Pode-se elucidar o fato em parte, mas não explicá-lo.

O mesmo acontece com o período contemporâneo. Ocorreram todos esses imensos movimentos de emancipação nos últimos séculos. Houve o movimento operário, que foi confiscado em maior ou menor medida pelo marxismo; o próprio marxismo evoluiu dando origem a duas correntes opostas, a social-democracia e o bolchevismo; a primeira deu no que sabemos, o segundo deu no Gulag. O resultado disso foi que a paixão, a energia da classe operária e daqueles que queriam marchar com ela foram desperdiçadas.

Além disso, essas ideologias eram não só miserabilistas – o PC francês defendeu a tese da "pauperização absoluta" da classe operária até não faz muito tempo –, mas centradas na tese de que o capitalismo não podia "resolver o problema do desenvolvimento das forças produtivas" – ou seja, de que era preciso instaurar o socialismo para que as massas pudessem consumir. Ora, é evidente que o capitalismo não faz outra coisa senão desenvolver a produção e o consumo: nos países ricos, não há nenhuma relação entre o "nível de vida", isto é, de consumo no sentido capitalista do termo, de um operário de 1840 e de 1990. Se for realmente isso o que queremos dizer e nada mais, não vale a pena mudar de governo, como diz a canção.**

E, ao mesmo tempo, esse desenvolvimento tem como resultado fazer com que a população valorize cada vez mais o dinheiro e as mercadorias, o poder, as pessoas como Tapie etc. Em outras palavras, houve uma espécie de despolarização dos valores, e o pólo negativo, o pólo subversivo foi engolido pelo imaginário capitalista. Tudo isso não "explica", mas permite elucidar alguns aspectos do declínio, do desaparecimento do conflito e da atividade social e política e mostrar em que ele se apóia.

Onde entra a necessidade de crença? Pensar que nossas leis, nossas crenças, o fato de estar em sociedade, não repousam sobre nada, que nenhuma realidade tem um fundamento absoluto, não é insuportável?

Não acho, caso contrário não estaria aqui. Mas esta é efetivamente a questão. Ao contrário do que Aristóteles dizia, o que os humanos mais desejam não é o saber, é a crença. Nas sociedades ricas – que, aliás, representam, no máximo, um sétimo da população mundial –, com o fim das crenças políticas e o desaparecimento da capacidade da sociedade de criar novos valores que pudessem significar algo, reina o que Pascal teria chamado o divertimento ou a distração, o esquecimento. Ninguém quer saber que é mortal, que vai morrer, que não há mais além, nem retribuição, nem recompensa.

** Da opereta "La fille de madame Angot" de Charles Lecocq. [N. da T.]

As pessoas se esquecem assistindo na televisão... Tapie, ou Madonna, ou sei lá o que mais. (...) E isso significa que vivemos, não numa sociedade do espetáculo, mas numa sociedade do esquecimento: esquecimento da morte, esquecimento do fato de que a vida não tem outro sentido além daquele que formos capazes de lhe dar. O espetáculo serve para facilitar e encobrir esse esquecimento. Não temos a coragem nem a capacidade de admitir que o sentido de nossa vida individual e coletiva já não pode ser fornecido por uma religião ou por uma ideologia, já não pode nos ser dado de presente, que, por conseguinte, temos de criá-lo.

Essa ausência de coragem não consagra o fracasso do seu projeto de autonomia?

Não acho. O projeto de autonomia foi proposto em algumas sociedades, a sociedade ateniense, as sociedades ocidentais durante o grande período da modernidade. Ora, ele foi a cada vez sustentado por movimentos que, com uma ou outra ressalva, tinham profunda consciência do sentido de nossa vida aqui em baixo, do fato de que nenhuma transcendência pode dotar de sentido a vida se nós mesmos a desinvestirmos. Toda transcendência no sentido religioso é uma criação imaginária dos humanos. Todos os movimentos de emancipação antigos e modernos começaram se distanciando, se não da própria transcendência, ao menos da idéia de que essa transcendência podia agir na imanência e, por exemplo, resolver a questão da sociedade e de sua instituição justa. E aquilo em que acreditaram essencialmente foi que, se há algum sentido em nossa vida que não seja mistificado, esse sentido é aquele que nós mesmos podemos criar.

Você mesmo escreveu que uma das causas da morosidade ambiente era o sentimento de que todos os valores, todas as normas eram puramente contingentes. No fato de nós mesmos criarmos o sentido, parece que enfrentamos uma absurdidade radical. Se não há um sentido absoluto, como não pensar que nada tem sentido?

Primeiro, há um fato que, mais dia menos dia, será preciso digerir: somos mortais. Não somente nós, não somente as civilizações, mas a humanidade como tal e todas as suas criações, toda a sua memória, são mortais. A duração da vida de uma espécie animal é de em média dois milhões de anos. Mesmo se, misteriosamente, ultrapassássemos indefinidamente esse limite, no dia em que o Sol entrar em sua fase terminal e se tornar uma gigante vermelha, sua fronteira será algum lugar entre a Terra e Marte; o Partenon, Notre-Dame, os quadros de Rembrandt ou de Picasso, os livros onde estão registrados o *Banquete* ou as *Elegias de Duino* serão reduzidos ao estado de prótons fornecendo energia para essa estrela.

Diante disso, há duas respostas possíveis. A primeira é Pascal, Kierkegaard: não posso aceitar isso, não posso ou não quero vê-lo: em algum lugar deve haver um sentido que sou incapaz de formular, mas creio nele. O "conteúdo" pode ser diferente – fornecido pelo Antigo Testamento, pelos Evangelhos, o Alcorão, os Veda, pouco importa. A outra atitude consiste em se recusar a fechar os olhos e, ao mesmo tempo, entender que se queremos viver não podemos viver sem sentido, sem significação. Nessa acepção, as significações social e historicamente criadas não são nem contingentes nem necessárias; são, como escrevi, metacontingentes: sem elas, não há vida humana, nem individual nem social. É essa mesma vida que nos permite, num momento dado, entender que essas significações não têm fonte "absoluta", que a fonte delas é nossa própria atividade criadora de sentido. A tarefa de um homem livre é saber-se mortal e manter-se de pé à beira desse abismo, nesse caos destituído de sentido e no qual fazemos emergir a significação. Ora, sabemos que esse homem e essa comunidade podem existir. Não estou falando dos grandes artistas, pensadores, cientistas etc. Mesmo o artesão digno desse nome que construía, não estátuas dos deuses, mas mesas, vasos etc., investia seu trabalho de modo absoluto; o fato de que o vaso fosse belo, de que a casa ficasse de pé era uma realização. Esse investimento da atividade doadora de forma, portanto de sentido, existiu em todas as civilizações, sem exceção. Existe cada vez menos hoje, porque a evolução do capitalismo destruiu todo sentido no trabalho.

Nem todo o mundo pode ser Beethoven ou Kant; mas todo o mundo deve ter um trabalho que possa investir e nele se implicar. Isso pressupõe uma modificação radical da noção de trabalho, da tecnologia contemporânea, da organização desse trabalho etc. – modificação incompatível com a manutenção da instituição contemporânea da sociedade e do imaginário que ela encarna. Esse imenso lado da questão, nem mesmo os ecologistas o vêem: vêem apenas o lado consumo e poluição. Mas a vida humana também transcorre no trabalho. Portanto, temos de restituir o sentido ao fato de trabalhar, de produzir, de criar e também de participar de projetos coletivos com os outros, de dirigir a si mesmo individual e coletivamente, de decidir sobre as orientações sociais.

Isso é difícil, evidentemente. Mas existiu em certa medida. Entre os gregos até o fim do século V a.C., que não acreditavam na imortalidade, em todo caso não em uma imortalidade "positiva" (a vida depois da morte era infinitamente pior que a vida na Terra, como a sombra de Aquiles ensina a Ulisses na *Odisséia*). Para os modernos, é mais complicado. Pois para eles, sempre existiram, mais ou menos escondidos, restos da crença numa transcendência de tipo religioso. Isso tampouco os impediu de ir muito longe. Mas isso também ocorreu em função de um outro deslocamento: colocaram um paraíso terrestre no "fim da história" (marxismo) ou como direção assintótica dela (liberalismo). Hoje, somos pagos para saber que aquelas eram duas formas da mesma ilusão, que, precisamente, não existe "sentido imanente" na história e que só haverá o sentido (ou o não-sentido) que formos capazes de criar. E isso, as pessoas que morriam nas barricadas sabiam: é o fato de lutar que tem sentido, não o fato de que daqui a dois séculos haverá uma sociedade perfeita. E a morosidade atual sem dúvida também representa em parte o trabalho de luto pela morte dessa ilusão de um futuro paradisíaco.

A sacralização atual da ética é a encenação da ausência de sentido; carregam sacos de arroz, denunciam os massacres e os estupros – e, no fim, se ficarem apenas nisso, sabem que isso não acabará nunca. Ao mesmo tempo, a explosão do sistema midiático e publicitário não consagra essa ausência de sentido instaurando um tempo que não passa mais, uma espécie de imenso presente?

Sim. Mais precisamente, há atualmente um tempo imaginário que consiste na negação do verdadeiro passado e do verdadeiro futuro; um tempo sem verdadeira memória e sem verdadeiro projeto. Disso, de fato, a televisão constitui uma imagem muito poderosa e muito simbólica: a Somália era um furo ontem, hoje não é mais. E se a Rússia se fragmentar, como parece ser o caminho que ela está tomando, falarão dois dias da Rússia e depois esquecerão. Não existe mais verdadeira escansão e sim o que você chama de perpétuo presente, que é antes um lamaçal, uma sopa realmente homogênea onde tudo está achatado, tudo tem o mesmo nível de significação e de importância. Tudo cai nesse fluxo informe de imagens; e isso vem junto com a perda do futuro histórico, a perda de um projeto e a perda da tradição, o fato de que o passado seja, ou um objeto de erudição para os excelentes historiadores que temos, ou um passado turístico: visita-se a Acrópole do mesmo modo como se visitam as cataratas do Niágara, conhece-se a Itália assim como se conhecem as ilhas Seychelles. O passado faz concretamente parte do circuito turístico: um dia em Atenas, um dia em Mykonos, um dia em Delfos etc. Aqui, o mais trivial convive com o mais profundo. Nesse sentido também, o espírito da época é a trivialidade.

SOBRE O JUÍZO POLÍTICO[1]

Estou de acordo com Vincent Descombes na maioria dos pontos que ele levanta. Há, contudo, questões que, a meu ver, é preciso radicalizar. Vou evocar brevemente quatro:

1. Primeiramente, o que chamamos de juízo político? É certo que, como bem lembra Vincent Descombes, o juízo político, como qualquer juízo prático, não visa o "verídico", mas o "bem", não tem a forma "penso *a* porque *b*", mas "quero *x* porque *y*". As questões versam sobre o *domínio* de *x* e *y*, que pertence ao *prakton* <ao domínio da ação>, mas não o esgota, e sobre a especificidade desse *porquê*.

É preciso distinguir o juízo político dentro de um regime e o juízo político que versa sobre o regime como tal. Estamos em 1788: a linguagem corrente qualificará de político tanto um juízo como "Necker tem de fazer *x* para salvar a monarquia" quanto outro do tipo "a monarquia tem de ser abolida e substituída pela república". Convenhamos que, tomados de forma absoluta, o primeiro não levanta nenhuma questão filosófica. Enuncia, ainda que implicitamente, um "axioma" (a monarquia tem de ser salva), a partir do qual pode expor, de maneira racional quanto aos meios (*zweckrational*), as conseqüências, o que decerto pode ser horrivelmente complicado na realidade, mas, como tal, não concerne aos princípios (exceto se intervirem outras cláusulas, por exemplo: "... por todos os meios").

A considerável ambigüidade pode ser eliminada se aceitarmos distinguir *o* político – o que concerne à dimensão do poder numa sociedade, seu exercício e o acesso a ele – e a política, que tem a ver com a instituição *in toto* da sociedade,

1 <Publicado com esse título em *La Pensée politique*, n° 3, 1995, número sobre *La Nation*, pp. 209-212. Este texto, assim como várias outras contribuições de diversos autores, respondia a um ensaio de Vincent Descombes, "Philosophie du jugement politique", publicado no n° 2, junho de 1994, da mesma revista, pp. 131-157.>

incluindo, evidentemente, a dimensão do poder.[2] O político não questiona fins e princípios e o encontramos necessariamente em qualquer sociedade; a política, como atividade que levanta a questão do melhor regime ou da boa sociedade, é uma criação essencialmente greco-européia.[3]

2. Essa clarificação parece-me indispensável para responder à pergunta colocada por Vincent Descombes: tudo é político? É claro que não, se político quiser dizer relacionado com o poder. Mas claro que sim, por definição poderíamos dizer, se considerarmos a política no sentido definido acima. Deve-se, no entanto, evitar mal-entendidos. Gostaríamos decerto, ao menos a maioria de nós, de colocar limites para toda atividade instituinte (legisladora) explícita; mas *isso já* é uma posição e uma decisão políticas. A idéia de que *nem tudo deve* ser político (ou submetido à "lei divina" etc.) é uma criação sócio-histórica muito recente (mais ou menos equivalente à criação da democracia). Também esses limites remetem a uma decisão política. É preciso uma decisão política – instituinte – para declarar e garantir que o que transcorre no *oikos* ou na *ágora* escapa às decisões e ao poder da *ekklesia*, nos limites traçados por essa própria decisão.

Que essa é uma decisão política (instituinte) é demonstrado pelo fato de que a decisão contrária não só pode ser tomada (por exemplo, no caso do totalitarismo comunista ou nazista), como foi efetivamente tomada por quase todas as sociedades na história. Foi esse sabidamente o caso de todas as sociedades "religiosas" (tanto primitivas como históricas), que sempre regulamentaram de acordo com injunções e princípios "divinos" uma enorme parte tanto das atividades "privadas" (no *oikos*) como privadas-públicas (na *ágora*), tal como continuam querendo fazer as sociedades islâmicas puras e duras. Que umas ou outras não tenham podido (ou, compreendendo essa impossibilidade, não tenham querido) fazê-lo integralmente depende de outros fatores e particularmente da impossibilidade

2 Cf. meu texto "Pouvoir, politique, autonomie", *Revue de métaphysique et de morale*, n° 1, 1988; retomado em *Le Monde morcelé*, Paris, Seuil, 1990, pp. 113-139 <; reed. "Points Essais", 2000, pp. 137-171>.

3 Cf. meu texto "Fait et à faire", *Revue européenne des sciences sociales*, n° 86, 1989, retomado *in* G. Busino (ed.), *Autonomie et autotransformation de la société. La philosophie militante de Cornelius Castoriadis*, Genebra, Droz, 1989, pp. 500-509 <e *in Fait et à faire*, Paris, Seuil, 1997, pp. 62-72>.

de controlar totalmente os homens e as circunstâncias – embora a interiorização completa da instituição tenha muitas vezes levado a quase alcançar esse limite.

3. O caso do "bom nazista"[4] não me parece ser um bom exemplo – e, longe de ser "construído para ser difícil", contém vários elementos *ad hominem*: o horror compartilhado do nazismo e, sobretudo, sua derrota. É a um só tempo "politicamente correto" e historicamente oportunista. Que aconteceria se perguntássemos: o que há "de bom, em um sentido qualquer (instrumental ou último)", no fato de que o reitor da universidade de Teerã seja um bom islamita ou, já que estamos falando disso, o reitor da universidade de Salamanca no século XVI seja um bom cristão? "Portanto, quer comais, quer bebais, quer façais qualquer outra coisa, fazei tudo para glória de Deus" (Cor I, 10,31). Ora, é sabido que a interpretação do que a glória de Deus exige variou enormemente segundo as épocas e seria arriscado afirmar que as interpretações mais extremas eram incompatíveis com a sobrevivência ou mesmo a expansão das sociedades que as aplicavam. Afinal, houve poucas expansões tão maciças e tão rápidas na história como a do Islã a partir do século VII.

4. Qual pode ser o *porquê*... do juízo político, como podemos justificar que queremos esse tipo de sociedade e não aquele outro? Supomos que ninguém aceitará como justificação válida um enunciado que diga "... porque está escrito no Levítico 20,13 que..". ou a invocação de *A Política segundo a Sagrada Escritura* [de Bossuet]. Já isso nos separa da imensa maioria dos humanos ao longo do tempo, para quem esse gênero de justificação era não só legítimo, como o único concebível. Situamo-nos em um *campo* sócio-histórico, o campo do *logon didonai*, prestar conta e dar a razão. Mas dar a razão como?

Vincent Descombes tem razão quando denuncia o que eu mesmo chamei a confusão entre a história universal e um seminário de filosofia em Frankfurt, e quando rejeita o que denomina a filosofia fundacionária. O que se deve querer em política não deve decorrer de um raciocínio discursivamente deduzido de um fundamento indiscutível. Tal fundamento não existe nem mesmo em filo-

[4] <Exemplo dado por Elizabeth Anscombe e discutido por V. Descombes no artigo citado, nota 1, p. 263.>

sofia "pura" (e é certo que nem o princípio de contradição nem as condições da "comunicação" poderiam cumprir essa função). É igualmente inaceitável um simples decisionismo, pois ele nada mais faz que repetir o que existe: os nazistas são nazistas porque decidiram sê-lo, os cristãos igualmente e os partidários do FIS [Frente Islâmica de Salvação, da Argélia] também. Cada um "sempre já" decidiu ser algo (fosse apenas cidadão cínico, apático e mole) e se não sairmos dessa simples apresentação tautológica dos fatos nenhum juízo político pode existir.

Mas por que *é preciso* que haja juízo político, por que *devemos* emitir tais juízos? Por que não cuidar do jardim ou deixar as coisas na mão dos "que sabem"? Não se pode escapar aqui de duas decisões ou tomadas de posição inaugurais, que podem ser defendidas com todo tipo de argumento mais ou menos racional, mas não logicamente obrigatório. Há a decisão de fazer em vez de aceitar ou sofrer. E há a decisão de fazer isso e não aquilo, a escolha desse tipo de regime e não daquele outro. Tanto essas duas decisões como toda argumentação que tente justificá-las pressupõem a criação sócio-histórica de um espaço e de um tempo em que *a* política, no sentido definido acima, como intenção e querer explícitos relativamente à instituição da sociedade e que aceitam prestar contas e dar a razão deles mesmos, já está formulada, em que, portanto, a Revelação, a palavra dos ancestrais etc., deixaram de ser aceitas como motivos do fazer ou do não fazer, do fazer isso e não aquilo.

Depois dessa tomada de posição, mas somente depois dela, discussão, argumentação, raciocínio são possíveis e certamente exigidos. Mas é preciso notar que, se sairmos do terreno do instrumental, do racional quanto aos meios (onde o hipotético-dedutivo conserva sua validade), esses raciocínios serão, como disse, racionais, não obrigatórios. Serão, em geral, entimemáticos: *ex consequentibus vel repugnantibus*, diria Quintiliano. Posso defender minhas posições políticas perante alguém que aceite que certas conseqüências são superlativamente desejáveis e outras horrivelmente detestáveis. Mas quem, em posse de suas faculdades mentais, se poria a demonstrar a excelência da democracia para um nietzscheano convicto?

NEM RESIGNAÇÃO, NEM ARCAÍSMO[1]

Você não assinou nenhum dos dois textos que circularam a propósito do Plano Juppé. Por quê?

O primeiro (aquele proposto pela revista *Esprit*) aprovava o Plano Juppé, apesar de algumas ressalvas teóricas, e era inaceitável para mim. O segundo (conhecido como "lista Bourdieu") estava impregnado da linguagem estereotipada da esquerda tradicional e invocava "a República" – qual? –, como se houvesse uma solução simplesmente "republicana" para os imensos problemas colocados atualmente. Uma mistura de arcaísmo e fuga.

Como você julga, então, as posições da esquerda tradicional diante desse movimento social?

Tanto a esquerda política como as organizações sindicais exibiram mais uma vez seu vazio. Não tinham nada a dizer sobre a substância das questões. O Partido Socialista, gerente leal do sistema estabelecido, pediu vagas negociações. As duas direções sindicais, CGT e FO, entraram no movimento já em andamento, depois de sua eclosão, tentando recuperar seu prestígio. Quanto a isso, nenhuma novidade. O que é novo, em contrapartida, e muito importante, é o despertar social a que acabamos de assistir.

Despertar ou retorno a formas antigas de luta?

1 <Depoimento recolhido por Alexis Libaert e Philippe Petit; entrevista publicada em *L'Événement du jeudi* de 21-27 de dezembro de 1995, com o titulo: "Ni 'Esprit' ni Bourdieu: les intellos entre l'archaïsme e la fuite" [Nem "Esprit" nem Bourdieu: os intelectuais entre o arcaísmo e a fuga].>

Na superfície, as reivindicações eram categoriais e o movimento parecia estar desinteressado da situação geral da sociedade. Mas era evidente, considerando-se as reações dos grevistas e a atitude da maioria da população, que no cerne dessa luta havia outra coisa: uma profunda rejeição do estado de coisas vigente em geral. Os grevistas só puderam exprimir essa rejeição mediante reivindicações particulares. Como estas, por sua própria natureza, não dão conta da situação geral, cai-se obrigatoriamente em um impasse. Por outro lado, os grevistas – afora os estudantes, mas nem sempre – não conseguiram criar as formas de auto-organização que lhes permitissem escapar do controle sindical. Já faz tempo que falo da privatização dos indivíduos, de seu recolhimento na esfera privada, de seu desinteresse pela coisa pública. É a tendência dominante das sociedades contemporâneas. Mas não é a única, ainda não vivemos numa sociedade morta, zumbificada. Os movimentos de novembro-dezembro mostram-no. Homens e mulheres ainda estão dispostos a agir para defender sua condição. Mas a isso se opõem enormes obstáculos. Por um lado, os efeitos da dupla bancarrota fraudulenta da "esquerda" comunista e socialista: desmoralização e desorientação profundas, que não serão superadas tão cedo. Por outro, o fato de que a sobrevivência de um capitalismo reformado torna-se cada vez mais improvável. Por toda parte, o sistema dirige ataques às reformas parciais que teve de conceder no século passado, e sua evolução (globalização selvagem sob o signo do "liberalismo") torna cada vez menos possível a manutenção de situações nacionais muito diferentes umas das outras. A imensidade, a interdependência e a complexidade das questões que disso resultam fazem com que as demandas parciais pareçam irrealistas, com que estejam geralmente fadadas ao fracasso. O desânimo aumenta e a privatização se vê reforçada.

Como você explica que os assalariados do setor privado não tenham se juntado aos do setor público?

Eles simpatizaram, mas há o enorme medo do desemprego e das demissões. O aumento do desemprego já está inscrito na lógica da globalização do capitalismo e não serão as minúsculas e ridículas medidas do governo francês que vão mudar alguma coisa. Ademais, ele é favoravelmente acolhido pelas camadas dirigentes que, na fase atual, preferem a existência de uma importante margem de desemprego para "disciplinar" os assalariados. O essencial, contudo, é que uma empresa bem administrada não tem nenhum motivo para investir na França, quando pode fazê-lo na China ou em outro lugar por salários que representam a vigésima ou quadragésima parte dos salários franceses e europeus em geral. Ora, a partir do momento em que os movimentos de capitais foram liberados, também graças, particularmente, à União Européia, esse processo não sofre mais nenhum freio. Afora duas ou três exceções, corremos o risco de ir na direção de uma desertificação dos velhos países industrializados – semelhante, em escala infinitamente mais vasta, àquela que atingiu as regiões mineradoras e siderúrgicas da Europa Ocidental depois de 1960.

Você não acha que Maastricht possa ser um fator de progresso social?

Com você sabe, sempre fui um internacionalista e, como tal, também partidário de uma reunião dos povos europeus. Mas isso não tem nada a ver com o que está acontecendo no caso da Comunidade Européia. Essa reunião só teria de fato sentido e, aliás, só seria possível de um ponto de vista realista, se fosse inicialmente política. Ora, está claro que, atualmente, quase ninguém deseja uma união política, nem os povos, nem as oligarquias dirigentes. Diante dessa realidade, inventaram uma falsa boa idéia, uma astúcia subalterna de tecnocrata, a união monetária. Mas como uma união monetária poderia funcionar sem política econômica comum? E quem poderia impor uma política econômica comum exceto uma autoridade política? Com efeito, é o que está acontecendo às ocultas. A vontade alemã de hegemonia econômica e política no longo prazo vai gradualmente construindo seu caminho. A Europa é na verdade uma zona marco desde 1980, estado este que se consolida com as disposições de Maastricht. O Sr. Trichet se gaba da independência da Banque de France – que não ousa sequer piscar sem olhar para o Bundesbank. E este segue de modo regular uma política voltada unicamente para a "estabilidade do valor da moeda"; em suma, uma política deflacionista. Ora, se um capitalismo pode funcionar com uma inflação zero, só pode fazê-lo produzindo desemprego.

E qual seria a solução, em sua opinião?

Não pode haver solução sem mudanças radicais na organização da sociedade. Mas disso, poderemos falar uma outra vez, se você quiser.

UMA TRAJETÓRIA SINGULAR[1]

Sua trajetória, singular, combina três dimensões: a vontade de agir no mundo por meio da atividade política e militante, o pensamento, por meio da atividade filosófica e a alma, que se exprime na atividade psicanalítica. Como você concilia essas três atividades?

Não creio que haja antinomia entre essas três atividades: não digo que sejam uma mesma coisa, nem que uma conduz à outra, mas apesar disso são solidárias. Filosofia e psicanálise, em particular, são fortemente solidárias. A psicanálise permite que a filosofia veja novos campos, e a filosofia acaba sendo necessária para a reflexão sobre os fundamentos da psicanálise. O nexo entre psicanálise e política também é muito importante. Não se trata de transformar os pacientes – os analisandos – em militantes; mas o objetivo da psicanálise é tornar os indivíduos autônomos tanto quanto for possível, assim como o objetivo da política é tornar os indivíduos e as coletividades autônomos. E a psicanálise permite esclarecer alguns aspectos da política e das dificuldades que podem surgir no trabalho e na luta pelo projeto coletivo de uma sociedade autônoma, constituída por indivíduos autônomos.

Como se integram ou se articulam essas três dimensões mentais: a alma, o pensamento e a vontade de agir no mundo? São ordens separadas? Como se dá a passagem – caso ela exista – de uma para a outra?

As três, assim como o juízo, de que também poderíamos falar, são potências, capacidades do ser humano: o inconsciente e o consciente, o pensamento cons-

1 <Entrevista com Lilia Moglia em 1º de março de 1997. Uma versão em espanhol foi publicada no suplemento *Página /12* (1997) de *Radar* (Buenos Aires) >

ciente, a vontade de agir no mundo, são certamente distintos, mas não se pode dizer que careçam de relações íntimas. A raiz da vontade está no desejo: um desejo que se tornou consciente, refletido, deliberado, aceito como vontade. Por outro lado, o pensamento depende, em certo sentido, da vontade, porque é preciso *querer* pensar. Pensar não é nem mecânico nem passivo. Há a vontade de elucidar o mundo de nossa experiência. E essa vontade é a condição da filosofia.

(...) Você conseguiria imaginar o ou os tipos antropológicos desejáveis? Pode-se, por antecipação, esboçar tipos antropológicos que agiriam neste mundo e desse modo, como nas profecias que se cumprem a si mesmas, colaborariam para a sua realização?

Se consigo imaginar um tipo antropológico desejável, capaz de agir neste mundo? Sim, consigo imaginá-lo. Mas para que isso serviria?

O imaginário contemporâneo, através de suas instituições, sabe inventar as representações do pior e, assim, muitas vezes faz com que ele aconteça. Inversamente, imaginar o melhor possível e dizê-lo, criando assim uma representação, poderia inverter o processo. Imaginar um sujeito possível, um ator possível...

A gente pode imaginar esse ator hoje, mas não creio que isso serviria para muita coisa. Seria um indivíduo responsável e lúcido, que se sente responsável pelo que diz e pelo que faz, que tenta refletir sobre o que faz e só agir *depois* dessa reflexão e deliberação. Esse tipo antropológico poderia também, caso existisse, produzir uma transformação da sociedade na direção de uma sociedade autônoma. A questão é saber se a humanidade contemporânea ainda pode produzir esse tipo antropológico.

Se isso quisesse dizer indivíduos autônomos em número suficiente para poder produzir uma transformação da sociedade, então essa transformação deveria começar pelo indivíduo transformando a si mesmo?

Quando falo de transformação da sociedade, entendo a passagem, a mudança radical da sociedade atual para uma sociedade que seria ela mesma uma coletividade autônoma, e isso só pode ser concebido como uma coletividade formada por indivíduos autônomos. Uma coletividade autônoma é uma coletividade que tem uma atitude lúcida, reflexiva e livre com relação a suas próprias instituições e que não está submetida a elas. Portanto, que se sente capaz e que se dá o direito de mudar suas instituições quando sente a necessidade ou o desejo – de mudá-las com conhecimento de causa. Mas essa sociedade só é possível se os indivíduos que a animam também forem autônomos. Pode-se sempre fazer retratos psicoantropológicos proféticos; talvez seja o trabalho de um romancista. Mas eu não saberia dizer se isso pode vir a se tornar uma profecia que se cumpra a si mesma... Eu, em todo caso, não sou profeta.

(...) Duas perguntas. A primeira: no tocante ao projeto de autonomia e com relação às diferentes dimensões mentais de que já falamos, a alma, o pensamento e a vontade, você acha que o ponto de partida de uma possível liberdade estaria prioritariamente em uma das três? A segunda: como você acha que o projeto de autonomia – no que concerne, por um lado, aos valores individuais e, por outro, aos valores coletivos – poderia ser visto desde essa outra dimensão mental, a faculdade de julgar?

Essa é uma questão muito complexa. Não há dúvida de que um indivíduo livre pertence sempre a um contexto sócio-histórico; e é evidente que nesse contexto sócio-histórico o indivíduo nasceu num momento dado da história, num lugar, com pais, com uma determinada língua. Isso, é claro, traça uma moldura em torno da autonomia do indivíduo. Mas quando falo de liberdade, da autonomia do indivíduo, não entendo uma liberdade absoluta ou metafísica. Não acho que se possa, porque assim decidimos, pensar ou fazer qualquer coisa. Seremos sempre, entre outros, também um filho desta época, seremos também o homem que fala determinada língua e não outra, que tem determinada história passada e não outra. Mas, com relação a esses dados, um indivíduo autônomo é capaz de tomar certa distância. Tomemos por exemplo Sócrates e o ateniense que simplesmente segue as idéias da multidão: têm a mesma língua e a mesma vivência na mesma época, mas Sócrates é algo mais que um simples ateniense saído da multidão. Hoje também existem indivíduos que conseguem tomar distância de sua própria herança – a autonomia é isso. É submeter o que recebemos a um exame lúcido, a um exame refletido e pensar: fico com isso, isso deixo de lado.

E a liberdade estaria nessa escolha?

Estaria, e esse exame nunca pode ser total, nunca pode modificar tudo o que a gente pensa, e não pode modificá-lo de uma só vez. É um trabalho perpétuo, e esse trabalho é para mim o que define a autonomia.

(...) Falemos do trabalho psicanalítico: nele encontramos escolas, ortodoxias, seitas quase, cada uma preconizando uma abordagem, uma técnica, um método ou uma via, às vezes com fanatismo...

É verdade, mas é possível se posicionar com relação a tudo isso. Por exemplo, no meu trabalho psicanalítico, o enquadre continua sendo o clássico, mas refleti longamente sobre essa questão e continuo a refletir. Acho que até agora não se encontrou melhor solução. Em contrapartida, quando se trata de interpretar, embora me considere fiel ao espírito de Freud, estou longe de seguir ao pé da letra tudo o que possa ter sido dito sobre isso ou aquilo. Acho que a teoria necessita de uma importante renovação que não foi realizada pelos psicanalistas e também tento trabalhar nisso. Sou psicanalista porque nasci nesta sociedade, em que já existia a psicanálise, em que havia Freud e sua obra; mas não me tornei, ou tento não ser, um simples exemplar na multidão de psicanalistas. Tento refletir por conta própria e, se necessário, transformar esse legado. Por outro lado, não creio que ao falar da alma, do pensamento e da vontade seja possível separar as coisas e se perguntar qual é o ponto de partida. É certo que há sempre um ponto de partida, mas ele não se situa prioritariamente em uma dessas três dimensões. O ser humano é, apesar de tudo, uma espécie de totalidade, mesmo que seja dividido e conflituoso. Por conseguinte, as três dimensões participam, tanto o inconsciente e a imaginação radical como o pensamento, a reflexão lúcida e a vontade.

Você disse antes que é preciso querer trabalhar a própria alma, que é preciso querer pensar: seria então a vontade que está no começo dessa busca de liberdade?

Com certeza, mas essa vontade também é motivada pela reflexão e pelo desejo. É preciso desejar ser livre, quem não deseja ser livre não pode sê-lo. Mas não basta desejá-lo, é preciso fazê-lo, isto é, expressar uma vontade e pôr em prática uma práxis; uma práxis reflexiva e deliberada que permite realizar essa liberdade como possibilidade encarnada à medida que o desejemos.

E qual seria a natureza ou a substância desse desejo?

O desejo é uma força psíquica profunda que se dirige para alguma coisa, mas que como tal não pode prestar contas e dar a razão do que visa. Para mim, a vontade é o desejo sublimado. É o desejo que passou pela elucidação, pela reflexão. Por outro lado, não separo o papel do juízo daquele do pensamento. O juízo é um momento determinante do pensamento. No pensamento do indivíduo, deixando de lado a herança da história, da língua, da família em que ele nasceu, da sociedade em que vive etc., para considerar apenas o núcleo, isto é, a imaginação radical, a imaginação criativa, filosofar é a criação de significações pelo indivíduo, mas é também o juízo. A imaginação radical exprime certo número de coisas, que têm de ser passadas por uma peneira, por um filtro. Esse filtro é o juízo; e a reflexão também desempenha um papel. Bem como uma capacidade de raciocinar que não é totalmente adquirida – não se aprende pelo exercício, mas pode ser refinada por este –, e que também é fundamental para articular de modo coerente o pensamento. A criação às vezes pode brotar sob uma forma lacunar, ou de modo fragmentado, ou por jorros de idéias. Mas o raciocínio filosófico exige reflexão e juízo.

O juízo seria a sede de um conflito entre vontades antagônicas?

Não. Ele é, entre outras coisas, o que permite decidir entre idéias antagônicas. É uma faculdade que, sem trabalho mecânico do pensamento, sem trabalho mecânico de raciocínio, permite "avaliar", julgar se a coisa é pertinente ou não, se pode ser verdade ou se é falsa desde o início. Há uma capacidade de julgar que é uma faculdade primordial e irredutível.

Depois da morte de Deus e faz certo tempo, alguns, digamos, pensadores não param de celebrar os funerais de muitas coisas, notadamente da história, do homem, do sujeito, da filosofia, das ideologias, do político, do trabalho, da arte e, provavelmente, se seguirmos a série lógica, poderemos em breve enterrar também a moeda. Sobre esse fundo bastante sombrio, o que você pensa a respeito do paradoxo do Ocidente etnocêntrico, que eu qualificaria de etnocida e suicida ao mesmo tempo? Estaríamos vivendo uma situação paradoxalmente vertiginosa e privilegiada de liberdade, perante a possibilidade de repensar e de refundar o mundo reinstituindo valores e significações?

(...) O Ocidente é etnocêntrico, etnocida e suicida ao mesmo tempo – e isso não é um paradoxo. É a antinomia fundamental do capitalismo contemporâneo. Ele visa à expansão ilimitada de um suposto controle supostamente racional, mas constitui na verdade um delírio de poder que vai destruindo as significações imaginárias a partir das quais ele pôde se desenvolver e o terreno natural que lhe forneceu as condições de sua expansão. E essa significação imaginária desemboca numa impotência, que é também a própria impotência da sociedade atual, onde ninguém dirige. Embora proclamem por toda a parte que a globalização exige isso ou que a mundialização exige aquilo, nenhum governo é capaz de dizer não, nem mesmo de tentar se opor a isso, é como uma enorme torrente que arrasta tudo. Não há nenhum controle nisso. A urgência, agora, é conseguir controlar as forças cegas que o sistema desencadeou, como por exemplo a tecnociência, a destruição do meio ambiente, o furor de enriquecer e de adquirir etc.

(...) Quanto à situação de "liberdade" em que nos encontramos, sim, há um vazio atrás de nós, porque não estamos atulhados de significações imaginárias sociais fortes. É claro que subsistem algumas que continuam poderosas: a riqueza, o poder, a hierarquia, o estrelismo... Mesmo assim estão bastante gastas. Desse ponto de vista, estamos decerto em uma situação – vertiginosa, se quiser – de liberdade abstrata, em que há a possibilidade de repensar e refundar o mundo. Mas a reinstituição de valores e de significações só pode ser obra de coletividades, não de um indivíduo. É toda a sociedade que precisa começar a agir no sentido de sua transformação; e se começar a agir nesse sentido, criará também as significações e os valores que acompanharão sua transformação.

(...) Podemos pensar um mundo em que haja mundos? Podemos pensar num todo plural, num todo múltiplo, num todo em permanente mudança? E, no tocante às derivações antropológicas em um mundo plural, podemos falar do homem plural ou do homem múltiplo? (...) Nesse caso, que aconteceria com os "direitos do homem"? E também, no tocante às derivações psicológicas: numa alma, numa consciência individual, como podemos imaginar o psiquismo, de que natureza seria o princípio unificador das significações imaginárias e dos afetos de um sujeito plural?

(...) Não sei o que quer dizer "homem plural". Falaria antes de um "homem aberto". Quanto aos direitos do homem, se tomarmos a questão de um ponto de vista geral, é uma expressão um tanto abstrata, não se sabe exatamente o que ela abrange. É certo que há uma Declaração, mas ela não é exaustiva, não se sabe se não deveríamos ampliá-la e estabelecer outros direitos. Por outro lado, a maioria dos direitos que ali figuram são, ou bem formais, ou parciais. Por exemplo, nenhuma declaração dos direitos do homem diz que o ser humano tem o direito de participar das decisões que lhe concernem. Para mim, porém, uma das principais palavras de ordem políticas tem de ser: "Nenhuma execução de decisões sem participação na tomada de decisão". Não é isso o que acontece. A suposta representação é uma piada, os representantes não representam o povo e sim uma oligarquia. Portanto, a questão dos direitos do homem tem de ser repensada. Não sei o que você quer dizer quando pergunta qual seria o princípio unificador das significações imaginárias e dos afetos de um sujeito plural. Se substituirmos "sujeito plural" por "sujeito aberto", a resposta está em tudo o que já dissemos.

Sim, é claro. Mas se não formos precisos, poderíamos pensar que um sujeito aberto é um indivíduo indeterminado.

Não. Do mesmo modo como um pensamento aberto não é um pensamento indeterminado. O idéia de indeterminação é uma idéia curta. Um sujeito aberto é alguém capaz de se determinar e que está aberto para determinações que ele mesmo cria ou que recebe dos outros, sejam eles amigos ou adversários. O sujeito aberto é isso.

Um sujeito que teria a capacidade de se questionar?

Exatamente. Mas para se questionar, é preciso ser alguém. E, de certo modo, também é preciso estar seguro de si, não seguro das idéias que se tem, mas ter a coragem e a convicção de que poderemos enfrentar seu questionamento. É preciso haver uma espécie de vontade e de bravura, de bravura psíquica e intelectual.

(...) A respeito do reino da moeda, eu teria algumas perguntas a lhe fazer como leiga absoluta. A globalização de que se fala não é mais que uma globalização do mercado financeiro – e você acabou de chamá-la de "cassino planetário". Tornou-se possível com o fim do mundo bipolar e com a revolução das técnicas das telecomunicações. Mas tenho a impressão de que ela também corresponde à culminação de um processo que vem se acelerando nos últimos 25 anos, de desmaterialização do dinheiro e de advento do dinheiro temporal, do dinheiro-futuro, do dinheiro-crédito. O provérbio "time is money" teria sido invertido e agora "o dinheiro é o tempo"? O que você acha?

A globalização não se deve apenas à revolução das técnicas de telecomunicação. Deve-se também e sobretudo a mudanças no plano das técnicas de produção, que permitiram pôr para trabalhar por salários irrisórios as imensas reservas de mão-de-obra do Sudeste e do Leste asiáticos e de alguns outros países, alguns deles na América Latina. Todos conhecemos o caráter puramente convencional, instituído, dos signos monetários. A desmaterialização do dinheiro se manifestou como convencionalidade do dinheiro no mundo moderno a partir do surgimento do papel-moeda. Em princípio, essas notas podiam ser convertidas em ouro, mas os bancos centrais nunca teriam tido ouro suficiente para reembolsar todas as notas que circulavam no país se seus detentores tivessem se apresentado simultaneamente pedindo ouro. O dinheiro sempre foi convencional. É verdade que hoje atingimos uma nova etapa nesse processo. Mas isso é importante sobretudo para a especulação, que hoje está de fato totalmente desenfreada. As grandes sociedades podem fazer cem bilhões de dólares cruzarem o Atlântico em um segundo. As transações são instantâneas. Desse ponto de vista, o planeta se tornou um território unificado virtual que não tem nada a ver com o território real. É um território planetário onde a atividade de especulação não pára nunca. Começa em Tóquio à noite – no que para nós é noite –, passa por Hong Kong, Bombaim, Frankfurt, Paris e Londres, e termina em Nova York e em Chicago. O valor do dólar, da libra, do franco, das mercadorias, das ações, dos produtos financeiros derivados etc., tudo flutua durante esse tempo.

Esse território dos fluxos financeiros poderia ser controlado, poderia haver democracia nele?

Não, ele é inseparável do capitalismo, e este é incompatível com a verdadeira democracia.

CRONOLOGIA E BIOBIBLIOGRAFIA[1]

Abreviações utilizadas: *CL: Les carrefours du labyrinthe [As encruzilhadas do labirinto 1 (EL)]; CMR: Capitalisme moderne et révolution; CS: Socialisme ou barbarie [Socialismo ou barbárie: O conteúdo do socialismo]; DDH: Les Domaines de l'homme [Os domínios do homem (EL 2)]; EMO: L'Expérience du mouvement ouvrier [Experiência do movimento operário]; FF: Fait et à faire [Feito e a ser feito]; FP: Figures du pensable [Figuras do pensável]; IIS: L'Institution imaginaire de la société [Instituição imaginária da sociedade]; MI: La Montée de l'insignifiance [A ascensão da insignificância (EL 4)]; MM: Le Monde morcelé [O mundo fragmentado (EL 3)]; SB: La Société bureaucratique [A sociedade burocrática]; SF: La société française; SouB: Socialisme ou barbarie; SPP: Sur* Le Politique *de Platon [Sobre* O político *de Platão]; SV: Sujet et vérité.*

1922
Elementos biobibliográficos
11 de março: nascimento em Constantinopla de Cornelius Castoriadis; julho: a família Castoriadis se instala em Atenas.
Cronologia
3 de abril: Stalin torna-se primeiro-secretário do PC russo; agosto-set.: derrota das tropas gregas em Anatólia; agosto: fracasso da greve geral e das ocupações de fábricas na Itália; 28 de out.: "marcha sobre Roma" de Mussolini; 30 de dez.: fundação da URSS. População mundial: 1.922.000.000 habitantes; 18 cidades com mais de um milhão de habitantes (a maior, Londres, tem 7,3 milhões).

[1] Apresentamos aqui algumas referências cronológicas para ajudar na compreensão do contexto das várias publicações de Castoriadis, bem como as principais datas da sua vida pública e as de suas publicações. Bibliografias mais desenvolvidas, incluindo as traduções em várias línguas, podem ser encontradas no site www.agorainternational.org . É claro que os números concernentes a certos dados demográficos e econômicos não são "exatos" (são às vezes objeto de discussões infindáveis entre especialistas); limitamo-nos a fornecer uma ordem de grandeza.

1923

Cronologia

21 de out.: fracasso do levante comunista em Hamburgo; 29 de out.: Atatürk, presidente da República Turca; 9 de nov.: putsch de Hitler em Munique; 8 de dez.: Trotski denuncia o "novo caminho" na URSS; dez.: hiperinflação na Alemanha.

1924

Cronologia

21 de jan.: morte de Lenin; 22 de jan.: primeiro governo trabalhista na Inglaterra; 10 de jun.: assassinato do deputado socialista Matteotti na Itália; jun.-jul.: o V Congresso da Internacional Comunista pede a "bolchevização" dos PC; 3 de nov.: o primeiro jornal falado é transmitido por rádio da torre Eiffel.

Stalin, Zinoviev e Kamenev fazem aliança contra Trotski.

André Breton: Manifesto do surrealismo.

1925

Cronologia

"Movimento de 30 de maio" em Xangai; dez.: ruptura entre Zinoviev-Kamenev e Stalin, que se associa à "direita" (Bukharin, Rykov, Tomsky).

Wolfgang Pauli formula o princípio de exclusão; Werner Heisenberg: princípio de incerteza.

1926

Cronologia

5-12 de maio: fracasso da greve geral na Grã-Bretanha; 28 de maio: golpe de Estado militar em Portugal; jul.: declaração da "oposição unificada" (Zinoviev, Kamenev, Trotski); a IC obriga o PC chinês a desarmar-se e a associar-se ao Kuomintang.

Contribuição de Erwin Schrödinger à mecânica ondulatória; Paul M. Dirac e a física das antipartículas; publicação póstuma do Castelo *de Kafka.*

1926

Cronologia

5-12 de maio: fracasso da greve geral na Grã-Bretanha; 28 de maio: golpe de Estado militar em Portugal; jul.: declaração da "oposição unificada" (Zinoviev, Kamenev, Trotski); a IC obriga o PC chinês a desarmar-se e a associar-se ao Kuomintang. Contribuição de Erwin Schrödinger à mecânica ondulatória; Paul M. Dirac e a física das antipartículas; publicação póstuma do Castelo *de Kafka.*

1927

Cronologia

12 de abr.: começo do massacre dos comunistas pelo Kuomintang em Xangai; 22 de ago.: os anarquistas Sacco e Vanzetti são executados nos Estados Unidos; 11-13 de dez.: tentativa de insurreição e repressão sangrenta em Cantão; dez.: a "oposição de esquerda" é excluída do PC na URSS.

1928

Cronologia

Out.: começo do Primeiro Plano Qüinqüenal na URSS; jun.-set.: o VI Congresso da IC propõe a política "classe contra classe".

1929

Cronologia

9 de fev.: condenação da "oposição de direita" na URSS; out.: começo da coletivização forçada do campo; 24 de out.: "quinta-feira negra", queda da bolsa de Nova York, começo da Grande Depressão.

1930

Cronologia

Out.-nov.: processo do "partido industrial" em Moscou.

1931

Cronologia

Mar.: processo dos "mencheviques" em Moscou; 18 de set.: Japão invade a Manchúria; 14 de abr.: República na Espanha.

1932

Cronologia

Jul.: 5.400.000 desempregados oficiais, 5 milhões de desempregados parciais e 2 milhões de desempregados não registrados na Alemanha; 8 de nov.: F. D. Roosevelt, presidente dos EUA; dez.: começo da grande fome provocada por Stalin na Ucrânia (de 4 a 6 milhões de mortos até ago. 1933); introdução do "passaporte interno".

1933

Cronologia

30 de jan.: Hindenbourg nomeia Hitler chanceler; 27 de fev.: incêndio do Reichstag; 4 de mar.: começo da presidência de F. D. Roosevelt, que lança a New Deal.

1934

Cronologia

6 de fev.: sublevação da extrema direita em Paris; 1-16 de fev.: as milícias socialistas são esmagadas em Viena; 25 de jul.: assassinato do chanceler austríaco Dollfuss; 6-13 de out.: fracasso do movimento insurrecional operário nas Astúrias (Espanha); 16 de out.: começo da "Longa Marcha" rumo ao norte dos comunistas chineses; 1º de dez.: assassinato de S. M. Kirov em Leningrado.

1935

Cronologia

13 de jan.: plebiscito do Sarre sobre a anexação à Alemanha; 30-31 de ago.: começo do movimento stakhanovista; 3 de out.: a Itália invade a Abissínia.

1936

Cronologia

16 de fev.: vitória da Frente Popular na Espanha; abr.: ditadura do general Metaxas na Grécia; maio: governo da Frente Popular na França, greves e ocupações; 7 de jun.: "acordos Matignon": férias pagas, semana de 40 horas; 12 de jun.: publicação da Constituição "stalinista", "mais democrática do mundo"; 18 de jul.: sublevação militar e começo da Guerra Civil Espanhola; 19-24 ago.: primeiro grande processo de Moscou, o do "centro unificado" (Kamenev e Zinoviev).

Keynes: Teoria geral...; *Charles Chaplin:* Os tempos modernos.

1937

Elementos biobibliográficos

Adesão à Juventude Comunista no último ano de liceu;
Inscrição na faculdade de Direito da Universidade de Atenas.

Cronologia

23-30 de jan.: processo do "centro paralelo" (ex-trotskistas) em Moscou; jan.-mar.: greve com ocupação das fábricas da General Motors em Flint; 7 de jul.: começo da guerra sino-japonesa; 3-6 de maio: as "jornadas de maio", repressão da insurreição operária anti-stalinista em Barcelona; jun.: extinção do POUM na Espanha republicana; 17 de dez.: o exército japonês massacra dezenas de milhares de civis em Nanquim.

1938

Cronologia

2-13 mar.: processo do "bloco direitista e trotskista" "Bukharin", último grande processo de Moscou; 13 mar.: anexação da Áustria pela Alemanha; 29 de set.: os acordos de Munique entregam a Tchecoslováquia à Alemanha; set.: fundação da IV Internacional (trotskista); 9-10 nov.: Noite de Cristal na Alemanha.

1939

Cronologia

16 de mar.: Alemanha cria o "protetorado da Boêmia e da Morávia"; 1º de abr.: vitória franquista e fim da Guerra Civil Espanhola; 23 de ago.: pacto germano-soviético; 1º de set.: invasão da Polônia pelas tropas alemãs e depois soviéticas; 3 de set.: declaração de guerra da Inglaterra, seguida da França, à Alemanha.

1940

Cronologia

5 de mar.: execução por ordem de Stalin de 25.000 prisioneiros poloneses, parte dos quais será enterrada na floresta de Katyn; 15 de jun.: deportações maciças de bálticos depois da ocupação e anexação pela URSS; 14 de jun.: as tropas alemãs entram em Paris; 20 de ago.: assassinato de Trotski no México.

1941

Elementos biobibliográficos

Co-fundador do grupo clandestino e da revista *Nea Epochi*, visando reformar o PC grego de dentro dele.

Cronologia

27 de abr.: tomada de Atenas pelas tropas alemãs; 22 de jun.: entrada das tropas alemãs em território soviético; 7 de dez.: ataque de Pearl Harbour pelos japoneses e começo da guerra do Pacífico; 11 de dez.: Alemanha e Itália declaram guerra aos EUA; dez.: começo dos massacres sistemáticos de populações judias na Polônia e na Rússia.

1942

Elementos biobibliográficos

Outono: adere à organização trotskista dirigida por Spiros Stinas, permanecerão em contato até a morte dele.

Cronologia

3-7 de jun.: batalha naval de Midway no Pacífico; 6 de set.: a ofensiva alemã se detém em Stalingrado; 23 de out.: El-Alamein.

1943

Cronologia

15 de maio: "dissolução" da Internacional Comunista; 31 de jan.: rendição do exército alemão em Stalingrado.

1944

Cronologia

22 de fev.: deportação dos chechênios e dos inguches; 18-19 de maio: deportação dos tártaros da Criméia; jun.: desembarque aliado na Normandia; 22 de jul.: acordo de Bretton Woods; 5 de out.: o general De Gaulle assina o decreto concedendo direito de voto às mulheres; out.: os alemães evacuam a Grécia; 3 de dez.: tentativa de tomada do poder da Frente Nacional dirigida pelos comunistas em Atenas.

1945

Elementos biobibliográficos

29 de dez.: chegada na França de Castoriadis

Cronologia

4-11 de fev.: conferência de Yalta entre Churchill, Roosevelt e Stalin; 8 de maio: rendição alemã (a guerra fez cerca de 50 milhões de vítimas, das quais 16 milhões de vítimas civis na URSS; 6 milhões na Polônia; entre elas, 5 milhões de judeus, vítimas de perseguições raciais); 8-13 de maio: a repressão das revoltas nacionais provocam milhares de mortos em Sétif, Argélia; 26 de jun.: assinatura da Carta das Nações Unidas em São Francisco; 6 e 9 de ago.: bombas atômicas sobre Hiroshima e Nagasaki, 200.000 pessoas morreram imediatamente ou nos meses seguintes; 14 de ago.: rendição do Japão; 14 de nov.: começo dos processos de Nuremberg; 21 de nov.: ingresso dos comunistas no governo de Gaulle.

1946

Elementos biobibliográficos

Criação da tendência "Chaulieu-Montal" (Castoriadis-Lefort) dentro do PCI (trotskista);
Agosto: "Sur le régime et contre la défense de la URSS", *Bull. Intérieur du PCI*, nº 31 (= *SB, 1*, pp. 63-72)

Cronologia

15 de fev.: entrada em funcionamento na universidade da Pensilvânia de Eniac, o primeiro computador; 21 de jun.: Columbia produz o primeiro long-play*; 21 de out.: relatório de Jdanov na União dos Escritores Soviéticos; nov.: o PCF obtém 28,6% dos votos nas eleições; 28 de dez.: começo da guerra da Indochina.*

1947

Cronologia

Mar.-abr.: violenta repressão (100.000 mortos aproximadamente) da insurreição nacionalista em Madagascar; abr.-maio: os militantes trotskistas iniciam uma greve nas fábricas Renault de Boulogne-Villancourt; 5 de maio: os ministros comunistas são excluídos do governo; 5 de jun.: plano Marshall para a reconstrução da Europa; 15 de ago.: independência da Índia e do Paquistão; os enfrentamentos entre hindus e muçulmanos fazem centenas de milhares de vítimas nos meses seguintes; set.: criação do Depto. de Informação Comunista ou Kominform; 21 de nov.: a ONU aprova a criação do estado judeu na Palestina; 10 de nov.: começa na França uma onda de greves que terminará em 10 de dez.

1948

Elementos biobibliográficos

Jul.: a tendência "Chaulieu-Montal" decide romper com o movimento trotskista depois do V Congresso do PCI.

30 de nov.: Castoriadis entra, na qualidade de "administrador" (economista), no secretariado da OECE (Organização Européia de Cooperação Econômica) (que se transformará em 1960 na OCDE – Organização de Cooperação e Desenvolvimento Econômico).

Cronologia

30 de jan.: assassinato de Gandhi; 25 de fev.: "golpe de Praga"; abril: cisão da CGT e criação da CGT-FO; 15 de maio: Ben Gurion proclama o nascimento do Estado de Israel; 24 de jun.: começo do primeiro bloqueio de zonas ocidentais de Berlim pelos soviéticos; 28 de jun.: condenação de Tito pelo Kominform; 9 de dez.: a assembléia geral da ONU adota a convenção sobre o genocídio ratificada pela URSS em 1954.

1949

Elementos biobibliográficos

"Socialisme ou Barbarie" *SouB*, 1, março de 1949 (=*SB 1*, pp. 139-183).
"Les rapports de production en Russie", *SouB*, 2, maio de 1949 (=*SB 1*, pp. 205-281)

Cronologia

1º de jan.: cessar-fogo que põe fim ao primeiro conflito indo-paquistanês; 22 de jan.: tomada de Pequim pelos comunistas chineses; 24 de jan.: início do processo Kravchenko contra Les Lettres françaises; *4 de abr.: assinatura do pacto do Atlântico Norte; 12 de maio: fim do primeiro bloqueio de Berlim; 23 de maio: criação da RFA; 14 de jul.: explosão da primeira bomba atômica soviética; 16-24 set.: processo e condenação à morte de Laszlo Rajk na Hungria; 15 de set.: o democrata-cristão Konrad Adenauer, chanceler da RFA; 1º de out.: proclamação da República Popular da China; 7 de out.: proclamação da RDA.*
George Orwell: 1984.

1950

Cronologia

9 de fev.: começo da campanha anticomunista do senador McCarthy; 21 de out.: o Dalai Lama sai do Tibete depois da invasão das tropas chinesas; 25 de jun.: o exército norte-coreano atravessa o paralelo 38: começo da guerra da Coréia; 28 de dez.: a China intervém na guerra da Coréia.

1951

Cronologia

5 de abr.: condenação à morte do casal Rosenberg, acusados de espionagem nos Estados Unidos; 12 de maio: primeiro teste com uma bomba H americana; 23 de maio: o Tibete é integrado à República Popular da China; 28 de dez.: divisão da Coréia em dois estados independentes.

1952

Cronologia

28 de maio: violenta manifestação do PCF contra a presença do general americano Ridgway; 1º de nov.: bomba H americana; 20 de nov.: processo Slanski em Praga.

1953

Elementos biobibliográficos

"Sur la dynamique du capitalisme", *SouB*, 12, ago.-set. de 1953, pp. 1-22; 13, jan.-mar. de 1954, pp. 60-81.

Cronologia

13 de jan.: caso dos "assassinos de roupa branca" na URSS e campanha "antisionista"; 5 de mar.: morte de Stalin; 27 de abr.: Crick e Watson anunciam a descoberta da estrutura do DNA; 17-19 de jun.: revolta operária em Berlim Oriental, começo de um movimento de greves e manifestações na Alemanha Oriental; 19 de jun.: execução do casal Rosenberg; julho: revolta nos campos de Vorkuta; 25 de jul.: assinatura do armistício de Panmunjom na Coréia; 4 de ago.: começo da greve dos funcionários na França, o movimento envolverá muitos milhões de pessoas durante o mês; 20 de ago.: bomba H soviética.

1954

Cronologia

12 de abr.: Bill Haley grava Rock around the clock; *7 de maio: capituração das tropas francesas em Dien Bien Phu; 17 de maio: uma sentença da Corte Suprema declara inconstitucional a segregação nas escolas nos Estados Unidos; junho: golpe de Estado organizado pela CIA contra o presidente Arbenz da Guatemala; 12 de jun.: Pierre Mendès France, presidente do Conselho de Ministros; 1º de nov.: uma série de atentados marca o começo da guerra da Argélia.*

Comercialização do primeiro rádio transistor.

1955

Elementos biobibliográficos

"Sur le contenu du socialisme, I", *SouB*, 17, julho de 1955 (=*CS*, pp. 67-102)

Cronologia

18 de abr.: começo da conferência afro-asiática de Bandung; 14 de maio: assinatura do pacto de Varsóvia; 20 de jun.: começo de um importante movimento de greves na região de Saint-Nazaire e de Nantes.

1956

Cronologia

Jan.: Mao Tse Tung lança a palavra de ordem "cem flores floresçam..".; 31 de jan.: Guy Mollet, presidente do Conselho de Ministros; 14-25 de fev.: XX Congresso do PCUS; relatório secreto de Krushev; 12 de mar.: leu sobre os poderes especiais na Argélia, votada pelo PCF; 20 de mar.: independência da Tunísia; 17 de abr.: dissolução do Kominform; 28-29 de jun.: revoltas operárias em Poznan, na Polônia; 19 de out.: começo da "Primavera de Outubro" na Polônia, Gomulka torna-se secretário-geral do Partido; 20 de out.: interceptação pelos franceses do avião que transportava Ben Bella; 23 de out.: manifestação em Budapeste, primeira intervenção do exército russo; começo da revolução húngara dos Conselhos; a China apóia a intervenção russa; 29 de out.: as tropas israelenses invadem o Sinai; 3-4 de nov.: as tropas russas esmagam a revolução húngara; 5 de nov.: expedição franco-britânica a Port-Said; 6 de nov.: a ONU impõe um cessar-fogo em Suez; 9 de dez.: prisão dos dirigentes do Conselho Operário Central em Budapeste.

1957

Elementos biobibliográficos

"La révolution prolétarienne contre la bureaucratie", *SouB*, 20, dez. De 1956 (= *SB* 2, pp. 267-337).
"Sur le contenu du socialisme, II", *SouB*, 22, julho de 1957 (= *CS*, pp. 103-221).

Cronologia

25 de mar.: assinatura do tratado de Roma; 23 de set.: revoltas raciais em várias cidades americanas; maio: movimento estudantil em Pequim e no interior; 4 de out.: a URSS lança o primeiro satélite artificial, Sputnik I; 25 de maio: Mao põe fim às "Cem flores"; 8 de jun.: repressão do movimento estudantil na China; jul.-out.: intervenção militar americana no Líbano.

1958

Elementos biobibliográficos

"Sur le contenu du socialisme, III", *SouB*, 23, jan. De 1958 (=*EMO* 2, pp. 9-88).

Cronologia

13 de maio: constituição em Argel de um "comitê de salvação pública" que lança um apelo ao general de Gaulle; 29 de maio: investidura de de Gaulle pela Assembléia Nacional; 28 de set.: adoção da Constituição da V República por 79% dos votos expressos na metrópole; 29 de out.: João XXIII, novo papa depois da morte de Pio XII; 21 de dez.: de Gaulle é eleito presidente da República.

1959

Elementos biobibliográficos

"Prolétariat et organisation" *SouB*, 27, abril de 1959 e 28, julho de 1959 (=*EMO* 2, pp. 123-248).

Cronologia

1º de jan.: entrada de Fidel Castro em Havana; entrada em vigor do Mercado Comum; 8 de jan.: Michel Debré, Primeiro-ministro; 1º de mar.: começo da rebelião tibetana, esmagada pelo exército chinês; o Dalai Lama foge para a Índia em 17 de março.

1960

Elementos biobibliográficos

Nomeado chefe da Divisão dos Estudos Nacionais da OCDE.
"Le mouvement révolutionnaire sous le capitalisme moderne", *SouB*, 31 dez. de 1960, 32, abril de 1961 e 33, dez. de 1961 (= *CMR* 2, pp. 47-203.)

Cronologia

1º de jan.: entra em circulação o "novo franco"; 10 de jan-1º de out.: independência de vários estados africanos; 13 de fev.: explosão da primeira bomba atômica francesa no Saara; 21 de mar.: massacre de Sharpeville na África do Sul; 5 de abr.: fundação do Partido Socialista Unificado (PSU); 9 de maio: a venda da pílula anticoncepcional é autorizada nos Estados Unidos; 15 de jul.: guerra civil no Congo; 6 de set.: "Apelo dos 121" sobre o direito à insubmissão na guerra da Argélia; 19 de out.: começo do bloqueio americano de Cuba; 9 de nov.: J. F. Kennedy, democrata, presidente dos EUA; 20 de dez.: começo, na Bélgica, de uma importante onda de greves que só terminará em 18 de janeiro.

1961

Elementos biobibliográficos

Convidado pelo Instituto Universitário de Estudos Europeus de Turim para uma série de 25 aulas sobre os "Problemas de equilíbrio e de crescimento da economia européia contemporânea"

Cronologia

8 de jan.: difusão da pílula anticoncepcional na França; 13 de fev.: assassinato no Congo de Patrice Lumumba; 11 de abr.: abertura do processo Eichmann em Jerusalém; 17 de abr.: fracasso do desembarque anticastrista na baía dos Porcos; 21 de abr.: primeiro vôo espacial do russo Y. Gagarin; 22-25 de abr.: "putsch" dos generais em Argel; 13 de ago.: começo da construção do muro de Berlim; 17-18 de out.: violenta repressão de uma manifestação contra a instauração do toque de recolher para os argelinos em Paris; 11 de dez.: os primeiros conselheiros militares americanos chegam a Saigon.

1962

Cronologia

8 de fev.: a repressão de uma manifestação contra a OAS faz 8 mortos no metrô Charonne; 18 de mar.: acordos de Evian sobre a independência da Argélia; 14 de abr.: Georges Pompidou, Primeiro-ministro; 1º-2 de jun.: greves e revoltas em Novotcherkassk (URSS); 20 de set.: conflito de fronteiras entra a Índia e a China; 11 de out.: começo do concílio Vaticano II; 22 de out-8 de nov.: "crise dos mísseis" em Cuba; 28 de out: "sim" no referendo sobre a eleição do presidente da República por sufrágio universal na França; 21 de nov.: cessar-fogo na fronteira sino-hindu.

1963

Elementos biobibliográficos

"Recommencer la révolution" *SouB*, 35, jan. de 1964 (= *EMO* 2, pp. 307-365.).

Cronologia

3 de jun.: morte de João XXIII; 21 de jun.: começo do pontificado de Paulo VI; 28 de ago.: marcha sobre Washington pelos direitos civis encabeçada por Martin Luther King; 22 de nov.: assassinato de J. F. Kennedy em Dallas.
Conflito aberto sino-soviético.

1964

Elementos biobibliográficos

"Le rôle de l'idéologie bolchevique dans la naissance de la bureaucratie", *SouB*, 35, jan de 1964 (=*EMO* 2, pp. 385-416).
"Marxisme et théorie révolutionnaire", *SouB*, 36 a 40, abril de 1964- junho de 1965 (=*IIS*, pp. 13-230).

Cronologia

Jan.: de Gaulle estabelece relações diplomáticas com Pequim; 2 de jul.: leu sobre os direitos civis nos Estados Unidos; 5 de ago.: começo dos bombardeios no Vietnã do Norte; 14 de set.: começo do "Free Speech Movement" no campus da universidade da Califórnia em Berkeley; 15 de out.: queda de Krushev, Brejnev, primeiro-secretário do PCUS; 16 de out.: vitória trabalhista nas eleições britânicas, sob a direção de Harold Wilson; primeira bomba nuclear chinesa.

1965

Cronologia

20 de jan. começo do mandato presidencial de L. B. Johnson; 21 de fev.: assassinato de Malcolm X nos EUA; 28 de abr.: desembarque de marines na República Dominicana; 19 de jun.: na Argélia, queda de Ben Bella; ele é substituído por Houari Boumeiene; 5 de ago.: enfrentamentos armados indo-paquistaneses (até jan. de 1966); 11-16 de ago.: tumultos raciais em Watts (Los Angeles); 9 de set.: a nova "Região autônoma do Tibete" é amputada das províncias do Leste e Nordeste; 1º de out.: depois do fracasso do golpe de estado dos "oficiais progressistas" na Indonésia, a repressão dirigida pelo general Suharto faz centenas de milhares de vítimas nos meses seguintes; 30 de out.: começo do caso Ben Barka; 24 de nov.: o general Mobutu toma o poder no Congo; 8 de dez.: fim do Concílio Vaticano II; 19 de dez.: reeleição de De Gaulle, primeiro presidente da República eleito por sufrágio universal.

1966

Cronologia

10-14 de fev.: processo e condenação dos escritores Daniel e Siniavski na URSS; 9 de mar.: a França se retira do comando militar da OTAN; 9 de abr.: o Vaticano renuncia ao Index dos livros proibidos; 18 de maio: começo da "Revolução Cultural" na China; 2 de jul.: primeiro teste nuclear francês no Pacífico; 8 de ago.: o CC do PC chinês adota os "16 pontos" da "Revolução Cultural".

1967

Cronologia

18 de mar.: naufrágio do petroleiro Torrey Canyon *na costa da Bretanha, primeira grande "maré negra"; 21 de abr.: golpe de Estado dos coronéis na Grécia; 30 de maio: começo da secessão de Biafra; 5-10 de jun.: Guerra dos Seis Dias entre Israel e os países árabes; set.: retomada do controle depois da "Revolução Cultural": Mao apóia Chu En-lai e o exército; 9 de out.: morte de Che Guevara; 30 de nov.: surgimento da "carte bleu" (primeiro cartão de crédito) na França; 17 de dez.: liberalização dos anticoncepcionais ("lei Neuwirth").*

1968

Elementos biobibliográficos

Nomeado diretor da Direção de Estudos de Crescimento, de Estatística e das Contas Nacionais na OCDE.
"La révolution anticipée" (=*SF*, pp. 165-222).
"Épilégomènes à une théorie de l'âme que l'on a pu présenter comme science" (=*CL*, pp. 25-64).

Cronologia

5 de jan.: Dubcek é nomeado primeiro-secretário do PC tcheco; 30 de jan.: começo da ofensiva comunista do Tet no Vietnã; 4 de abr.: assassinato de Martin Luther King; 22 de mar.: ocupação do prédio administrativo da universidade de Nanterre, nascimento do "Movimento de 22 de março"; maio: 10-11, "noite das barricadas" no Quartier Latin; 13, reabertura e ocupação da Sorbonne; 15, começo do movimento de ocupação de fábricas; 20, cerca de 10 milhões de grevistas na França; 25-27, "acordos de Grenelle"; 27, encontro do estádio Charléty; 30, pronunciamento do general de Gaulle e grande manifestação gaullista em Paris; 5 de jun.: assassinato de Robert Kennedy; 23-30 de jun.: vitória esmagadora da UDR (gaullista) nas eleições legislativas; 20 de ago.: os tanques soviéticos põem fim à "Primavera de Praga"; 23-24 de ago: massacre de estudantes na praça das Três Culturas no México.

1969

Cronologia

20 de jan.: começo do mandato de Richard Nixon, presidente dos EUA; 3 de fev.: Yasser Arafat à frente da OLP; 18 de mar.: começo dos bombardeios americanos no Camboja; 23 de abr.: tomada de Umuhaia pelas tropas nigerianas e fim da guerra de Biafra; 28 de abr.: renúncia de De Gaulle depois do fracasso no referendo; 16 de jun.: Georges Pompidou, presidente da República; 26 de jun.: Jacques Chaban-Delmas, Primeiro-ministro; 11-13 de jul.: a SFIO (Seção Francesa da Internacional Operária) torna-se o novo Partido Socialista; 21 de jul.: Neil Armstrong dá os primeiros passos na Lua; 17 de ago.: 500.000 espectadores no concerto de Woodstock (Estado de Nova York); 1º de set.: golpe de estado de Kadafi, na Líbia; Willy Brandt, chanceler da RFA; 29 de set.: primeira bomba H chinesa; 14 de nov.: 250.000 manifestantes contra a guerra do Vietnã diante da Casa Branca; 3 de dez.: primeiro transplante do coração pelo Prof., Barnard; 12 de dez.: o atentado na Piazza Fontana faz 16 mortos em Milão, começo da "estratégia da tensão" na Itália.

Regimes que se dizem adeptos do "marxismo-leninismo" se instalam no Congo-Brazzaville e na Somália; o Departamento de Defesa americano cria ARPANET: 4 computadores em rede.

1970

Elementos biobibliográficos

3 de fev.: nomeado diretor da Divisão de Estatística e de Contas Nacionais da OCDE.

15 de out.: atestado de naturalização.

31 de dez.: renuncia a seu cargo na OCDE.

Cronologia

12 de jan.: fim da guerra civil na Nigéria; 4 de set.: Salvador Allende ganha as eleições no Chile; 6-27 de set.: guerra civil entre jordanianos e palestinos ("Setembro Negro"); 28 de set.: morte do presidente egípcio Nasser, substituído por Sadat, em 14 de set.; 13 de nov.: putsch de Assad na Síria; dez.: revoltas operárias nas cidades do Báltico na Polônia, queda de Gomulka.

Seca e fome na Etiópia.

1971

Elementos biobibliográficos

"Le dicible et l'indicible" (=*CL*, pp. 125-146).

Cronologia

25 de jan.: Idi Amin Dada toma o poder em Uganda; 2 de mar.: secessão de Bangladesh, a repressão paquistanesa faz fugirem para a Índia milhões de refugiados; 5 de abr.: Manifesto dos 343 exigindo a liberdade de aborto; 11-13 de jun.: François Mitterand, primeiro-secretário do OS no Congresso de Épinay; 15 de ago.: os EUA anunciam a suspensão da conversibilidade do dólar em ouro; cotação flutuante do dólar; set.: anúncio da morte de Lin Piao; 25 de out.: a China é admitida nas Nações Unidas; 12 de dez.: a vitória da Índia no final de uma guerra relâmpago põe fim ao conflito em Bangladesh.

1972

Elementos biobibliográficos

Começo da colaboração (até 1975) na revista *Textures* (com Marcel Gauchet, Jacques Lambinet, Claude Lefort, Robert Legros, Marc Richir).
"Introdução" à reedição de seus escritos na coleção "10-18" (=*SB 1*, pp. 11-61.)
"Science moderne et interrogation philosophique" (=*CL*, pp. 147-217).

Cronologia

30 de jan.: "domingo sangrento" em Londonderry, na Irlanda do Norte; 21 de fev.: conversações entre Nixon e Mao em Pequim; março: primeiros correios eletrônicos; maio-out.: massacres do hutus (entre 100 mil e 200 mil vítimas) pelo exército de Burundi; 22-30 de maio: assinatura dos acordos SALT I sobre a limitação de armas; 17 de jun.: começo do escândalo de Watergate; 27 de jun.: o Partido Socialista e o PCF assinam um "programa comum de governo"; 5 de set.: massacre de atletas nos Jogos Olímpicos de Munique por um comando terrorista palestino "Setembro negro"; 17 de dez.: Georges Marchais, secretário-geral do PCF; 4 de ago.: Amin dada decide expulsar 40.000 membros da minoria asiática de Uganda.
Publicação do relatório do Clube de Roma de D. I. Meadows et. al. *sobre os limites do crescimento; 16.600 mortos em acidentes de estrada na França.*

1973

Elementos biobibliográficos

Início da prática analítica.
"Technique" (=*CL*, pp. 221-248).
"La question de l'histoire du mouvement ouvrier" (=*EMO 1*, pp. 11-120).
La société bureaucratique, 1: Les rapports de production en Russie, Paris, UGE, "10/18".
La société bureaucratique, 2: La révolution contre la bureaucratie, Paris, UGE, "10/18".

Cronologia

1º de jan.: nascimento da "Europa dos Nove"; 27 de jan.: acordos de Paris entre EUA e o Vietnã do Norte sobre o fim dos combates; 13 de fev.: ª Soljenitsin expulso da URSS; 19 jun.-jan. 1974: experiência autogestionária dos operários da Lip em Besançon; 18 de ago.: marcha sobre o Larzac contra a extensão do campo militar; set.: Enrico Berlinguer lança a idéia do "compromisso histórico" com a democracia cristã; 11 de set.: golpe de estado no Chile e assassinato do presidente Allende; 6 de out.: guerra do Yom Kipur entre Israel e os países árabes; atentado da ETA em Madri contra Carrero Blanco, vice-presidente do governo espanhol; 22 de dez.: a OPEP decide dobrar o preço do barril de petróleo.
Publicação em Paris em russo do O arquipélago Gulag, *de Alexandre Soljenitsin.*

1974

Elementos biobibliográficos

Leciona economia na faculdade de Naterra de 1974 a 1976.
L'expérience du mouvement ouvrier, 1: Comment lutter, Paris, UGE, "10/18".
L'expérience du mouvement ouvrier, 2: Prolétariat et organisation, Paris, UGE, "10/18".
"Réflexions sur le 'développement' et la 'rationalité'" (=*DDH*, pp, 131-174, palestra no colóquio de Figline-Valdarno sobre "La crise du développement" (13-17 de set. de 1974).

Cronologia

18 de jan.: acordo de paz entre Israel e Egito; 2 de abr.: morte de Georges Pompidou; mar.-abr.: "Revolução dos cravos" em Portugal, greves e ocupações; 16 de maio: a Índia torna-se uma potência nuclear; 19 de maio: Valéry Giscard d'Estaing é eleito presidente da República; 27 de maio: Jacques Chirac, primeiro-ministro; 5 de jul.: maioridade civil aos 18 anos na França; 24 de jul.: fim da ditadura dos coronéis na Grécia; 8 de ago.: renúncia de Nixon, ameaçado de processo de impeachment, *Gerald Ford lhe sucede; 14 de ago.: a Turquia invade Chipre; 12 de set.: Hailé Sélassié, último imperador da Etiópia, deposto por um "conselho militar" dirigido por Mengistu Hailé Mariam; 28 de nov.: lei autorizando a interrupção voluntária da gravidez na França ("lei Veil").*

1975

Elementos biobibliográficos

L'institution imaginaire de la société, Paris Seuil.
"Valeur, égalité, justice, politique: de Marx à Aristote et d'Aristote à nous" (=*CL*, pp. 249-315).

Cronologia

17 de abr.: os Khmers Vermelhos entram em Phnom Penh (começo dos massacres: cerca de 2 milhões de mortos até 1979); 25 de abr.: vitória do PS e dos moderados nas eleições de Portugal; 30 de abr.: as tropas do Vietcong entram em Saigon; 21 de maio: começo do processo contra o "grupo Baader" na RFA; 25 de jun.: independência de Moçambique; 9 de out.: Andrei Sakharov ganha o prêmio Nobel da Paz; 11 de nov.: independência e começo da guerra civil em Angola; 17 de nov.: mais de 1 milhão de desempregados na França; 20 de nov.: morte de Franco; cerca de 200.000 pessoas massacradas pelos indonésios no Timor Leste.
Regimes "marxistas-leninistas" se instalam em Angola, Cabo Verde, Guiné Bissau e Moçambique; conferência de Helsinque; começo do programa de mísseis SS-20 na URSS.

1976

Elementos biobibliográficos

"L'exigence révolutionnaire" (=*CS*, pp. 323-366.)

Cronologia

8 de jan.: morte de Chu En-lai; 7 de fev.: Hua Kuofeng, novo primeiro-ministro chinês; 24 de mar.: os militares argentinos tomam o poder; abril: manifestações contra Mao e a "camarilha dos Quatro" em Pequim; 16 de jun.: repressão das revoltas negras em Soweto (África do Sul); 24 de jul.: nuvem de dioxina sobre Seveso (Itália); 25 de ago.: renúncia de J. Chirac, substituído no dia 27 por R, Barre; 9 de set.: morte de Mao Tse-tung; 6 de out.: prisão da "camarilha dos Quatro"; 1º de nov.: Jimmy Carter, presidente dos Estados Unidos; 4 de dez.: Bokassa, imperador da África Central; regime "marxista-leninista" no Iêmen do Sul.
Apple: primeiro computador pessoal no mercado.

1977

Elementos biobibliográficos

Membro (até 1980) do comitê de redação da revista *Libre* (com Miguel Abensour, Pierre Clastres, Marcel Gauchet, Claude Lefort, Maurice Luciani, Krzysztof Pomian).
"Le régime social de la Russie" (=*DDH*, pp. 175-200).

Elementos biobibliográficos

1º de jan.: estabelecimento de relações diplomáticas entre Pequim e Washington; 7 de jan.: publicação da "Carta 77" por um grupo de intelectuais tchecos; 31 de jan.: inauguração em Paris do Centre Pompidou; 21 de jul.: Deng Xiao Ping é restabelecido em suas funções; set.: ruptura PCF-PS sobre a "reatualização" do programa comum.

1978

Elementos biobibliográficos

Les Carrefours du labyrinthe, Paris, Seuil, "La découverte de l'imagination" (=*DDH*, pp. 327-363).
"Transformation sociale et création culturelle" (=*CS*, pp. 413-439).

Cronologia

16 de mar.: o Amoco-Cadiz *derrama mais de 100.000 toneladas de petróleo na costa da Bretanha; 9 de maio: assassinato de Aldo Moro pelas Brigadas Vermelhas; 14 de jul.: condenação de A. Chtaransky e A. Guinzbourg na URSS; utilização sistemática da psiquiatria para fins de repressão política; 17 de set.: assinatura dos acordos de Camp David entre o Egito e Israel; 16 de out.: Karol Wojtyla torna-se o papa João Paulo II; 19 de nov.: aparecimento do primeiro* dazibao *questionando Mao e a "camarilha dos Quatro" no "Muro da democracia", começo da primeira "Primavera de Pequim"; 6 de dez.: nova constituição democrática espanhola; dez.: terceira reunião plenária do XI Congresso do PC Chinês: começo das reformas econômicas.*

1979

Elementos biobibliográficos

Capitalisme moderne et révolution, 1: L'impérialisme et la guerre, Paris UGE, "10/18".

Capitalisme moderne et révolution, 2: Le mouvement révolutionnaire sous le capitalisme moderne, Paris UGE, "10/18".

"Socialisme et société autonome" (=*CS*, pp. 11-43).

Le Contenu du socialisme, Paris UGE, "10/18".

La Société française, Paris UGE, "10/18".

"Une interrogation sans fin" (=*DDH*, pp. 241-260).

(1979-1985) "La *polis* grecque et la création de la démocratie" (=*DDH*, pp. 261-306); primeira versão, conferência de 29 de out. De 1979 no seminário do Max-Planck Institut em Starnberg dirigido por Jürgen Habermas, retomada em um curso em agosto de 1982 na Universidade de São Paulo e em outras exposições, entre as quais a conferência de 15 de abril de 1982 nos colóquios Hanna Arendt da New School for Social Research de Nova York.

Cronologia

7 de jan.: as tropas vietnamitas invadem o Camboja; 14 de jan.: manifestações pelos direitos humanos na China; 1º de fev.: o aiatolá Khomeini chega a Teerã; 17 de fev.: incursão das tropas chinesas no Vietnã; 5 de mar.: anúncio simultâneo da mobilização geral por Hanói e da retirada das tropas por Pequim; 13 de mar.: criação do sistema monetário europeu; 16 de mar.: começo da repressão contra a "Primavera de Pequim" na China; 26 de mar.: acordo de paz entre Israel e Egito; 26-27 de mar.: segundo "choque do petróleo"; mar.-jun.: ponto culminante (150.000 pessoas) do êxodo dos boat people *vietnamitas; 1º de abr.: proclamação da República Islâmica no Irã; 11 de abr.: Margaret Thatcher, primeira-ministra britânica; 18 de jun.: acordos SALT II entre Carter e Brejnev em Viena; 1º de jul.: triunfo dos "sandinistas" na Nicarágua; 16 de out.: condenação a 15 anos de prisão de Wei Jingsheng, um dos principais dirigentes da "Primavera de Pequim"; 5 de nov.: tomada de reféns na embaixada americana de Teerã; set.: queda de Bokassa; 12 de dez.: "dupla decisão" da OTAN sobre a proliferação dos Pershing 2 e dos mísseis de cruzeiro; 27 de dez.: começo da intervenção soviética no Afeganistão (entre 1,5 e 2 milhões de mortos até 1992).*

Primeiro Walkman da Sony.

1980

Elementos biobibliográficos

Começa a lecionar na École des hautes études em sciences sociales (até junho de 1995)

De l'écologie à l'autonomie" (com Daniel Cohn_Bendit), Paris, Seuil.

Cronologia

Indira Gandhi vence as eleições legislativas na Índia; 22 de jan.: Sakharov é confinado em Gorki; 2 de ago.: 85 mortos no atentado neofascista da estação de Bolonha; 14 de ago.: greve dos operários dos estaleiros navais de Gdansk; 22 de set.: começo da guerra entre o Iraque e o Irã; criação do sindicato Solidariedade na Polônia; 3 de out.: atentado em Paris contra a sinagoga da rua Copernic; 4 de nov.: Ronald Reagan, Presidente dos EUA.

1981

Elementos biobibliográficos

Devant la guerre: Les réalités, Paris, Fayard.

"La logique des magmas et la question de l'autonomie" (=*DDH*, pp. 385-418), contribuição ao colóquio de Cerisy sobre "L'auto-organisation" (10-17 de junho de 1981)

"Nature et valeur de l'égalité" (=*DDH*, pp.307-324).

2-5 de set.: participação em um colóquio sobre sua obra em Porto Alegre (Brasil).

"L'imaginaire: la création dans le domaine social-historique" (=*DDH*, pp. 219-237), contribuicão ao colóquio de Stanford "Disorder and Order" (14-16 de set. de 1981).

"Les destinées du totalitarisme" (=*DDH*, pp. 201-218), conferência de 3 de out. de 1981 em um colóquio sobre a obra de Hanna Arendt na New York University.

Cronologia

25 de jan.: a "camarilha dos Quatro" é condenada na China; 9 de fev.: o general Jaruzelsky no poder na Polônia; 26 de abr.: derrota fragorosa do PCF no 1º turno das eleições presidenciais; G. Marchais recebe 15,3% dos votos; 10 de maio: François Mitterand, presidente da República; 5 de jun.: primeira publicação científica sobre o aparecimento da Aids; 24 de jun.: entrada de 4 ministros comunistas no governo Mauroy; jun.: Hu Yaobang, próximo de Deng, sucede a Hua Kuofeng; 17 de set.: abolição da pena de morte na França; 6 de out.: assassinato do presidente egípcio Anuar Sadat; 10 de out.: 300.000 manifestantes pacifistas em Bonn sobre o tema "Não aos mísseis americanos, não aos SS 20 soviéticos"; 30 de out: mais de 2 milhões de desempregados na França; 13 de dez: o general Jaruzelski proclama o estado de exceção na Polônia.

IBM lança o primeiro PC.

1982

Elementos biobibliográficos

"La crise des sociétés occidentales" (=*MI*, pp. 11-26).
"Institution de la sociéte et religion" (=*DDH*, pp. 364-384).

Cronologia

Jan.: a taxa de inflação atinge 14% ao ano na França; 13 de jan.: 5ª semana de descanso remunerado na França; 2 de abr.: as tropas argentinas desembarcam nas Malvinas; 25 de abr.: Israel evacua a península do Sinai; 21 de maio: rendição das tropas argentinas nas Malvinas; 6 de jun.: Israel invade o Líbano; 14 de jun.: fim da ditadura militar na Argentina; 16-18 de set.: massacre de Sabra e Chatila; 3 de set.: a Máfia assassina o general Dalla Chiesa na Sicília; ago.: interrupção pelo México do pagamento de sua dívida; 9 de ago.: 6 mortos num atentado contra um restaurante da rue des Rosiers em Paris; 8 de out.: o Solidariedade passa a ser considerado ilegal na Polônia; 28 de out.: os socialistas espanhóis obtêm a maioria absoluta nas eleições legislativas; 10 de nov.: morte de Brejnev; o antigo chefe da KGB, Yuri Andropov, primeiro-secretário do PCUS.

Começo da repressão contra os camponeses indígenas na Guatemala (dezenas de milhares de vítimas até março de 1994).

1983

Cronologia

Fevereiro: a Nigéria decide expulsar vários milhões de estrangeiros; 1º de mar.: comercialização do CD na França; 9 de jun.: o Partido Conservador de Margaret Thatcher obtém a maioria absoluta na Grã-Bretanha; 29 de abr.: o poder argentino reconhece a morte de 30.000 "desaparecidos" na Argentina; 3 de dez.: chegada a Paris da Marcha pela Igualdade organizada por jovens filhos de imigrantes árabes; 21 de dez.: Le Canard enchainé *revela a fraude dos "aviões farejadores" (197601979); dez.: começo da instalação dos Pershing-2 na Alemanha.*

Começo da repressão contra as populações animistas e cristãs do Sul do Sudão: cerca de 2 milhões de vítimas em vinte anos.

1984

Elementos biobibliográficos

"Temps et création" (=*MM*, pp. 247-278), idéias apresentadas pela primeira vez no colóquio "Temps et devenir" (Cerisy-la-Salle, junho de 1983); texto reelaborado para o colóquio "The Construction of Time", Stanford, fevereiro de 1988.

Cronologia

9 de fev.: morte de Andropov; 12 de fev.: começo da grande greve dos mineiros britânicos; 13 de fev.: Constantin Tchernenko, primeiro-secretário do PCUS; 5 de jun.: massacre no templo sikh de Arimtsar; 31 de out.: assassinato de Indira Gandhi; 6 de nov.: reeleição de Ronald Reagan; 3 de dez.: um vazamento de gás tóxico numa fábrica da Union Carbide faz cerca de 20.000 mortos e 500.000 feridos na cidade indiana de Bhopal.

1985

Cronologia

19 de jan.: o Instituto Pasteur em Paris isola o vírus da Aids; Gorbatchev, primeiro-secretário do PCUS; 19 de jul.: atentado dos serviços secretos franceses contra o navio ecologista Rainbow-Warrior *na Nova Zelândia; 21 de nov.: manifestações de massa no Chile contra a ditadura.*
Seca e fome na Etiópia.

1986

Elementos biobibliográficos

"Portée ontologique de l'histoire de la science" (= *DDH*, pp. 419-455).
"L'état du sujet aujourd'hui" (=*MM*, pp. 189-225).
Domaines de l'homme (Les Carrefours du labyrinthe 2), Paris, Seuil.

Cronologia

1º de jan.: entrada da Espanha e de Portugal na Comunidade Européia; queda de Duvalier no Haiti; 25 de fev.: Ferdinando Marcos foge das Filipinas; assassinato de Olof Palme na Suécia; 18 de mar.: começo da "coabitação" na França depois da vitória da direita nas eleições legislativas; 26 de abr.: explosão de um reator da central nuclear de Chernobyl, perto de Kiev; 22 de jun.: nova maioria absoluta dos socialistas espanhóis nas eleições legislativas; 17 de set.: um atentado diante de uma loja de departamentos faz 7 mortos em Paris; 25 de nov.: escândalo do "Irangate" nos Estados Unidos.

1987

Elementos biobibliográficos

"Réflexions sur le racisme" (= *MM*, pp. 25-38).
"Voie sans issue?" (= *MM*, pp. 71-200).
"Psychanalyse et politique" (= *MM*, pp. 141-174), conferência de 25 de out. de 1987 nos colóquios Hannah Arendt da New School for Social Research de Nova York.

Cronologia

16 de jan.: Zhao Ziyang, novo sercretário-geral do Partido Comunista Chinês; 27 de jan.: Gorbatchev lança a perestroika; 14 de abr.: começo da retirada das tropas soviéticas do Afeganistão; 11-26 de maio: processo Klaus Barbie em Lyon; 11 de jun.: terceira vitória consecutiva dos conservadores britânicos; 19 de jun.: um atentado da ETA provoca um massacre em um centro comercial em Barcelona: 19 de out.: "segunda-feira negra" em Wall Street e para as bolsas mundiais; 12 de dez.: começo da primeira intifada nos territórios ocupados por Israel.

1988

Elementos biobibliográficos

"Pouvoir, politique, autonomie" (= *MM*, pp. 113-139).
"Individu, société, rationalité, histoire" (= *MM*, pp. 39-69).
"Imagination, imaginaire, réflexion" (1988-1991) (= *FF*, pp. 227-281.)

Cronologia

8 de maio: Mitterrand reeleito presidente; 26 de maio: o governo vietnamita anuncia a retirada de suas tropas do Camboja; 25 de ago.: começo das negociações entre o Iraque e o Irã para pôr fim à guerra; 8 de nov.: o republicano George Bush é eleito presidente; criação na França pelo governo Rocard do "revenu minimum d'insertion" (RMI) [programa de renda mínima].

1989

Elementos biobibliográficos

"Fait et à faire" (= *FF*, pp. 9-81).
"Anthropologie, philosophie, politique" (= *MI*, pp. 105-124).

Cronologia

14 de fev.: fatwa *do aiatolá Khomeini condenando à morte o escritor Salman Rushdie pela publicação dos* Versos Satânicos; *8 de mar.: as autoridades chinesas instauram a lei marcial em Lhassa; 2 de maio: Arafat declara caduca a Carta da OLP exigindo a destruição do Estado de Israel; 4 de jun.: morte do Aiatolá Khomeini; massacre da praça Tiananmen em Pequim; 24 de jun.: Jiang Zemin torna-se secretário-geral do PC Chinês; 9 de nov.: queda do muro de Berlim; 14 de dez.; os democrata-cristãos ganham as primeiras eleições livres no Chile; 25 de dez.: queda e execução do ditador romeno Ceausescu.*

1990

Elementos biobibliográficos

3-10 de jul.: colóquio "Institution-imaginaire-autonomie" em Cerisy.
La Société bureaucratique, reed. Paris Bourgois.
Le Monde morcelé (Les Carrefours du labyrinthe 3), Paris Seuil.
"Quelle démocratie"? (=*FP*, pp. 145-180).

Cronologia

14 de jan.: fim do regime comunista na Bulgária; 11 de fev.: liberação de Nelson Mandela depois de 28 anos de prisão; 26 de fev.: os sandinistas perdem as eleições na Nicarágua; 11 de maio-23 de ago.: proclamação da independência da Lituânia, da Letônia e da Estônia; 2 de ago.: o Iraque invade o Kuait; 2 de out.: John Major substitui Margaret Thatcher como primeiro-ministro britânico; 9 de nov.: Lech Walesa eleito presidente na Polônia.

1991

Elementos biobibliográficos

"Passion et connaissance" (=*FF*, pp. 123-140.)

Cronologia

17 de jan.-28 de fev.: guerra do Golfo; 21 de jan.: vitória da rebelião na Etiópia; Mengistu foge para o Zimbábue; 27 de maio: assassinato de Rajiv Gandhi; 12 de jun.: Boris Yeltsin é eleito presidente da Rússia; 25 de jun.: começo das guerras na Iugoslávia depois da declaração de independência da Eslovênia e da Croácia; 19-21 de ago.: fracasso da tentativa de golpe de estado na União Soviética; 30 de out.: começo da conferência de Madri sobre a paz no Oriente Médio; 8 de dez.: a Rússia, a Ucrânia e a Bielorússia criam a CEI; nov.: cerco da cidade croata de Vukovar pelas forças sérvias; 10 de dez.: adoção do tratado de União Européia de Maastricht; 21 de dez.: fim da União Soviética; ago.: venda de fragatas francesas a Taiwan; 26 de dez.: vitória do FIS nas eleições legislativas na Argélia.

Queda do mercado imobiliário internacional.

1992

Elementos biobibliográficos

"La construction du monde dans la psychose" (=*FF*, pp. 109-122).

Cronologia

11 de jan.: golpe de estado na Argélia, as eleições são anuladas, começo de uma guerra civil larvada que fará entre 100.000 e 200.000 mortos até 2002.; 6 de abr.: começo do cerco de Sarajevo; 29 de jun.: assassinato na Argélia do presidente Boudiaf; 14 de jun.: fim da "cúpula da Terra" no Rio de Janeiro; 17 de jul.: independência da Eslováquia; 20 de jul.: "segunda-feira negra" nos mercados de ações; 9 de dez.: desembarque de marines *na Somália; 20 de dez.: Slobodan Milosevic reeleito presidente da Sérvia.*

Aprovação do projeto de barragem de Três Gargantas no Yangtsé, que deve provocar o deslocamento de mais de um milhão de pessoas.

1993

Elementos biobibliográficos

"Psychoanalyse et philosophie" (1993-1996) (=*FF*, pp. 141-154).

Cronologia

1º de jan.: entrada em vigor do tratado de Maastricht; 20 de jan.: começo do mandato de Bill Clinton; 26 de jan.: atentado do World Trade Center em Nova York; 29 de mar.: derrota da esquerda nas eleições legislativas na França; 29 de mar.: Balladur, primeiro-ministro; 24 de maio: independência da Eritréia; 6 de jun.: quarta vitória dos socialistas nas eleições espanholas; 13 de set.: acordo de paz entre israelenses e palestinos; 21 de set.: Yeltsin dissolve o Parlamento russo; 3-4 de out.: as tropas russas esmagam a rebelião do Parlamento; 18 de nov.: tratado de livre comércio (NAFTA) entre os Estados Unidos, Canadá e México.

Elementos biobibliográficos

"La démocratie comme procédure et comme régime" (=*MI*, pp. 221-241).

Cronologia

*1º de jan.: começo da rebelião camponesa em Chiapas (México); 27 de mar.: vitória eleitoral de Silvio Berlusconi na Itália; 6 de abr.: começo dos massacres em Ruanda de tutsis e de hutus moderados que farão quase um milhão de vítimas; 4 de maio: assinatura no Cairo do acordo Arafat-Rabin sobre o "governo autônomo" palestino; 10 de maio: Mandela, presidente da União Sul-africana; 13 de jul.-13 de set.: crise dos "*balseros*" em Cuba; 16 de out.: Kohl ganha pela quarta vez consecutivas as eleições na Alemanha; 9 de dez.: começo das negociações pela paz na Irlanda do Norte; dez.: crise financeira no México; os republicanos controlam o Congresso americano.*

1995

Elementos biobibliográficos

1995-1996 "Les racines psychiques et sociales de la haine" (=*FP*, pp. 183-196).

Cronologia

1º de jan.: entrada da Áustria, da Finlândia e da Suécia na União Européia; 19 de jan.: as tropas russas tomam o palácio presidencial na Tchetchênia; 19 de abr.: atentado em Oklahoma City nos Estados Unidos; 7 de maio: Jacques Chirac, presidente da República; jul.: mais de 7.000 pessoas massacradas pelos sérvios bósnios em Srebrenica; 2 de mar.: prisão do corretor Nick Leeson, falência do banco de investimentos inglês Barings; 4 de nov.: assassinato em Tel Aviv de Yitzhak Rabin; 21 de nov.: acordo de paz entre a Sérvia, a Croácia e a Bósnia; 24 de nov.: os "créditos podres" dos bancos japoneses somam 677 bilhões de francos; 24 de nov.-27 de dez.: greves na França para protestar contra o "plano Juppé" de reforma da Previdência Social.

1996

Elementos biobibliográficos

La Montée de l'insignifiance (Les carrefours du labyrinthe 4), Paris, Seuil.

Cronologia

3 de mar.: vitória da direita nas eleições espanholas; 21 de abr.: vitória da centro-esquerda na Itália; 3 de maio: a empresa química Chisso reconhece sua responsabilidade em 1.200 mortes provocadas pela poluição por mercúrio desde 1932, perto do porto de Minamata (Japão); maio: Chiraco anuncia o fim do serviço militar; 29 de maio: Benyamin Netanyahu, primeiro-ministro israelense; 3 de jul.: Boris Yeltsin é reeleito presidente na Rússia; 6 de set.: na França, uma vítima do amianto obtém pela primeira vez a abertura de inquérito contra pessoas desconhecidas; 9 de out.: os representantes eleitos de Ile-de-France denunciam um sistema de corrupção nos contratos de obras públicas.

1997

Elementos biobibliográficos

Fait et à faire (Les Carrefours du labyrinthe 5), Paris, Seuil.
"La Rationalité du capitalisme" (=*FP*, pp. 65-92).
26 de dez.: morre em Paris Cornelius Castoriadis.

Cronologia

20 de jan.: começo do segundo madanto de Clinton; 19 de fev.: morte de Deng Xiao Ping; fev.: repressão depois das revoltas antichinesas da população ...... de Xinjiang; 4 de fev.: Milosevic reconhece a vitória da oposição nas eleições de nov. de 96; 22 de fev.: em Roslin (Escócia) os cientistas anunciam a clonagem da ovelha Dolly; 12 de mar.: a comissão de finanças da Assembléia Nacional avalia em 130 bilhões de francos o custo para as finanças públicas do escândalo do Crédit Lyonnais; 2 de maio: Tony Blair, primeiro-ministro britânico depois de 18 anos de poder conservador; 12 de maio: primeiro acordo de paz na Chechênia depois de 3 anos de conflito; jun.: começo da crise financeira das "economias emergentes" asiáticas; derrota da direita nas eleições legislativas, Lionel Jospin, primeiro-ministro; 30 de jun.: Hong Kong volta a pertencer à China; set.-out.: incêndio de várias centenas de milhares de hectares de florestas na Indonésia; 8 de out.: na Coréia do Norte, Kim Jong-il sucede a seu pai Kim Il-sung; 3 de dez.: em Ottawa, a China, os Estados Unidos e a Rússia se recusam a assinar o tratado contra minas antipessoais; 30 de dez.: massacres na Argélia: 400 mortos.

1998

Elementos biobibliográficos

Post-scriptum sur l'insignifiance. Entretiens avec Daniel Mermet, La Tour-d'Aigues, Éditions de l'Aube.

Cronologia

7-26 de jan.: começo do "escândalo Lewinsky" nos Estados Unidos; 28 de fev.: começo da repressão sérvia em Kosovo; 6 de abr.: Paquistão realiza testes de mísseis nucleares de médio alcance; 11 de maio: testes nucleares indianos no deserto de Rajasthan; 18 de maio: começo dos processos contra a Microsoft; 22 de maio: acordo de paz na Irlanda do Norte; 7 de ago.: série de atentados contra as embaixadas americanas; 28 de ago.: lei islâmica no Paquistão; 19 de nov.: começo do processo de impeachment contra Clinton; 1º de dez.: Exxon compra (37,7 bilhões de dólares) Mobil e cria Exxon-Mobil, a maior empresa do mundo; crise financeira na Rússia e no Brasil.

1999

Elementos biobibliográficos

Dialogues, La Tour-d'Aigues, Éditions de l'Aube.
Figures du Pensable (Les Carrefours du labyrinthe 6), Paris, Seuil.
Sur Le Politique *de Platon*, Paris Seuil.

Cronologia

12 de fev.: o senado rejeita a demissão do presidente Clinton; 24 de mar.: começo dos bombardeios da OTAN sobre a Iugoslávia; 17 de maio: Ehud Barak, primeiro-ministro israelense; 9 de jun.: acordo entre a Iugoslávia e a OTAN põe fim à guerra de Kosovo; 13 de set.: 119 pessoas morrem em um misterioso atentado em Moscou, que permitirá ao poder reiniciar a guerra na Tchetchênia; 27 de set.: segundo relatório da CNUCED uma centena de conglomerados mundiais realizam um montante de negócios de 2,1 trilhões de dólares (1,5 o PIB da França); 1º de out.: golpe de estado do general Musharraf no Paquistão; 5 de nov.: primeira condenação da Microsoft; 23 de nov.: concordata do segunda maior empresário alemão do setor de construção Philipp Holzmann; 30 de nov.; 3 de dez.: manifestações em Seattle contra a reunião da OMC, começo do movimento altermundialista; 3 de dez.: acordo de "devolução" dos poderes para a administração da Irlanda do Norte.

2000

Cronologia

26 de mar.: Vladimir Putin, presidente da Rússia; set.-nov.: crise da chamada "vaca louca" na maioria dos países europeus; abr.: começo da queda no Nasdaq, fim da "bolha" da internet.

2001

Cronologia

20 de jan.: começo do mandato de G. W. Bush como presidente dos EUA; março: recessão americana; 26 de fev.: destruição pelos talibans dos budas de Bamiyan no Afeganistão; 20-21 de jul.: violentos enfrentamentos em Gênova por ocasião da reunião do G 8; 6 de set.: a justiça americana recua no caso Microsoft; 11 de set.: 3.000 mortos num ataque suicida contra as "Torres Gêmeas" em Nova York; 7 de out.: começo da intervenção americana no Afeganistão; 26 de out.: "Patriot Act" nos EUA; 14 de nov.: tomada de Cabul pela "Aliança do Norte"; 2 de dez.: falência da Enron, a maior da história dos EUA; dez.: adesão oficial da China à OMC.

2002

Elementos biobibliográficos

Sujet et vérité dans le monde social-historique. Séminaires 1986-1987 (La Création humaine, 1), Paris, Seuil.

Cronologia

Entrada em circulação do euro; 3 pessoas são decapitadas por homossexualismo na Arábia Saudita; 12 de fev.: começo do julgamento de Milosevic pelo tribunal internacional de Haia; nas eleições de abril, Jacques Chirac, eleito presidente duas semanas depois, obtém menos de 20% dos votos; o candidato do FN bate o do OS, 28,4% de abstenções; 6 de maio: Raffarin, primeiro-ministro; jun.: recorde histórico de abstenções (35,62%) nas eleições legislativas na França; 21 de jul.: falência da WorldCom; ago.: Human Rights Watch denuncia a utilização da psiquiatria com fins de repressão política na China; 12 de out.: mais de 200 mortos num atentado islâmico em Bali (Indonésia); 23-26 de out.: caso dos reféns do Teatro de Moscou; 15 de nov.: Hu Jintao substitui Jiang Zemin à frente do Partido Comunista Chinês; 13 de nov.: maré negra do Prestige *na costa da Galícia.*

Colapso da economia argentina.

2003

Elementos biobibliográficos

6-10 de jun.: colóquio "Castoriadis et l'imaginaire" em Cerisy.

Cronologia

1º de jan.: L. I. "Lula" da Silva, presidente do Brasil; 29 de jan.: libertação de Roland Dumas no caso Elf; 1º de fev.: a nave espacial Columbia se desintegra sobre o Texas; 4 de fev.: a república Federal Iugoslava se transforma no Estado de Sérvia-Montenegro; 15 de fev.: grandes manifestações pelo mundo inteiro contra a ameaça de guerra no Iraque; 24 de fev.: o grupo holandês Ahold confessa uma manipulação de suas contas de aproximadamente 500 mil de euros; 19 de mar.: começo da intervenção dos EUA e seus aliados no Iraque; 9 de abr.: queda de Bagdá; 1º de jun.: segunda fase da construção da barragem de Três Gargantas (término previsto para fim de 2009); 18 de jun.: a Corte de Cassação declara improcedente o processo da parte administrativa do escândalo do "sangue contaminado" (1985); 11 e dez.: relatório Stasi sobre a laicidade; debate sobre o "véu islâmico" na França; 27 de dez.: falência da Parmalat.

2004

Elementos biobibliográficos

Ce qui fait la Grèce, 1. D'Homère à Héraclite. Séminaires 1982-1983 (La Création humaine, 2) Paris, Seuil.

Cronologia

29 de fev.: renúncia de J. –B. Aristide no Haiti; 11 de mar.: o atentado na estação de Attocha em Madri faz 190 mortos; 14 de mar.: Putin reeleito presidente da Rússia; 1º de maio: nascimento da Europa dos 25; 15 de jun.: mais de 60% de abstenções, brancos e nulos nas eleições européias na França; 6 de jul.: 39 milhões de soropositivos no mundo no fm de 2003, segundo o relatório da Onusida; 21 de set.: Hu Jintao substitui Jiang Zemin à frente da comissão militar.

A população mundial ultrapassa os 6 bilhões de habitantes; 8,8% vivem em cerca de vinte "cidades" de 10 milhões de habitantes ou mais. Tóquio, a maior cidade do mundo, tem mais de 35 milhões de habitantes. Londres ocupa o 24º lugar.

Impressão e acabamento
GRÁFICA E EDITORA SANTUÁRIO
Em Sistema CTcP
Rua Pe. Claro Monteiro, 342
Fone 012 3104-2000 / Fax 012 3104-2036
12570-000 Aparecida-SP

Você tem em suas mãos um livro da ***IDÉIAS & LETRAS***.
Sem dúvida, gostará de conhecer os outros livros que publicamos e de receber informações sobre nossos próximos lançamentos. Para isso, basta que nos mande preenchida a ficha abaixo, para o endereço:

IDÉIAS & LETRAS Rua Pe. Claro Monteiro, 342
12570-000 – Aparecida - SP

Nome: ....

CPF: .... Sexo: ❑ Fem. ❑ Masc.

Data de nascimento: ____/____/______ Estado civil: ....

Escolaridade: .... Profissão: ....

Endereço residencial: ....

Cidade: .... CEP: ....

Tel. Res. .... Fax: .... E-mail: ....

Endereço comercial: ....

Cidade: .... CEP: ....

Tel. Res. .... Fax: .... E-mail: ....

De que forma tomou conhecimento deste livro?

❑ Jornal ❑ Internet ❑ TV ❑ Indicação
❑ Revista ❑ Rádio ❑ Mala Direta ❑ Outros

Endereço para recebimento de correspondência: ❑ Residencial ❑ Comercial

Indique suas áreas de interesse:

❑ Economia ❑ Filosofia ❑ Psicologia ❑ Sociologia ❑ Direito

Outras maneiras fáceis de receber informações sobre nossos lançamentos e ficar atualizado:

- ligue grátis: 0800 16 00 04 (de 2ª a 6ª feira, das 8 às 17:30 horas)
- mande um e-mail para: vendas@ideiaseletras.com.br
- visite nosso site www.ideiaseletras.com.br